本书受中央高校基本科研业务费专项项目"高校英语教师职业幸福感及其影响因素研究"(FRF-TP-16-077A1)和"外语学科理论创新及跨学科交叉研究"(FRF-BR-16-005B)资助。

高校英语教师职业幸福感研究

李斑斑 著

中国社会科学出版社

图书在版编目（CIP）数据

高校英语教师职业幸福感研究／李斑斑著 . —北京：中国社会科学出版社，2018.9

ISBN 978－7－5203－2266－9

Ⅰ.①高… Ⅱ.①李… Ⅲ.①高等学校—教师—职业—幸福—研究 Ⅳ.①G645.6

中国版本图书馆 CIP 数据核字（2018）第 059623 号

出 版 人	赵剑英	
责任编辑	赵　丽	
责任校对	王桂荣	
责任印制	王　超	

出　　版	中国社会科学出版社
社　　址	北京鼓楼西大街甲 158 号
邮　　编	100720
网　　址	http://www.csspw.cn
发 行 部	010－84083685
门 市 部	010－84029450
经　　销	新华书店及其他书店
印　　刷	北京明恒达印务有限公司
装　　订	廊坊市广阳区广增装订厂
版　　次	2018 年 9 月第 1 版
印　　次	2018 年 9 月第 1 次印刷
开　　本	710×1000　1/16
印　　张	15.25
插　　页	2
字　　数	243 千字
定　　价	66.00 元

凡购买中国社会科学出版社图书，如有质量问题请与本社营销中心联系调换
电话：010－84083683
版权所有　侵权必究

前　　言

　　幸福是人类永恒的追求，也是教育永恒的目标。随着积极心理学研究的兴起，教师和学生的幸福感也逐渐引起了更多研究者们的注意。自己作为一名高校教师，发现身边有对教师职业持续充满热情的教师，也有压力巨大疲惫不堪的教师。职业幸福感会影响到教师的教学行为，从而影响学生的幸福感和学业成就。提高教师职业幸福感是保证高校快速发展、提高学习动机和学业成就的重要保障。对高校教师职业幸福感产生影响的因素很多，除教师个人因素外，还有外界环境因素例如社会环境、学校环境等，其中职业环境会对教师职业幸福感产生直接和显著影响。

　　本书以资源保护理论和工作资源—需求理论为框架，从高校英语教师职业环境的角度分析其对高校英语教师职业幸福感的影响机制，并基于职业环境视角探讨提高高校英语教师职业幸福感的策略。

　　第一章对教师职业幸福感研究的起源、目的、意义、方法等进行了详细的阐述。第二章对教师职业幸福感的概念和相关研究脉络进行了梳理，并对教师职业幸福感的影响因素特别是职业环境因素相关的文献进行综述。第三章对本书的两个核心概念：高校教师职业幸福感和高校教师职业环境进行了界定，并对概念的内部因子结构进行假设；基于工作资源—需求理论模型和资源保护理论，对高校教师职业环境对教师职业幸福感的影响关系提出理论假设。第四章阐述了本书主要的研究方法、研究对象、研究工具以及研究步骤等。本书采用问卷调查为主访谈为辅的混合式研究方法，用探索性和验证性因子分析，对高校教师职业幸福感和高校教师职业环境的概念模型进行验证，通过描述性分析、相关分析、回归分析以及结构方程模型验证对高校英语教师职业环境对教师职业幸福感的影响机制进行考察。第五章对本书的主要研究发现进行了讨论，主要包括高校教师对职业幸福感和职业环境的感知现状分析；人口学变量（性别、年龄、职称等）上教师对职业幸福感的感知差异分析；以及职业环境及下属各维度对教师职业幸福感及下属各维度的影响机制分析。第六章结合本书主要的研究发现探讨提高教师职业幸福感的相关策略，本书最后指出研究中存在的局限性，并且对未来的研究方向进行了展望。

本书虽然以国内部分区域的高校英语教师为调查对象，但研究结果对高校其他专业类教师以及中小学以及大中专任教的一线教师都能有一定的启示。本书的阅读适合所有想要提高自己职业幸福感的教师、各级各类学校的管理工作人员、想要对教师职业幸福感展开进一步研究的学者或研究生以及所有对幸福感话题感兴趣的读者。

本书得以顺利出版，感谢恩师徐锦芬教授长期以来的关爱、鼓励、鞭策和指导，感谢北京科技大学外国语学院张秋曼书记、张敬源教授、陈红薇教授、王娜教授等同事及领导对我的关照和厚爱，感谢中国社会科学出版社赵丽等老师为本书的出版所付出的努力，最后想要感谢我的家人对我不求回报的爱和无微不至的关心，让我拥有极高的家庭幸福感，从而能心无旁骛的去研究和探讨职业幸福感。本书的出版受到"中央高校基本科研业务费专项基金（FRF-TP – 16 – 077A1）"和"外语学科理论创新及跨学科交叉研究项目（FRF-BR – 16 – 005B）"的资助，一并感谢。由于笔者所学有限，拙作虽历经琢磨，校审再三，谬误或疏漏之处仍在所难免，敬请各方专家学者批评指正。

李斑斑

2017 年 11 月于北京

目　录

第一章　导论 …………………………………………………… (1)
  第一节　问题的提出 ………………………………………… (1)
  第二节　研究目的及意义 …………………………………… (7)
  第三节　研究方法 …………………………………………… (10)
  第四节　结构安排与技术路线 ……………………………… (11)
  第五节　主要创新点 ………………………………………… (13)

第二章　文献综述 ……………………………………………… (15)
  第一节　高校英语教师职业幸福感 ………………………… (15)
  第二节　高校英语教师职业幸福感影响因素：职业环境 ………… (36)
  第三节　教师职业环境与教师职业幸福感的关系 ……………… (51)

第三章　理论构思和理论假设 ………………………………… (66)
  第一节　核心概念界定及假设 ……………………………… (66)
  第二节　理论模型及理论假设 ……………………………… (76)
  第三节　理论假设 …………………………………………… (81)

第四章　研究设计 ……………………………………………… (90)
  第一节　研究目的 …………………………………………… (90)
  第二节　研究问题 …………………………………………… (90)
  第三节　研究对象 …………………………………………… (91)
  第四节　研究工具 …………………………………………… (95)
  第五节　研究步骤 …………………………………………… (96)

第五章　结果与讨论 ……………………………………………（130）
　　第一节　高校英语教师职业幸福感和职业环境的
　　　　　　感知状况及特点 ……………………………………（130）
　　第二节　高校英语教师职业幸福感差异检验 ……………（134）
　　第三节　高校英语教师职业环境对教师职业幸福感的
　　　　　　影响研究 ………………………………………………（145）

第六章　总结与展望 ……………………………………………（182）
　　第一节　研究发现 ……………………………………………（182）
　　第二节　实践启示 ……………………………………………（185）
　　第三节　研究局限和未来研究的方向 ………………………（189）

参考文献 ……………………………………………………………（193）

附录一　预测前访谈提纲 ………………………………………（230）

附录二　后续访谈大纲 …………………………………………（231）

附录三　正式调查问卷 …………………………………………（232）

第一章

导　论

第一节　问题的提出

一　幸福的重要性

幸福是人类永恒的追求，也是人类社会的永恒命题。威廉·詹姆斯（William James）在他的著作《宗教体验的种种》（*The Varieties of Religious Experience*）开头部分这样写道：如果我们要问"人类主要关心的是什么？"我们应该能听到一种答案："幸福。""一部人类文明史，从伦理学意义上说，就是一部人类不断追求自身幸福生活的历史。"正如马克思所说，"在每一个人的意识或感觉中都存在着这样的原理，它们是颠扑不破的原则，是整个历史发展的结果，是无须加以证明的……例如，每个人都追求幸福"。既然幸福如此重要，那么什么是幸福，幸福受到哪些因素的影响，如何才能幸福，一直是人们探讨研究的重要课题。

幸福之所以重要，是因为幸福在人们的生活和工作中起着重要的作用。曾经有职业专家做过统计，人的一生当中至少有一半的黄金时间是用在工作上的，工作中的幸福感是人类幸福的重要方面，教师的职业幸福感对于教师具有重要意义。教师是高校的重要资源，也是实现其发展目标的关键（Machado-Taylor et al., 2016），而教师职业幸福感和积极的职业身份是教师进行有效教学的基础（Day et al., 2007）。"具有高职业幸福感的教师才会是有效的教师"（Walker & Hale, 1999: 218）。工作满意度作为教师职业幸福感重要指标之一是学校有效运作的关键，会影响教师的工作表现，并最终影响学生的学业成就（Shann, 1998）。教师职业幸福感对有效教学具有关键性影响，因为具有职业幸福感的教师才能拥有更多的积极情感，而积极情感能提高创造力、注意力、记忆力等认知能力，并能拓展面对困难时所需要的应对策略、期望、资源、动机和适应力（Fredrickson，2001）。另外，幸福会增加人类大脑中多巴胺的释放，而这种多巴胺能激活我们的学习中心——帮助我们更有效地获取周边的信息，如此一来我们的学习和工作都将更加有效，能更好地开发我们的潜能（Gottschalk，2013）。还有研究指出，适应力强、有激情的教师会影响到学生的自主性和能力，并提高学生学习动机（Klusmann et al.，2008）和活力（Day et al.，2000）。教师幸福感的降低也是学生学业水平下降的因素之一（Klusmann & Richter，2014）。从以上叙述可知，探讨教师职业幸福感会对教师的有效工作、学生的学习动机和学业成就以及学校的发展具有重要影响。

二　积极心理学的兴起

20世纪五六十年代，马斯洛、罗杰斯开创了人本主义心理学，主张心理学应该研究人的本性、创造力、价值、潜能、经验以及自我实现等积极因素。人本主义心理学很快发展成为心理学界的一个强大势力，在其影响下，研究积极心理学曾经一度引起心理学家的重视，但是并没有扭转心理学以消极心理为主题的研究取向。在科学心理学诞生以来，占主导地位的一直都是对人类疾病、痛苦、抑郁等消极心理的研究。著名组织行为学家Luthans（2002）曾利用计算机对当代心理学和组织行为学研究的文献进行检索，结果发现将近375000篇研究论文是有关人的负性状态的，而只有大约1000篇涉及人的各种积极概念或能力，二者的比例高达375∶1。Myers（2000）对《心理学文摘》（Psychological Abstracts）1887—2000年文献进行检索发现，消极情绪相关研究与积极情绪相关研究的数量比例为14∶1。这种严重不平衡遭到了一些心理学家的批评。其中Bakker & Schaufeli（2008）指出，"心理学几乎就是治疗心理疾病的科学，对人们的心理幸福感关注得太少"。美国著名心理学家Selingman指出，过去消极心理学的确对人类社会的发展做出了重要贡献，现在的心理学家已经能对很多种心理疾病采取有效的治疗措施，同时对精神病患者的了解也大大增加了，但是在为心理学的这些成就欢呼的同时，我们却发现这个世界患心理疾病的人数随着时间的推移在成倍地增加。实践证明我们不能仅仅依靠对问题的修补来为人类谋取幸福，心理学必须转向研究人类的积极品质，通过大力倡导积极心理学来实现这一目的。研究积极心理学，改变传统的消极心理研究取向，成为心理学研究发展的趋势。Seligman & Csikszentmihalyi（2000）的《积极心理学导论》的发表掀起了一场积极心理学运动。积极心理学实现了心理学的价值平衡，充分体现了以人为本的思想，提倡积极人性论，力图使所有人的潜能得到充分地发挥并幸福的生活。积极心理学强调研究人的积极力量并提倡对问题做出积极的解释。从长远来看，用积极的方式对人的心理障碍做出解释是最切合实际的（任俊，2006）。积极心理学是对研究问题的重新聚焦，而不是对心理学研究的革新。积极心理学研究的优势在于使用以往心理学研究范式解决新领域中关于美好生活的问题，研究者们相信这种方法是具有有效性的（Peterson，2010）。

工作倦怠作为一种心理枯竭状态，来自于工作情景中的慢性压力，早期引起了广泛关注，仅2002年在美国心理学会文献库中对"工作倦怠"这一术语的检索结果就高达3153次。随着心理学研究范式的转变，人们也开始了对从业者工作健康行为角度的研究。研究者不再拘泥于工作对个体所产生的不良影响（如工作倦怠），工作中个体的幸福感、工作所带来的积极影响也越来越多地受到关注，从而使工作倦怠的对立面——职业投入也走进了人们的视野。

随着积极心理学相关研究的兴起，从业者的长处、积极心理能力以及人类的职业幸福得到了日益广泛的关注和研究，这一研究热潮也辐射到了教育领域。随着社会的发展，人类的进步，在中国力图全面建设和谐社会、深入推进素质教育的大背景下，教师与学生的幸福问题也逐渐引起了人们的关注，教师在工作中所体验到的幸福感开始进入教育研究者的视域。如何提高教师职业幸福感，最大限度地降低教师工作中的消极状态，如工作倦怠，最大限度地提高教师工作中的活力和奉献精神是值得我们探讨的重要话题。

三 教师职业幸福的迷失

幸福如此重要,是人类存在的目的、追求的目标,那么作为人类灵魂的工程师,当下高校教师职业生活是否幸福呢?

许多研究者指出教学是压力很大的工作(Borg & Riding, 1991; Travers & Cooper, 1996),不同文化背景中的研究均表明,学校教师是压力水平最高的职业之一(Stoeber & Rennert, 2008)。据估计,在任何特定时间全美有 5%—20% 的教师对职业产生倦怠感(Farber, 1991)。据美国国家教育中心数据统计,几乎一半的教师会在工作五年内离开教师职业(Singleton-Rickman, 2009)。相对其他职业而言,教师具有更高的情感枯竭、疏离感,这正是职业倦怠感的两个核心维度(Maslach, Jackson & Leiter, 1996; Schaufeli & Enzmann, 1998)。

中国人民大学公共管理学院组织与人力资源研究所 2005 年对中国教师的工作压力、职业倦怠和心理健康状况展开调查,结果表明,8699 名被测试者中,34.6% 的教师觉得工作压力非常大,47.6% 的教师认为压力比较大;49.7% 的教师觉得自己有较为明显的情绪枯竭症状,只有 24.4% 的教师情绪衰竭程度较低或者没有出现这种情况;68.2% 的教师在教师职业中成就感低落,没有体验到成就感,只有 8.2% 的教师对自身的成就感评价较高。浙江省浦江县教师进修学校课题组展开的一次调查显示:在抽样调查的 260 多名小学教师中,目前工作心情"愉快"和"较愉快"的教师占 44.8%,有 55.2% 被调查教师表明他们"不太愉快""不愉快"和"很不愉快"。

2012 年 9 月在第 28 个教师节之际,武汉楚天金报和大楚网两家媒体联合推出"教师幸福感"调查专题,共有 5022 名来自全国各地的教师参与了调查,调查结果显示,分别只有 4% 和 19% 的教师觉得自己很幸福和比较幸福,46% 的教师感觉一般,31% 的教师感觉自己并不幸福。另外,除了这些问卷调查的结果,还有来自武汉市精神卫生中心的最新数据表明,有 70% 的教师容易失眠,约 25% 的教师觉得压力巨大,还有少数教师经常表现出头疼、少食、抑郁、烦躁、忍不住要发脾气等症状。教师压力过大已经成为一种典型的生存状态。这些数据和事实表明,在中国有很大一部分教师的职业幸福感缺失,这是一个必须引起我们高度重视的现实问题。

　　在很多人眼里，高校教师是一个众所期盼的职业，认为高校教师职业是一个无比"风光""体面""自由""轻松"的职业，并且受到社会的广泛关注。不少高校教师作为专家出现在各种媒体，就一些社会问题高谈阔论，也有作家把高校教师作为笔下的主人公，税务部门甚至把高校教师与其他垄断行业共同列为高收入行业和群体……然而笔者作为一名在高校学习近10年，工作4年多的高校英语教师，却发现身边有许多教师承受着巨大的压力，生活幸福指数不高，特别是年轻教师面临纷至沓来的教学任务、科研项目申报、职称评定、岗位考核、学术成果发表、生活负担、专业发展等问题时，显现出各种迷惘无助和焦躁无奈。因此笔者经常思考怎么才能使教师更幸福更快乐的问题。身边的许多高校英语教师虽然都从事同一份工作，却有着完全不同的工作状态，有些教师对自己的工作充满热情，另一些教师却热情消退；一些教师充满活力地应对工作中出现的各种挑战，孜孜不倦地追求专业发展，另一些教师则采取回避的态度，放弃对职称、名誉的追求，淡定地享受生活，看到这些不同的人生态度、不同的工作方式以及不同的情绪，笔者禁不住思考，对于高校英语教师来说，他们是如何看待他们的职业幸福感呢？他们追求着怎样的职业幸福感呢？到底有哪些因素影响着他们的职业幸福感？如何才能提高他们的职业幸福感呢？

　　在经济发展全球化背景下，英语成为每一个中国大学生的必修课程，熟练的英语能力成为每一个中国大学生的追求。而高校英语教师则承担着培养这些英语学习者英语能力的重要责任。教师的职业幸福感会影响到教师的课堂行为、教学行为，从而影响学生的幸福和学业成就（Klusmann et al., 2008; Day et al., 2000etc.）。Sanford（1980）指出高等教育机构如果想要提高其教学质量，必须首先推动教师个体和教师职业发展，而教师职业幸福感是促进教师个人和职业发展的重要保证。然而高校英语教师作为每一所高等院校不可或缺的教师群体，其职业幸福感还没有引起足够的重视，从个人观察和经验来看，高校英语教师的职业幸福感有待提高，本书试图对高等院校英语教师职业幸福感进行调查，了解高校英语教师职业幸福感真实水平，并探讨提高高校英语教师职业幸福感的可行性方法。

四 高校教师职业幸福感研究的缺乏

高校教师在我们的社会中起着举足轻重的作用，Johnsrud（2008）指出高校教师通过他们的工作，转变学生个体，提高整个社会的生活质量。那么成功的教师对学生和社会发展的推动作用会更大。关于成功教师的研究主要分为两大类。第一类关于教学的研究，集中分析作为一种成果的教学质量，及其对学生的学业成就和动机及人格的发展产生的影响（Bromme，2001）。教师的主要角色是教育者（instructor），而成功教师就是那些教学能力强的教师。另一主流研究主要考察教师的心理方面，如健康和情感幸福感，在这一研究传统中，成功的教师通常会感受较低的压力，不存在倦怠症状并拥有较高的职业满意度（Kyriacou，2001；Maslach & Leiter，1999）。在教师心理研究中，通过文献资料分析，张大均、江琦（2005）发现教师心理相关研究呈现出"三多三少"现象。这些研究中关注教师已经形成的不良心理的研究多，但是关注教师积极心理品质的研究少；关注教师的心理素质的研究多，关注教师职业心理素质的研究少；针对教师心理问题的诊断和矫治的研究多，对职业幸福感进行培育的研究少。国外研究者同样发现许多关于教师的研究都集中在消极面，例如对教师压力、职业倦怠感和低工作满意度等的研究（Maslach et al.，2001；Schaufeli & Enzmann，1998）。

随着职业健康心理学研究的深入，工作中的积极状态、工作中从业者的幸福感、身心健康状况也逐渐引起研究者们的注意。从积极的方面对人类的思想、行为、潜质进行研究这种方法被认为是有效的（Peterson，2010）。想要积极有效地提高教师职业幸福感、教师工作效率、学生学习动机、学业成绩，有力推进大学英语教学改革和高校整体的发展，我们有必要从教师工作中的积极因素以及工作带来的积极影响等方面开展研究，思考、斟酌采用什么方法能对教师的工作产生激励作用，如何提高他们的工作动机、工作效率、职业投入程度以及职业幸福感。提高教师的职业幸福感会给教师、学校及学生带来一系列的积极影响。因此调查和分析教师职业幸福感现状和特点，分析对教师职业幸福感产生重要影响的因素具有重要的现实意义。

五 高校教师职业环境的重要性及相关研究的缺乏

随着心理学研究中生态发展观和系统发展观的兴起，人们逐渐开始认识到学校环境对学生和教师发展的重要意义。教师对学校环境的心理感知对其工作状态、幸福感等至关重要。校园文化、学校环境会影响教师的行为以及教师信念（e.g. Seashore, 2009），而教师观念对学校的发展（Kruse & Louise, 2009），以及学生的成绩（Kruger et al., 2007）均会产生重要影响。因此校园文化以及学校环境建设意义重大。但是总体而言，国外有关学校环境的研究主要侧重于学科课堂环境方面（Sprott, 2004），对学校层面的学校环境研究没有足够的重视。

有研究者指出学校环境（氛围）是作为个体的认知变量而存在的（Frank et al., 2001），因为即使是在同一所学校或者班级内部，学生或者老师对学校环境的感知可能也存在很大的差异（Griffth, 2000）。因此不能单纯地把学校环境作为一种组织特点或属性，而忽略个体之间学校环境感知的差异性，否则会造成许多重要信息的损失（Gallery & Suet, 2004）。因此本书将力图从学校环境的角度，探讨和分析教师对他们的职业环境的心理感知及其对教师职业幸福感的影响。以期为提高高校英语教师职业幸福感给予启示，对激励高校英语教师提出有效方案，并提高英语学习者学习效果、学习动机。

第二节 研究目的及意义

一 研究目的

本书将采用理论分析与实证分析相结合的方法探讨高校英语教师职业环境对其职业幸福感的影响机制。具体而言，研究目的主要包括以下几点。

第一，通过文献综述和理论回顾探讨教师职业幸福感和教师职业环境的概念、维度测量方法及相关研究，并构建高校英语教师职业环境理论模型。这些是本书重要的理论基础。

第二，根据所构建的高校英语教师职业资源—环境理论模型，构建高校英语教师职业环境量表，并对该量表进行检验。同时也对教师职业幸福感模型及其量表进行检验。这是本书分析高校英语教师职业环境对教师职业幸福感影响的前提。

第三，根据职业幸福感和职业环境相关文献、资源保护理论以及工作需求—资源理论模型，构建高校英语教师职业环境对教师职业幸福感的影响机制假设，并通过正式调查对该影响机制进行检验。

第四，探讨提高高校英语教师职业幸福感的策略。本书将基于高校英语教师职业环境视角来探讨如何提高教师的职业幸福感，一方面可为学校的人事管理等方面提供有益的管理启示，另一方面可以为教师如何从自身提高职业幸福感提供指导和建议。

二　理论意义

第一，是一次对职业幸福感研究的梳理。

职业幸福感的研究沿袭了一般幸福感的研究，本书参照研究者们对一般幸福感从不同视角研究的理论基础、评价标准、研究起点等方面的差异进行对比分析，从心理幸福感角度和职业健康心理学角度进行梳理，努力尝试厘清职业幸福感研究发展脉络。

第二，是一次对职业幸福感研究和高校教师职业幸福感研究两个领域的整合。

高校教师职业幸福感的上位概念是职业幸福感，然而从已有文献来看，职业幸福感和高校教师职业幸福感研究的关注点存在较大差异。高校教师职业幸福感更多的是从心理幸福感视角，以心理学家构建的客观心理幸福感标准开展相关研究，而职业幸福感研究涵盖多类型职业领域，更多的是从职业健康心理学角度，从职业倦怠、职业投入以及工作满意度等方面开展职业幸福感的研究。本书结合职业幸福感和高校教师职业幸福感的研究重点，沿用两个领域的基本方法——调查研究法，将基础研究假设建立在职业幸福感和高校教师职业幸福感已有研究基础上，是一次打破研究边界、进行整合研究的积极尝试。

第三，是一次对中国高校英语教师职业幸福感研究的尝试。

本书所依托职业健康心理学领域的职业幸福感理论模型，以及职业环境对职业幸福感的影响机制理论基础：资源保护理论和工作需求——资源模型理论，均来自西方，被广泛运用于各种企业员工之中。在本书中，加入了对中国环境下高校职业环境以及高校英语教师角色特殊性的考量。对高校英语教师职业幸福感影响因素的研究，是对西方职业需求——资源理论和资源保护理论在中国环境下、高校环境中可运用性的验证以及拓展。

第四，是对高校英语教师职业环境理论构建和量表构建的尝试。

本书参照心理幸福感相关理论模型，考虑心理幸福感客观标准中与环境因素紧密相关的因素，以及各类学校环境相关研究，从学校环境中现存的资源视角尝试性构建了高校英语教师职业环境模型，并结合对高校英语教师的访谈构建了高校英语教师职业环境感知量表，为今后高校英语教师职业环境相关研究提供了理论借鉴和测量工具。

第五，是对教师职业幸福感产生影响的环境因素的梳理。

对教师职业幸福感产生影响的因素包括个人因素、学校环境因素以及社会因素，本书对个人因素和职业环境因素进行梳理，重点梳理学校职业环境因素，为今后教师职业幸福感影响因素的研究奠定良好的文献基础。

三 实践意义

本书首先对高校英语教师职业幸福感的内涵进行界定，结合心理幸福感角度的职业幸福感相关研究以及学校环境相关研究，构建了高校英语教师职业环境理论模型，并结合访谈设计了高校英语教师学校环境感知问卷，通过对高校英语教师职业幸福感和高校英语教师对学校环境的感知进行现状调查，探讨分析高校英语教师职业环境感知对其职业幸福感的影响，这对国家、大学和教师个体都具有现实意义。

国家层面。中国在世界上正在占据越来越重要的经济地位，英语作为当前的国际语言在国家发展中起着重要作用。而我们的高校英语教师则肩负着提高全民英语能力的重任。中国目前拥有世界上最大数量的英语学习者，正规教育机构中有5000万英语学习者，非正规教育机构有1.5亿英语学习者，共有约50万全职英语教师（Wang &Lei，2000）。英语教师特别是高校英语教师肩负着培养即将踏入社会的大学生英语语言和文化交流能力的重任，在对国家人才英语水平的提高上扮演着核心角色。从这个意义上讲，提高高校英语教师幸福感，对于提高其教学能力、教学水平具有重要意义。本书将对如何提高高校英语教师职业幸福感提出建议，将为国家层面提高大学教师整体职业幸福感以及提高全民英语能力等提供有价值的决策参考。

学校层面。教师职业幸福感的提高是教师进行有效教学的重要前提。本书重点分析大学教师职业环境对教师职业幸福感的影响，凸显了对高校教师职业幸福感产生直接影响的学校环境因素。为改善教师的职业环境提供有价值的参考。教师职业幸福感的提高将直接影响教师的教学效率以及整个学校的教学和学术水平，对更有效地推行大学英语改革也将有积极的促进作用。

个人层面。教师对所在职业环境的感知具有个体化差异，除职业环境感知对教师职业幸福感产生影响外，许多教师个人因素，例如，教师自我效能感、自尊、信念、性格特征等，也会对教师职业幸福感产生直接影响，本书在相关讨论中也涉及了教师个人因素在高校英语教师职业环境和教师职业幸福感中的重要作用，希望能给予教师个体一些启示，即如何从个人心理、态度等方面积极调整自己的职业幸福感。

第三节　研究方法

一　文献分析法

本书通过文献分析的方法，就一般幸福感、职业幸福感以及学校社会心理环境已有的相关理论和研究进行梳理，就教师职业幸福感影响因素相关指标进行萃取，就有关问卷进行中国化改造，以此构建起全书的研究框架，并设计教师职业环境研究量表。

二　调查研究法

本书核心章节研究遵循两条主干思路。一是基于理论分析的实证研究，理论基础—研究假设—数据获得与分析—假设检验是本书研究的主要脉络。在该部分我们引入了来自教育心理学、职业健康心理学和社会学三个主流理论。在相关理论研究基础上，提出高校资源环境因素与高校英语教师职业幸福感指标之间的关系模型假设,并通过数据对假设进行验证和讨论。二是基于西方研究偏好,从教师的性别、年龄、职称等维度进行专门的影响因素分析。两条主线的共同目的都在于了解影响高校英语教师职业幸福感的影响因素,核心目标是了解中国高校英语教师职业幸福感现状及其职业环境影响因素,以探寻提高高校英语教师职业幸福感的有效路径。

核心章节主要方法是调查研究法。一种调查研究法是问卷法。首先通过综合心理幸福感角度对幸福感进行客观测量的相关研究以及影响教师行为、职业幸福感的学校层面社会心理环境相关研究,构建了高校英语教师职业环境量表,并对高校英语教师进行问卷调查。此外借鉴职业健康心理学领域关于工作倦怠和职业投入的相关研究对教师职业幸福感进行界定,并使用相关领域比较成熟的问卷,在本书中对教师职业幸福感问卷进行本土化验证,并对教师职业幸福感进行调查。

另一种调查研究法是访谈法。本书主要在两个方面使用访谈法,一是在教师职业环境问卷制定之前,对几位高校英语教师进行访谈,了解在他们心中对职业幸福感产生积极影响的学校环境因素有哪些,在访谈结果和文献分析的基础上构建高校英语教师学校环境感知量表。另一方面在正式的问卷调查结束后,我们针对高校英语教师职业环境因素对高校英语教师职业幸福感及其不同维度所产生的不同影响,对教师们进行更加深入和细化的访谈,以探索这些影响关系背后的深层次原因。

第四节 结构安排与技术路线

本书共分为6章,结构安排和技术路线如图1—1所示。

第一章,导论。本章主要介绍问题提出、研究目的及意义、研究方法、结构安排与技术路线以及主要创新点。这是对本书提纲挈领的描述和介绍。

第二章,文献综述。本章依次从教师职业幸福感的内涵和测量、教师职业环境以及教师职业环境与教师职业幸福感的关系三个方面对文献进行了梳理,并进行文献述评。

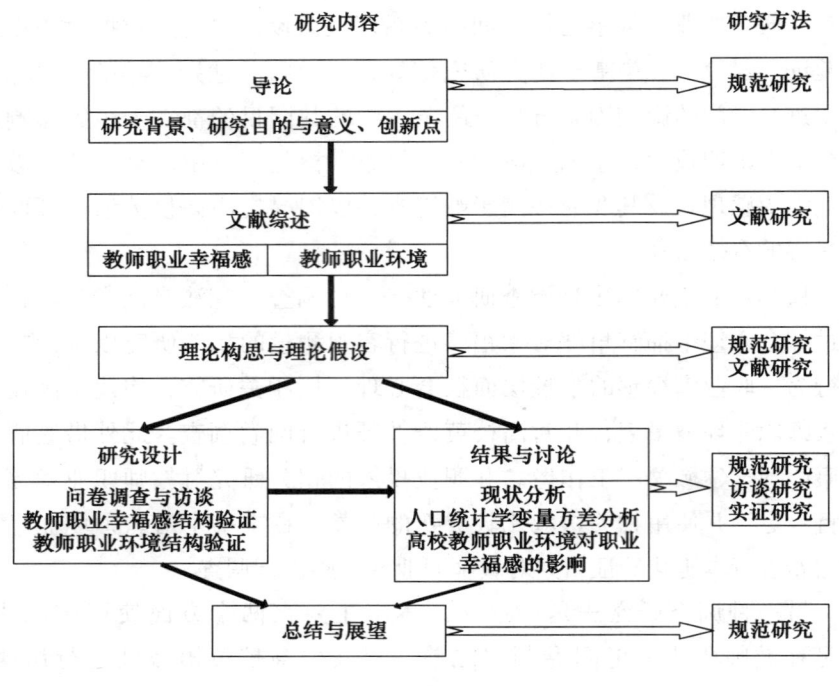

图1—1　结构安排和技术路线

第三章，理论构思和理论假设。本章首先阐述了教师职业环境和教师职业幸福感两个理论模型的构建，随后根据资源保护理论以及工作需求—资源模型理论提出了高校英语教师职业环境对高校英语教师职业幸福感的影响的理论假设。

第四章，研究设计。本章首先阐述了高校英语教师职业环境对教师职业幸福感影响的研究设计，详细介绍了本书的研究目的、研究问题、研究对象、研究工具以及研究步骤。特别详细介绍了基于高校教师职业环境理论模型所构建的高校英语教师职业环境感知量表的形成过程，并通过探索性因子分析和验证性因子分析以及信度检验等多种方法检验了高校英语教师职业环境感知量表和高校英语教师职业幸福感量表在本书中的信度和效度。

第五章，结果与讨论。本章首先对高校英语教师职业幸福感以及职业环境感知状况和特点进行了描述性统计分析，随后从人口学变量上分析了高校英语教师职业幸福感以及高校英语教师职业环境感知的差异，最后分析了高校英语教师职业环境各维度对高校英语教师职业幸福感及其下属维度的不同影响机制。

第六章，总结与展望。本章作为全书的总结，对主要结论给予提炼，并基于本书的研究结论，从学校和个人两个层面分析了提高高校英语教师职业幸福感的相关策略，最后指出了本书的局限性以及对后续研究的建议。

第五节　主要创新点

Bartunek, Rynes & Ireland（2006）指出，一项研究的创新主要可以体现在理论方面和方法方面。在理论方面有两种形式的创新：1. 创建一个新的理论和构念；2. 将新的变量或理论引入到另一个研究领域，扩大该理论的解释边缘。在研究方法上的创新也包括两种形式：1. 从一个新的视角来看待问题；2. 使用新的研究方法，包括运用新的数据统计方法进行研究。本书的创新之处主要体现在以下几个方面：

1. 本书在借鉴心理幸福感相关客观标准以及各类学校环境相关研究基础上所构建的高校英语教师职业环境模型，包含了教师自主性、同事支持、学生支持、反馈认可、资源设备和专业发展6个维度，通过访谈研究构建高校英语教师职业环境感知量表，其信度和效度在本书中得到较好地验证，为今后有志于对高校英语教师环境感知开展相关研究的学者提供了理论模型和可靠的测量工具。

2. 丰富了职业幸福感（职业倦怠和职业投入）、资源保护理论以及工作需求—资源模型理论的研究应用范围。职业倦怠和职业投入相关研究均源起于西方工业发达国家，中国对这一领域的研究时间并不长，特别是职业投入的概念，通过文献梳理，发现在国外及国内的相关研究中，职业倦怠和职业投入相关研究主要集中在企业中的不同职业群体，例如康复中心医护人员、警察、新闻工作者等，也有研究对教师群体进行探讨，但相关研究大多关注中小学教师，目前还没有针对高校英语教师展开的研究，也没有学者将资源保护理论和工作需求—资源模型理论运用到高校英语教师群体的职业幸福感探讨中来，所以本书扩充了职业幸福感、资源保护理论以及工作需求—资源模型理论的应用范围。为今后各行业职业群体的职业幸福感研究的横向比较提供资料来源和依据。

3. 本书高校英语教师职业幸福感问卷中所借鉴的职业倦怠和职业投入问卷,其因子结构以及信度效度在中国高校英语教师群体中均得到了很好地验证。为以后有志于对高校英语教师进行相关研究的学者提供了重要的研究工具。

4. 过去对教师心理的研究大多从消极的方面分析导致教师压力、教师职业倦怠的原因,本书从积极的视角探讨高校英语教师职业环境中对教师职业幸福感产生积极影响的因素,从积极的方面分析提高教师职业幸福感的方法。

5. 通过教师职业环境感知与教师职业幸福感的关系分析,我们发现对高校英语教师的职业幸福感产生显著影响的职业环境因素主要包括同事支持、学生支持、自主性以及反馈认可,这一结果为如何系统地从学校环境的角度提高高校英语教师职业幸福感给予了重要启示。

6. 专业发展需求作为教师基本需求之一——个人发展在职业中的体现,并没有对广大高校英语教师产生显著影响,这一结果表明中国广大高校英语教师对自己的专业发展认识不够清晰,专业归属感不强,这是当前中国高校英语学科发展、大学英语改革中亟待解决的问题。

第 二 章

文献综述

第一节 高校英语教师职业幸福感

一 职业幸福感研究起源

职业幸福感研究源起于一般幸福感研究，在讨论一般幸福感研究之前，有必要先厘清两个术语"幸福"与"幸福感"之间的区别。这两个术语长期被通用，似乎淡化了两者的区别（朱翠英、凌宇和银小兰，2011）。有研究者认为可以从四个方面来区分幸福与幸福感：第一，幸福是客观的，如家庭美满，工作顺利，身体健康等实实在在存在的现象，带有客观性，而幸福感则是对幸福的一种体验，是个体对自己所处境地的带有主观性的评价，例如"身在福中不知福"；第二，幸福通常是他评的，即某人所处的境地是幸福还是不幸福是由他人或者社会评价的，而幸福感通常是自评的，是每个人对自己状况的评价，例如，同处于相同的社会，甚至相同的工作单位，物质条件相当，但是，人们对生活状况的评价不一定相似，如别人认为某人很幸福，可他自己并不认为自己幸福；第三，幸福不一定针对个人，还可以针对人生或者整个人类而言，而幸福感一定是针对个人而言的，即幸福感是每个具体的人体验到的幸福的感觉；第四，幸福属于哲学范畴，幸福感属于心理学范畴（刘芳2009）。本书主要分析心理学意义上的教师职业幸福感，但是哲学界对幸福的诠释为心理学领域幸福感的研究提供了哲学基础，因此我们先简单介绍哲学界对幸福的阐释，之后介绍心理学界对幸福感的阐释。

（一）哲学界对幸福的阐释

在哲学界，对幸福内涵进行阐释的学者很多，他们对"幸福"的理解与表述大致可以分为三类：

1. 第一类理解认为幸福与德性紧密相关，并且幸福必须要通过努力才能获得。代表性学者包括亚里士多德、罗素等。亚里士多德认为，幸福即合乎德性的灵魂的实现活动。他指出"幸福是通过德性，通过学习和培养得到的"（苗力田译，2003）。罗素认为幸福必须通过努力才能实现。他认为幸福的人，通常具有客观的人生态度，并具有宽容的情爱和广泛的兴趣，从而自己会成为别人的情爱和感兴趣的对象，进而收获幸福。另外他还补充道："仅仅接受爱是不够的，还应该把接受的爱释放出去，给予别人以爱。这样的生活将更加和谐，人与人之间将更加融洽。彼此真正关怀的爱是幸福之源。"（刘烨，2005）两位哲学家都倾向于将幸福等同于德性，并认为幸福的获得离不开劳动。

2. 第二类理解认为幸福与个体的体验和感受紧密相关，是一种主观感受，但同时也是一种客观存在。例如杨国荣（2002）在《伦理与存在—道德哲学研究》中指出，当某一个体说他觉得自己很幸福时，这种幸福是这个个体对生活的感受或者对存在的一种体验。这种幸福的内容通常是指个体对自己生活的满意度感受。康德也认为幸福意味着对整个生活状况的满足。只有在主体对所处生活状况做出肯定的评价，幸福感才可能出现。还有学者认为幸福与人生价值的实现紧密相关，存在于人们的社会实践生活当中（高兆明，2004）。但是幸福不仅是一种主观体验，也是一种存在或者一种客观状态。幸福的感受是对幸福的存在的一种感受。这几种观点都强调了幸福的主观感受，这种感受是对生活整体性的满意感受，并不是零散或者即时的，同时，他们都认为幸福是客观存在的。

3. 第三类观点认为对幸福的理解应该从人生存和发展的角度来看。例如江畅（2005）在《幸福与和谐》一书中指出，从人的生存和发展需要出发，幸福是个体对自己人生总体上感到满意的愉快状态，这种状态在个体生存需要得到适度的满足、发展需要得到一定程度的满足，并不断追求进一步满足时产生。

通过对以上三大类哲学观点的陈列，我们可以发现，尽管学者们对幸福的内涵表述和论证角度有所不同，但是这些哲学观点为我们对教师职业幸福感界定和探究提供了指导思想：教师职业幸福感是每一位教师体验到的一种主观感受，而这种主观感受又是客观存在的，与教师的职业理想、职业道德以及他们的教学和科研活动紧密联系。

（二）心理学界对幸福感的阐释

1967 年，Wanner Wilson 发表论文《自称幸福感的相关因素》，自此开启了心理学对幸福感的科学研究。到目前为止幸福感的研究已经走过了 50 年的历程。心理学界对幸福感开展的研究主要源自西方哲学对幸福感不同认知的研究，主要分为两个取向：一个是主观幸福感（subjective well-being，SWB）研究，一个是心理幸福感（psychological well-being，PWB）研究。主观幸福感以快乐论为基础，是关于享乐主义幸福感的研究，其定义主要从三个方面进行：情绪、认知以及两者的综合（彭怡、陈红，2011）。Gutiérrez et al.（2005）认为主观幸福感是人们对积极情绪与消极情绪平衡的结果，当积极情绪次数多于消极情绪时，个体就会产生主观幸福感。幸福感被理解为快乐、愉悦，与积极和消极情绪紧密相关。Diener（1984）从认知角度对主观幸福感进行了定义，认为主观幸福感就是评价者根据自定的标准对生活质量的整体评价。更多的学者认为主观幸福感有着复杂的结构，包含人们的情感反应、领域生活满意度以及对生活满意度的综合判断（Diener et al.，1999）。主观幸福感的评价指标通常包括积极情绪、消极情绪以及对生活的满意度三项指标。

心理幸福感以现实论为基础，是关于人类潜能、自我实现的幸福感研究。在心理幸福感研究中，不同的心理学家依据不同的理论，分别建构了自己认为最能代表幸福感的结构，研究者们在幸福感的内涵和结构上并没有达成共识。

在心理幸福感研究中，我们主要介绍三种研究理论：Waterman 的"个人展现"理论、Ryff 的多维理论和 Ryan & Deci 的自我决定理论。

1. Waterman 的"个人展现（personal expressiveness）"理论

Waterman（1993）认为，幸福感是关于人们与真实自我的协调一致。他认为幸福会发生在人们从事与深层价值最匹配的活动中，是一种全身心的投入状态。当个体依据"真实自我"（true self）而努力生活，并在努力生活的过程中实现自身的各种潜能时产生一种"个人表现"带来的这种实现自我的愉悦感。这种"个人表现"被具体描述为：个体对自己所从事的事情具有强烈的投入感，并觉得与自己的行为有特别的适合感和活跃感；另外，个体专注于某一件事的时候有一种实现感，认为人生意义就在于此，一个人的真实所在就在于此。人们可以通过技能的发展来实现自己的潜能，并通过实现潜能体验到自我实现（self-realization）。

2. Ryff 的多维理论

Ryff 认为幸福感不是简单的快乐的获取，而是通过不断发挥自己的潜能努力达到完美的体验。他认为心理幸福感主要指人的心理机能的良好状态，是一种自我完善、自我实现、自我成就，是自我潜能的完美实现（Ryff & Keys，1995），并且它们都不以自己的意志为转移。Ryff 等人（1989，1995）在基本生活趋势理论（Buhler，1935）、心理社会阶段理论（Erikson，1959）、人格改变理论（Neugarten，1968）以及自我实现理论（Maslow，1986）、成熟（Allport，1965）和个性化（Jung，1921）等心理学理论和概念基础上，提出了自己的心理幸福感六维模型，并通过实证研究对心理幸福感的六个维度进行了验证，从理论层面和操作层面对心理幸福感进行了界定。这六个维度分别为：自我接受（self-acceptance）、个人成长（personal growth）、生活目的（purpose in life）、良好关系（positive relation with other）、情境把握（environment master）、独立自主（autonomy）。并设计相应量表，包含 6 个部分。每个分量表 14 题，各按一至六级评分。Ryff & Singer（1998）认为对生活目标的追求和拥有和谐的人际关系在这六个维度中是对于人类健康而言最重要的两个因素，其次重要的是对自我的尊重和掌控。Ryff 借鉴了马斯洛的自我实现理论，其幸福感模型中的自我接受、良好关系和独立自主三个方面都是一个自我实现个体所需要具备的特质。

3. Ryan & Deci 的自我决定理论（self-determination theory，SDT）

Ryan & Deci（2001）的自我决定理论对幸福的定义一方面包含自我实现，另一方面试图说明自我实现的意义以及实现自我的方式。Deci 认为，自我决定是个体的一种能力也是一种需要。该理论认为人类有三个基础性的心理需求，即自主需求（autonomy）、能力需求（competence）、归属需求（relatedness）。自主需求，是指个人的行为取决于自我选择，而不是外来的报酬赏赐或者压力的需求；能力需求，是指能运用个人能力及技能，以寻求和克服最大的挑战，并获得预期结果的需求；归属需求，是指能与他人建立相互尊重的感觉和相互依赖的人际关系的需求。

这三种需求是否得到满足是人类是否能获取幸福感的关键因素（Deci & Ryan, 2000）。需求满足被自我决定理论看作人类本质的生活目标，包含许多生活意义相关描述以及人类的行为目的。基本需求是心理健康的最低要求，同时社会环境也必须提供给人们足够的条件来满足他们的基本需求，促进人们的心理发展。如果外在的环境能够满足自主、能力和归属这三项基础性的心理需求，个体的外在价值观的内化和自我统一将得以促进，从而有利于引发自我激励和提高内在动机，促进身心的和谐统一。相反，如果这些基础性心理需求得不到满足，将会降低人们的动机并导致许多其他不良的后果。

二 职业幸福感的内涵

关于职业幸福感的概念与一般幸福感概念一样说法不一。对职业幸福感的测量也通常因为对职业幸福感的界定不同而不同（Danna & Griffin, 1999）。根据本书需要，我们主要综述从心理幸福感角度出发的多维度职业幸福感研究以及职业健康心理学视角的职业幸福感相关研究。

（一）心理幸福感角度多维度职业幸福感研究

从心理幸福感角度出发的职业幸福感研究，同一般幸福感研究相似，也从现实主义出发，其指标体系则涉及自我实现、自我接受、个人成长、独立自主、生活目标、良好关系、环境控制、生命活力等一系列维度，主要基于心理学家们所构建的价值体系，并以客观的标准来评定个人的职业幸福。主要介绍Warr（1994）的多维度职业幸福感模型和Schultz（2008）的多维度模型两种。对幸福感的多维度探讨可以帮助实践者从多个方面推动和发展幸福感（Warr, 1994），并为探讨职业幸福感对其他因素的影响奠定基础（Van Horn et al., 2004）。

1. Warr的多维度模型

Warr（1987, 1994）将幸福感集中于一个特定的背景——工作环境中，提出了一个多维度的职业幸福感模型，开拓了我们对职业幸福感的理解。他认为评价员工幸福感时，结合工作特性来解释才能更好地理解工作特点如何影响员工幸福感。在以往研究基础上提出职业幸福感由四个主要维度（情感、抱负、自主性和胜任力）和一个包含这四个维度的第五维度综合性维度组成。首先，情感幸福感被纳入职业幸福感模型中。

Daniels（2000）研究发现，在情感幸福感中有几种不同的情感体验：枯燥—激情，抑郁—喜悦，生气—温和，疲惫—精力，是一个多维度的构念。Daniels（2000）还发现愉悦—不愉悦是情感幸福感的核心维度。许多关于职业幸福感的测量（如工作满意度、组织承诺、工作压力和疲惫等）都是测量了幸福感的情感维度。除了情感维度，Warr 的职业幸福感模型中还加入了三个其他主要维度：抱负、自主性和胜任力。抱负是指个体对其所在环境感兴趣，具有行动动机，寻找具有个人意义的机会拓展自己。低抱负体现在对自己现状的无条件接受。工作抱负是指个体给自己设立的工作目标的挑战性程度。具有高工作抱负的个体通常会为自己设立比较高的奋斗目标。自主性是指个体在多大程度上能抵御环境要求，按照自己的意愿行事。过高或过低的自主性都可能给个体的幸福感带来负面影响（Warr，1987）。胜任力包含了个体解决问题、成功应对环境能力的认可，与自我效能感（Bandura，1997）和个人成就（Maslach，1993）等概念相关。除了以上四个维度外，还加入了一个二级维度，该维度包含前四个主要维度，它的主要功能是将人作为一个整体来表达，可以被看作前面四个概念关系的主观总和（Warr，1987：362）。

2. Schultz（2008）的多维度模型

Schultz（2008）以 Ryff（1989）幸福感理论模型为基础，构建了一个多维度职业幸福感模型，同样包含 6 个维度：1. 积极工作关系，即在工作中形成的积极人际关系，大量研究表明工作中积极的人际关系会减少工作压力（Seers et al.，1983）和工作困顿（Loscocco & Spitze，1990）、提高自信心和自尊（Cohen & Wills，1985）以及职业幸福感（Quick et al.，2003）；2. 专业自我接受，即对自己工作能力的认可。研究表明，个体要想体验到积极的幸福感，应该对自己和自己的过去持肯定态度。有关自我效能感（Schaubroeck，Lam & Xie，2000）和基于组织的自尊（Schultz & Schultz，2006）方面的研究表明，相似的概念对职业幸福感具有重要影响。3. 工作自主性：具有工作自主性，或者具有决定工作任务完成的时间、地点、方式的权利（Clark，2001），具有决策自主权（Schultz，2008）是幸福感的重要决定因素。具有工作自主性的个体会感受到更多的工作满意度，更少的压力（Parasuraman & Alutto，1984）。但是工作自主性与职业幸福感是一种曲线关系（Warr，1987，De Jonge &

Schaufeli，1998），过多或太少的自主性会对幸福感产生消极影响。4. 工作目标，研究表明，有意义的工作会带来幸福感，Kahn（1990）认为工作的心理意义（psychological meaningfulness）是对工作中情感、身体、认知方面的投入的结果。Brown & Leigh（1996）进一步指出，认为自己的工作有意义的个体会体验到更多的激励和满意感。White（1959）则提出当个体感觉到他的工作为组织的目标或运行做出了重要贡献时更可能认为自己的工作有意义。Begat, Ellefsen & Severinsson（2005）发现能在工作中找到意义的员工幸福感更强。5. 情景控制，计划和时间管理是员工掌控工作环境的重要方面，会减少环境中的不确定性（Whetton & Cameron，1995）。Van Merode, Groothuis & Hasman（2004）指出，员工制订计划的能力影响他们对环境中压力和挑战性的感知。Begat, Ellefsen, Severinsson（2005）发现医院环境的紧张节奏和大量的不确定性影响护士对自己日程的安排，即对环境的掌控能力，从而对他们的幸福感产生负面影响。6. 工作发展，研究表明事业发展机会是幸福感的重要影响因素。Cartwright & Cooper（1993）指出，太少的发展机会带来工作不满意感和压力。个体对他们专业发展的态度也非常重要。Petterson & Arnetz（1997）对个体个人发展进行研究，通过三个方面来定义个人发展：员工提高工作能力、学习工作相关技巧能力以及工作带来的额外个人发展。研究结果表明个人发展与幸福感和健康程度相关，说明花时间在个人发展上的个体会体验到更高的幸福感，更少的心理或生理疾病。

上述各维度以Ryff的相关研究为基础，同时与Warr（1987）的职业幸福感模型也有相似的维度。例如Warr（1987）认为抱负、自主性和胜任力是与Schultz（2008）的工作目标、自主性和专业自我接受相关的。该理论模型与下文将要提到的Van Horn et al.（2003）所构建的教师职业幸福感模型也有些许相似之处。Van Horn等人所提出的社会幸福感和专业幸福感分别与该理论模型中的"工作中积极人际关系"和"工作目标和专业自我接受"紧密相关。但是两位学者都没有建构相应的量表来体现他们的理论模型，而是将已有的测量表融入他们的理论中。

（二）职业心理健康视角下的职业幸福感研究

职业心理健康视角对职业幸福感的研究主要从三个方面展开，首先是一个消极状态的缺失，认为消极状态的缺失即意味着职业幸福感的存在，其次是通过衡量一种积极状态的存在来表明职业幸福感的存在，再次则是消极状态的缺失和积极状态的存在两者的结合即为职业幸福感的存在。

1. 消极状态的缺失

有大量研究者对消极工作体验，例如职业倦怠、职业紧张和职业压力开展研究。Danna & Griffin（1999）指出职业幸福感的大部分相关研究都集中在对职业压力的研究上。由于大量关于压力以及负面工作状态的研究的存在，使得研究者们认为这些负面状态的缺失就代表着积极的职业幸福感的存在。例如 Danna & Griffin（1999）指出压力这类因素会对员工的幸福感和健康状况产生负面影响，那么"这就意味着，这些状态的缺失可能会对幸福感和健康产生积极影响（p.359）"。也就是说减少压力体验则会对他们工作中整体的幸福感产生积极影响。这一论断在工作幸福感的相关研究中得到了体现。除了工作压力以外，职业倦怠也是研究者们重点关注的一种职业消极状态。许多研究都通过对消极因素的分析对工作中幸福感进行研究。Fritz & Sonnentag（2006）分析了工作量和假期对个体幸福感的影响，该研究中，从两个方面对职业幸福感进行了界定，个体健康状况抱怨和职业倦怠感，分别使用一般健康量表（General Health Questionnaire）（Goldberg, 1978）和 Oldenburg 的倦怠感量表（Oldenburg Burnout Inventory）（Demerouti et al., 2001）进行测量，研究者将职业幸福感的存在等同于健康抱怨和职业倦怠感的缺失。Tetrick & LaRocco（1987）则用焦虑和抑郁量表测量幸福感，这两种消极状态的缺失就表明个体具有幸福感。Parker et al.（2003）在对心理环境感知和工作产出相关研究的元分析中也把职业幸福感界定为职业倦怠以及工作中焦虑和压力的缺失。

部分学者认为把消极状态的缺失作为衡量幸福感的标准这种操作方式是合理的，但另一些学者则不同意这种做法。Spreitzer et al.（2006）指出这些消极体验的缺失并不一定代表着个体具有强烈的幸福感，不能武断地认为导致压力产生的因素的对立面就是幸福感产生的来源。同样压力和倦怠感的降低并不一定能带来职业幸福感。Kinicki, McKee & Wade（1996）发现繁重的工作量、恶劣的工作环境以及工作的不稳定性是工作压力和紧张的主要来源，而 Spreitzer et al.（2005）却发现这些条件的改善并不足以创造提高幸福感的环境,还需要以培养幸福感为目标的方法。职业相关的负面状态如职业倦怠、职业压力和焦虑都已经有了较为清晰的界定,而职业幸福感的界定却遭到忽视。Danna & Griffin（1999）强调了对职业幸福感进行明确界定的重要性。

2. 积极状态的存在：工作满意度

Wright & Cropanzano（2000）指出职业研究中很多把情感幸福感（affective well-being）与幸福（happiness）等同,因此在职业领域,很多对职业幸福感的研究通过对工作满意度的研究来实现。工作满意度是"一种对工作或工作情景的积极（或消极）评价"（Weiss, 2002, p. 175）,可以通过在工作环境中自己的需求得到的满意程度来衡量。

Danna & Griffin（1999）认为工作满意度是职业幸福感的一个核心主题。他们认为个体的总体幸福感是由职业幸福感和与工作无关的幸福感构成的。在这个模型中,职业幸福感被定义为个体的工作相关的满意度,并进一步将工作满意度细分为待遇、发展机会、工作任务以及合作团队等方面。后来有很多研究者通过测量工作满意度来评价工作中的情感幸福感。Van Horn et al.（2004）以工作满意度为情感幸福感维度的测量指标。Clegg & Wall（1981）也指出通过工作满意度对工作相关幸福感进行界定是非常普遍的。Klusmann（2008）指出在职业研究中,工作满意度的概念是职业幸福感中研究最多的一项内容。

但也有研究者指出以工作满意度衡量职业幸福感存在很多问题。首先,工作满意度是一个非常细化的概念,无法准确地代表更加宏观的概念——幸福感。Wright & Cropanzano（2000）指出工作满意度的概念比较狭窄,重点强调对工作的满意程度,而幸福感则是一个更加宽泛的概念,仅测量对自己工作的感觉、薪水、同事关系的满意度的概念,无法全面地测量职业幸福感。其次,Weiss & Cropanzano（1996）指出在工作相关态度调查中,应该把认知、态度因素与情感情绪因素区分开来。工作满意度这个概念部分建立在个体的感受上,部分建立在个体的认知上（Wright et al. 2002）。

3. 消极状态和积极状态研究的融合

除了上述从工作满意度的角度探讨职业幸福感外,有研究者结合工作满意度和工作的负面体验对职业幸福感进行界定。其中压力被认为是职业幸福感的负面体验之一，低工作满意度是工作中感知到压力的一种结果（Wolpin, Burke & Greenglass, 1991），工作压力和工作满意度反映的是教师职业幸福的不同方面（Van Horn et al., 2004）。它们的共同之处就在于它们的不理想状态（即高水平的工作压力和枯竭以及低水平的满意度）都会对个体的心理和生理健康（Melamed et al., 2006）带来负面影响，同时也会因为它们的低水平表现和高水平波动给学校带来负面影响（Judge et al., 2001）。Grebner et al.（2005）则从工作满意度和对工作听天由命态度（resigned attitude toward work）两个维度对工作相关幸福感进行了界定，测量题项均来自 Oegerli（1984）。

随着 Schaufeli 及其同事对职业倦怠研究的深入开展，从积极面出发的职业投入相关研究逐渐兴起，许多学者从职业倦怠和职业投入两个方面对职业幸福感进行界定（e.g. Hakanen et al., 2006; Hyvonen et al., 2010; Parker et al., 2012）。

Maslach et al.（1996）将职业倦怠感描述为一种情感耗竭、疏离和低职业效能感的症状。情感耗竭指在工作过程中，个体在处理所遇到的难题与要求时，会感到能力不足和精疲力竭，最终导致工作情绪资源的丧失。心理状况表现为疲劳、烦躁、紧张和易怒；疏离是指个体对待工作和同事的冷淡、疏远和漠不关心；低职业效能感指在工作过程中，个体对于工作感受到低成就、无意义，以及缺乏成功体验。

Schaufeli et al.（2002）在前人研究的基础之上，将职业投入定义为"一种积极的、充实的、与工作相关的，具有活力、奉献和专注特征的情感认知状态。这种状态具有持久性和弥散性的特点，而不是针对某一特定的目标、事件或情境（p.74）"。活力是指个体具有充沛的精力和良好的心理韧性，自愿为自己的工作付出努力而不易疲倦，并且在困难面前能够坚持不懈；奉献是指个体具有强烈的意义感、自豪感以及饱满的工作热情，能够全身心地投入到工作中，并勇于接受工作中的挑战；Schaufeli et al.（2002）用奉献代替了融入（involvement）概念，虽然两个概念均被认为是个体对自己工作的一种心理上的认可（Kanungo, 1982），但是奉献比融入在质和量上的程度都更高。从性质上来讲，奉献是一种特别强烈的融入，超越了一般水平的认同。从量上来讲，奉献的范围更广阔，不仅仅是指某一种认知或者信念状态，还包含了情感维度。

专注的特点表现为个体全神贯注于自己的工作，并能以此为乐，感觉时间过得很快而不愿从工作中脱离出来。全身心地投入工作与"心流"（flow）的状态非常接近，这种状态下，个体注意力集中，头脑清晰，身心聚合，无须努力集中注意力，完全控制自己，失去自我意识，无视时间存在，有一种内在的愉悦感（Csikszentmihalyi，1990）。

Schaufeli 对职业投入概念的界定是建立在幸福感（well-being）的两个维度——快乐（pleasure）和激发（activation）这一分类系统基础上（徐长江、时堪，2003）。职业投入与工作倦怠被看作幸福感的两个对立面，工作倦怠具有低水平的快乐和激发的特征，而职业投入具有高水平的快乐和激发特征。在理论推演和对受试的访谈的基础上，Schaufeli 等指出职业投入是一种与工作相关的积极、完满的情感与认知状态。其本身就是一种正性体验，体现了个体在工作过程中的高能量水平和强烈的认同感，精力集中而不涣散。

Hyvonen et al.（2010）在工作相关因素（付出、回报及工作目标内容）与职业幸福感关系研究中，通过职业倦怠和职业投入两个方面对管理者的职业幸福感进行了界定。工作积极性通过 Utrecht Work Engagement Scale（UWES-9）（Schaufeli，Bakker & Salanova，2006）测量，职业倦怠感则通过 Maslach Burnout Inventory（Schaufeli，Leiter，Maslach & Jackson，1996）进行测量。

还有一些学者综合多种积极和消极工作体验从多方面对职业幸福感进行界定，例如 Cropanzano & Wright（2001）认为工作满意度、工作压力、职业倦怠和职业投入是职业幸福感的重要维度。Rothmann（2008）也指出许多研究都是通过测量工作相关的满意度、压力、倦怠感和投入来分析工作中的幸福感的。

心理幸福感角度的职业幸福感研究继承了一般幸福感研究中心理幸福感研究的传统，从现实主义出发，由学者们根据相关理论模型和客观标准构建职业幸福感理论模型和标准，对职业领域的幸福感进行界定和测量，但是目前从心理视角出发的职业幸福感内涵的界定、评价指标、评价标准等方面依然存在仁者见仁智者见智的现象。就像一般幸福感中心理幸福感理论模型一样存在着不同的标准，虽然不同理论模型中也存在诸多相似、重叠之处。职业心理健康视角的职业幸福感研究则更多地从员工积极或消极的认知、心理和情感状态来衡量。从早期的消极状态的缺失作为职业幸福感存在，发展到从积极的状态存在作为职业幸福感存在的标准，到现在的消极状态的缺失与积极状态的共存作为职业幸福感存在的标准。虽然学者们对积极状态和消极状态的选取上也有差异，但学者们达成了较为一致的看法，应该从积极和消极两个方面对职业幸福感进行研究。这种共识给予了教师职业幸福感探究的重要启示。两种视角的职业幸福感研究各有千秋，从不同的视角对职业幸福感进行诠释和测量，相互补充，值得借鉴。

三 高校英语教师职业幸福

"教师幸福"与"教师职业幸福"两个概念是一致的，因为"教师"本身就表示一种职业，是职业名词，但是"教师幸福"的概念容易使人误解为"教师的幸福"，而教师作为人的幸福除了包含教师职业幸福外还包含很多其他方面，例如，婚姻、家庭、朋友关系中带来的幸福。把"教师幸福"与"教师的幸福"对等会混淆教师的自然人身份与职业人身份，为避免这种误解，使用"教师职业幸福"这一概念会使行文更加谨慎（王传金，2008）。高校英语教师职业幸福存在于教师职业理想的实现或正在实现的过程中，教育实践活动是其场域与源泉。在对教师职业幸福研究中，大量研究都集中在对中小学教师职业幸福感的研究中，对大学教师职业幸福感研究的非常少，对英语教师职业幸福感研究还处于空白阶段。

教师职业幸福感研究作为职业幸福感研究的一个领域同样主要有两种取向，一种是从心理幸福感的角度，另一种是从职业心理健康状态角度。本书将借鉴职业心理健康状态角度出发的幸福感界定方式对高校英语教师职业幸福感进行界定。从心理幸福感角度出发的职业幸福感研究，强调个体在职业中自我价值的实现，以客观标准来衡量职业心理幸福感，其中许多维度都是考察教师对职业环境或者工作特征方面的感知，因此我们在对教师职业环境感知界定过程中将借鉴这些与心理幸福感相关的维度和研究，并在本章第二小节职业环境部分介绍从心理幸福感角度出发的教师职业幸福感相关研究。本小节主要介绍职业心理状态角度的教师职业幸福感相关研究。

（一）高校英语教师职业幸福感的界定及相关研究

教师职业幸福感的研究相对于其他一般职业领域幸福感研究起步较晚，因此学者们对教师职业幸福感的界定方式较为一致，大多研究者都认为教师职业幸福感的界定应该从教师的工作状态以及认知、情感状态出发，强调个体的主观情感感受，并从积极和消极两个方面对教师职业幸福感进行界定。

职业倦怠和职业投入两个概念是最为常见的教师职业幸福感指标，还有一些研究者也融入了工作满意度的概念。Klusmann et al.（2008）在 Warr（2002）职业情感幸福感模型基础之上，通过职业倦怠感和工作满意度两个方面对教师职业幸福感进行界定，选择情感枯竭作为长期压力和职业倦怠的测量指标，在平衡承诺（balanced commitment）（Hallsten，1993）和资源保护理论（Hobfoll，1989）两种理论基础上，提出假设高职业投入和在情感上对工作保持距离和应对失败的能力的结合，与高水平的职业幸福感和高质量的教学效果相关，并对学生的学业成就产生积极影响。

Hakanen et al.（2006）通过教师职业倦怠构念中的两个核心维度：情感枯竭和疏离维度，职业投入构念的两个核心维度：活力和奉献，对教师职业幸福感进行界定，以工作需求—资源模型理论为基础，2038 名芬兰教师为调查对象，检验了教师工作相关幸福感中的两个平行过程：精力过程（工作需求—职业倦怠—亚健康）和动机过程（工作资源—职业投入—组织承诺）的存在，并发现两种过程中间有交叉影响。研究发现倦怠在工作需求与疾病之间起到中介作用，而职业投入在工作资源与组织承诺之间起到中介作用。在纵向研究方面，也有文献支持了工作需求—资源模型理论中的双过程假设（Hakanen, Schaufeli & Ahola, 2008）。Scott（2012）通过教师职业倦怠和教师的教学效能感两个方面对教师职业幸福感进行了界定。在该研究中，研究者对来自 40 所小学的 184 名教师进行个人层面和学校层面的调查，并对他们进行全校范围积极行为干预和支持项目实验 [School-Wide Positive Behavioral Interventions and Supports（SWPBIS）]。研究结果表明，接受干预的教师比未接受干预的教师职业倦怠感更低而教学效能感更高，并且差异显著。说明教师的职业幸福感可以通过对学校的整体干预而得到提高。

Parker et al.（2012）构建的教师职业幸福感的过程模型中，同样通过教师职业倦怠和职业投入对教师职业幸福感进行界定，分析了教师的目标定向（掌握目标定向和失败回避目标定向）对教师应对策略（问题中心策略和情感中心策略）的影响，并进而分析了教师应对策略对教师职业幸福感（职业倦怠和职业投入）的影响。

Vera et al.（2010）在考察高校教师工作类型与教师职业幸福感研究中，通过职业倦怠、职业投入和工作内在满意度三个指标对教师职业幸福感进行衡量。研究结果表明，高校教师中存在四种不同的工作类型：教学型、研究型、管理型和教学科研型，方差分析表明，不同工作重点类型的教师内在满意度和投入具有显著差异。以科研为工作重点的教师职业倦怠水平最低，职业投入水平最高，而以管理为工作重点的教师则具有最低的职业投入和内在满意度和最高的职业倦怠。并且该研究通过验证性因子分析发现职业倦怠包含四个维度：情感枯竭、疏离、去个性化和专业效能感降低。

Simbula（2010）对 61 名意大利公立小学和中学教师的职业幸福感进行了动态研究，考察每天的工作支持和需求的变化对工作满意度和教师职业幸福感的动态影响。其中幸福感的测量指标为职业投入以及职业倦怠感的下属维度——情感枯竭。该研究验证了工作需求—资源模型理论中的动机过程（motivational process）和健康变化过程（health impairment process）。通过调查工作资源——同事支持和工作需求——工作家庭矛盾对工作满意度和职业幸福感（通过对工作参与和情感枯竭的测量）的预测力。对 61 位教师进行了问卷调查，并进行了 5 个工作日的日常调查。研究结果发现，在控制了总体水平的职业投入和结果变量后，日水平的职业投入在日水平的同事支持和工作满意度及职业幸福感之间起到中介作用；而且当总体水平的情感枯竭和结果变量被控制以后，日水平的情感枯竭在日水平的家庭工作冲突与日水平的工作满意度和心理健康之间起到中介作用。这些结果展示了每一天员工幸福感的心理过程的动态性，对于设计提高教师职业幸福感和工作满意度的策略给予了一定启发。

Doef & Maes（2002）在一项对 454 名中等职业学校教师的调查中，将工作满意度和职业倦怠感作为职业幸福感的两个指标，把焦虑和抑郁作为情感幸福感的两个指标，并把健康抱怨作为身心健康的指标，分析了工作环境中不同因素对教师幸福感各方面的影响。研究结果表明，学生进取心和进修机会与教师健康和幸福感显著相关，工作控制和环境社会支持对教师健康和幸福感有微弱的影响。

Devos et al.（2006）在一项对芬兰小学校长的职业幸福感研究中，从积极心理状态（工作激情和工作满意度）以及消极心理状态（职业倦怠中的疏离和低个人成就感）两个不同侧面对校长职业幸福感进行了界定。这里积极心理状态中的工作激情被认为是职业倦怠的积极对立面，与 Schaufeli et al.（2002）的工作投入概念相同，包含活力、奉献和专注三个方面。研究发现，教师自我效能感和目标定向对教师幸福感有显著影响，校园文化和环境对教师幸福感影响较小。

Van Horn et al.（2001）则直接通过职业倦怠对教师职业幸福感进行测量。该研究分析了教师对教师—学生、教师—同事、教师—学校三个不同层次中付出与回报关系模型的感知，对教师的工作压力和幸福感产生的影响。结果表明，教师感受到的不平衡关系会导致不同程度的低幸福感（职业倦怠），影响力从高到低依次为师生之间的付出回报不平衡关系、同事之间不平衡关系和教师与学校之间的不平衡关系。

有少许研究者从其他职业心理健康角度对教师职业幸福感进行界定，例如 Hagger & Malmberg（2011）在一项对职前教师的职业目标、未来发展、顾虑和幸福感关系研究中，通过自尊和抑郁两个方面对教师幸福感进行了测量。

（二）高校教师职业幸福感的测量

上一节我们对职业心理健康角度的教师职业幸福感界定及相关研究进行了疏理，学者们对教师职业幸福感的界定方式多是从职业倦怠的缺失、职业投入的存在以及工作满意度等方面进行界定，这些指标也相应具有一些较为普遍的测量方式。

对教师职业倦怠感的测量主要是对个体工作倦怠程度的判定，根据研究方法的不同，现有的测量标准主要包括定性标准和定量标准。早期对职业倦怠的诊断多采用定性的方法，将其描述为个体对事件在一段时期内低强度递进的过程，根据个体在工作倦怠过程中不同的身体和心理反应，将职业倦怠划分为几个不同的水平，其中一个典型代表是 Schaufeli 等人（2001）采用疾病的国际分类标准（International Classification of Diseace，ICD-10）中关于神经衰弱症的标准（WHO，1992）来对职业倦怠进行评估，将神经衰弱症状与工作相关环境特征联系起来。神经衰弱的评价标准为：1. 在付出心理的努力之后，关于疲劳的持续的扰人抱怨，或者在微小努力后，关于身体虚弱和耗竭的持续的扰人抱怨；2. 至少出现以下症状中的两种：肌肉酸痛、眩晕、紧张性头痛、睡眠障碍、易怒和烦躁不安；3. 任何自主或者抑郁的症状持续时间和严重程度不足以达到国际分类标准中其他任何专门性障碍的标准。

关于职业倦怠的定量测量方面，主要有 4 种测量工具：第一种是 Maslach 等人（1981）的工作倦怠问卷（Maslach Burnout Inventory, MBI），该问卷经历了几个阶段的发展，由最初仅限于服务行业的 Maslach Burnout Inventory-Human Services Survey，到针对教育行业工作者的 MBI-Educators Survey，这两个版本均是通过情感耗竭、去个性化和低个人成就感这三个维度对工作倦怠进行测量，随着研究的不断深入，Maslach & Schaufeli 等人（1996）对 MBI 再次修订，形成 MBI-GS（MBI-General Survey）。该问卷调查职业倦怠的三个维度：情感耗竭、疏离和低职业效能感，题项回答采用 7 分量表，1 表示从不，7 表示每天。该问卷有两个版本，完整版包含 22 个题项，简短版包含 12 个题项，研究表明简短版（12 个题项）的量表与原版量表情感枯竭、去个性化和低职业效能感的相关系数为 0.96，0.81，0.92（Skaalvik & Skaalvik, 2007）。许多研究者通过验证性因子分析验证了职业倦怠量表（MBI-GS）的三因子结构（e. g. Schaufeli & Van Dierendonck, 1993；Schaufeli, Daamen & Van Mierlo, 1994；Shirom & Melamed, 2006），并且该量表的信度和效度数据验证在美国、加拿大、瑞典、德国、中国、荷兰、芬兰、西班牙等国都得以确认。该量表是目前工作倦怠测量使用最为广泛的黄金准则。

倦怠测量问卷（BM）是 Pines & Aronson（1988）所编制的，他们认为倦怠不仅发生在工作中，也发生在日常生活中，并且一定包含生理、情绪和精神衰竭三个基本成分。因此该量表其实主要是围绕一个维度——耗竭而展开测量，是一个单维度量表。该量表也同样被广泛接受，但是也有研究说明该量表与其理论构想不太符合，需要进一步修订。奥登伯格工作倦怠问卷（Oldenburg Burnout Inventory）由 Demerouti 等人（2008）编制，以德国奥登伯格大学命名（OLBI），包含两个维度：衰竭

(exhaustion) 和疏离 (disengagement from work)。衰竭即过度的体力、情感和认知紧张。疏离则是指对工作的疏远，对工作目标、工作内容以及整个工作的消极态度。作者认为该量表可以用来测量所有职业领域的职业倦怠。有相关研究探索性因子分析结果表明，奥登伯格问卷中的衰竭和疏离与 MBI 问卷中的情感枯竭和疏离分别聚合在两个因子上，并且两个问卷中两个相似因子的相关系数高于 0.07 （$p < 0.001$）（Demerouti et al., 2003; Halbesleben & Demerouti, 2005），说明两份量表具有许多相似之处，该问卷后来也被用来测量职业投入（详见下文）。目前该问卷也受到研究者的广泛关注。最后 Shirom & Melamed (2003) 提出了 S-MBM 量表，该量表以 Hobfull (2000) 所提出的资源保护理论（Conservation of Resources, COR）为基础，认为当个体面临精力资源丧失或者资源投出以后不能重新获取资源的危险情景时，就会出现压力，当个体长期处于这种资源缺失的恶性循环状态下时，个体就会出现职业倦怠症状，具体表现为身体、情绪和认知上的衰竭。Shirom 等人的研究表明，该问卷具有较好的结构效度，但是其他心理测量属性如信度、效度等还需要进一步探讨。

职业投入的研究源起于职业倦怠的发展，作为职业倦怠的积极对立面提出，目前职业投入的测量工具主要有三种。其中 The Utrecht Work Engagement Scale (UWES) (Schaufeli & Bakker, 2003; Schaufeli et al., 2002) 的完整版（17 个题项）测量了 Schaufeli et al. (2002) 所定义的职业投入的三个维度：活力、奉献和专注。该量表已经在多个国家得到验证，包括中国 (Yi-Wen & Yi-Qun, 2005)、芬兰 (Hakanen, 2002)、希腊 (Xanthopoulou et al., 2007)、南非 (Storm & Rothmann, 2003)、西班牙 (Schaufeli et al., 2002)、荷兰 (Schaufeli & Bakker, 2003)、日本 (Shimazu et al., 2008)，这些研究中的验证性因子分析也都验证了职业投入的三因子结构具有较好的结构效度，并且有较好的内部一致性。也有少数研究没有支持职业投入的三因子结构（e.g. Sonnetag, 2003），作者认为可能是翻译的问题。Schaufeli et al. (2006) 构建了一个简短版（9 个题项）的 UWES，并且提供了多个国家的信度检验结果。结果显示，职业投入的三个维度之间有中到高度相关性，因此可以作为一个总体职业投入的指标，并且 UWES 的测量在时间跨度上相对稳定（Seppala et al.,

2009)。

另一种较为常见的职业投入测量工具为我们在职业倦怠测量工具中提到过的 Oldenburg Burnout Inventory（OLBI）（Demerouti & Bakker, 2008）。该量表最初是用来测量职业倦怠感的，但是其中包含了正面和负面措辞的题项，因此也可以被用来测量职业投入（cf. GonzaO'lez-Roma' et al., 2006）。使用该量表对职业投入进行测量的研究者们会重新编辑负向措辞的题项。OLBI 问卷包含两个维度，一个是从情感枯竭到活力，另一个是从疏离到奉献。该问卷的结构效度在德国（Demerouti et al., 2002; Demerouti et al., 2001）、美国（Halbesleben & Demerouti, 2005）、希腊（Demerouti et al., 2003）等国相关研究中得到验证。这些研究结果表明双因子结构：活力和奉献（在测量中体现为情感枯竭和不投入）比其他结构具有更好的数据拟合度。

最后 May et al.（2004）介绍了一种三维度的职业投入概念，该概念与 Schaufeli et al.（2002）的职业投入维度高度相似。具体而言，May et al.（2004）区分了身体维度（如我投入很多精力到工作中）、情感维度（如我非常用心的工作）、认知维度（如工作中我非常投入以至于我会把其他所有事情都忘掉）。这三个维度分别与活力、奉献和专注对应，由 UWES 测量。在 May et al.（2004）的研究中，三个分量表的分数叠加作为职业投入的总分。关于这份职业投入量表的其他心理测量特征目前还不太清楚（Bakker & Demerouti, 2008）。

Skaalvik & Skaalvik（2009）通过职业倦怠感和工作满意度对职业幸福感进行界定，采用包含 12 个题项的简短版职业幸福感问卷［来自挪威语版本的职业倦怠感 Maslach Burnout Inventory-Educators Survey（MBI: Maslach et al., 1996）］，由于在预研究中部分教师表示很难从时间维度上对题项进行回答，将原始量表中的 7 分量表，1 表示从不，7 表示每天，改为 6 分量表，1 表示错误，6 表示正确。Vera et al.（2010）在考察高校教师工作类型与教师职业幸福感研究中，通过职业倦怠、工作参与和工作内在满意度三个指标对教师职业幸福感进行测量。使用了职业倦怠问卷（MBI）General Survey（Schaufeli, Leiter, Maslach & Jackson, 1996）的西班牙语版本；职业投入使用了包含三个维度的职业投入问卷（Schaufeli et al., 2002）。工作满意度的测量则是采用了 Melia & Peiro

(1989)所编制的工作满意度量表中的第四个维度：内在满意度进行测量，共包含4个题项，采用7分量表。

有部分学者对幸福感的测量方式在职业倦怠和职业投入基础上部分借用或者稍作添加，进行更为综合的测量，例如 Parker et al. (2012) 在构建教师职业幸福感的过程模型中，主要通过教师职业倦怠和职业投入对教师职业幸福感进行界定，在测量方法上对教师职业投入的测量采用了包含工作满意度、工作中轻快心情、职业投入程度以及积极职业理想4个方面的量表，该量表被证明具有较好信度及结构效度（Martin, 2007; Parker & Martin, 2011)。另外该量表还包含了一个缺勤的题项（此前三个月内，你请过多少天病假）。教师倦怠感问卷采用了 Maslach Burnout Inventory MBI (2002)。Devos et al. (2006) 在一项对芬兰小学校长的职业幸福感研究中，从积极心理（工作激情和工作满意度）以及消极心理（职业倦怠中的疏离和低个人成就感）两个不同侧面对校长职业幸福感进行界定。测量工具分别使用了职业倦怠感问卷、工作满意度问卷（Evers et al., 2000）（6 items）和工作激情问卷（Dewitte & Decuyper, 2003）（7 items）。在该研究中，工作激情的维度与职业投入（Schaufeli et al., 2002) 的维度是一样的，但是采用了不同研究者的测量工具。Klusmann et al. (2008) 对教师职业幸福感的界定通过情感枯竭和工作满意度两个维度来界定，分别采用了 Maslach et al. (1996) 的职业倦怠问卷中的情感枯竭维度和 Hackman & Oldham (1975) 所编制的工作诊断调查中的工作满意量表（the Work Satisfaction Scale of the Job Diagnostic Survey）。Rothmann (2008) 在一项对警察的职业幸福感研究中，分别采用前人已有的职业幸福感相关的四个维度量表：除了我们前面提到的职业倦怠感（MBI-GS）（Maslach, Jackson & Leiter, 1996) 和职业投入（UWES）(Schaufeli et al., 2002) 外，还使用了工作满意度（The Minnesota Job Satisfaction Questionnaire, MSQ), Weiss, Dawis, Engl & Lofquist (1967) 和职业压力（The Police Stress Inventory, PSI）来进行职业幸福感的测量。

部分学者则是包含了职业倦怠或者职业投入两者中一者，同时借用其他指标。例如，Scott (2012) 通过教师职业倦怠和教师的教学效能感两个方面对教师职业幸福感进行了界定。对教师职业倦怠感的测量通过（Maslach burnout inventory-educators survey, MBI）（Maslach & Jackson,

1981）进行，教师自我效能感则通过 Tschannen-Moran & Woolfolk Hoy（2001）编制的教师自我效能感问卷（TSES）进行测量。

工作满意度有通过单项测量总体工作满意度，也有通过工作满意度问卷下属维度的完整版工作满意度进行测量。例如 Skaalvik & Skaalvik（2009）在总体工作满意度的测量上采用了单个题项测量法。作者指出工作满意度是一个模糊的概念（Evans, 1997），有些研究将之作为一个总体构念，有些研究则将其作为教师对各种不同情境的满意度。通过不同情境的满意度来测量总体满意度的问题就在于不同的情景对于不同的教师而言重要性不同，因此这种测量方法的问题在于他们忽略了不同情景对总体工作满意度的不同影响取决于不同情景对个体教师的意义的不同，所以不能使用具体情景的满意度来测量总体的工作满意度。因此 Skaalvik & Skaalvik（2009）通过三个题项来测量教师的总体工作满意度或者工作愉悦感：1."整体而言，你有多喜欢大学教师这个职业？"回答通过五级量表实现："从一点不喜欢"到"非常喜欢"；2."如果今天有一个选择职业的机会，你会选择做大学教师吗？"回答通过五级量表实现："不，绝对不"到"是的，毫无疑问"；3."你是否有考虑过离开教师职业？"回答通过五级量表实现："总是"到"从来没有"。三个题项内部一致性系数为0.71。Vera et al.（2010）研究中工作满意度使用 Job Satisfaction Questionnaire（Meliá & Peiró, 1989）中的内在满意度维度，通过四个题项测量（例如：工作带给我做自己喜欢做的事情的机会）。

还有从其他维度对职业幸福感进行相应界定的，也采用了前人的相应量表对职业幸福感进行测量。例如 Hagger, H. & Malmberg（2011）通过自尊和抑郁对职前教师职业幸福感进行界定，并通过被广泛使用的 Rosenberg（1965）编制的自尊量表和被广泛验证的12个题项的一般健康问卷（General Health Questionnaire, GHQ）测量抑郁（Goldberg, 1982）。

四 教师职业幸福感文献述评

职业幸福感的研究源起于一般幸福感相关研究。哲学界对一般幸福感的探讨指出，幸福感是一种主观感受也是一种客观存在，与人的理想、德性以及实践活动紧密相关，为我们后续教师职业幸福感的研究提供了哲学指导。心理学界对幸福感研究的两种范式拓展了我们对幸福感的理解，一方面由统一的积极情感、消极情感和生活满意度为指标的主观幸福感，强调个体主观感受；另一方面，不同心理学家根据各种理论提出的心理幸福感客观标准也为我们对人类幸福感的实现提供了理论指导。心理幸福感理论的探讨，明确了产生心理幸福感的几项基本需求，例如自主、积极关系以及胜任力等对人类幸福感的重要作用。职业心理幸福感模型在一般幸福感相关理论模型基础上进一步具体化，与职业环境紧密关联起来，也延续了一般心理幸福感研究中心理学家所构建的标准体系，包含了诸如自主性、认可反馈、积极人际关系、专业发展及自我接受等方面，Warr（1994）的职业幸福感模型中还包含了主观的情感幸福感在其中。这些客观标准为我们构建对教师幸福感产生影响的教师职业环境提供了很好的参考。职业心理健康视角的职业幸福感研究则从最初较为片面的消极状态缺失发展到对工作中积极状态——工作满意度的调查，到目前的从积极状态的存在与消极状态缺失共存状态对职业幸福感进行界定和研究，其中消极状态主要包括职业倦怠、压力、健康抱怨等。早期的工作积极状态研究主要是针对员工的工作满意度，以及从职业倦怠研究发展出来的积极对立面：职业投入。教师职业幸福感深受职业心理健康视角等职业幸福感相关研究的影响。同样主要有两种取向，一种是从心理幸福感的角度出发，根据心理学家所构建的心理幸福感客观价值体系对教师幸福感进行客观评价，另一种是从职业心理健康状态角度出发，通过教师职业倦怠、职业投入等指标对教师工作中的认知、情感状态进行评价。本书对高校教师职业幸福感的界定，更倾向于参照从职业心理健康角度出发对教师职业幸福感的界定方式，而对教师职业环境理论的构建则借鉴了从心理学角度出发的一般幸福感、职业幸福感以及教师职业幸福感相关理论模型。Keyes，Shmotkin & Ryff（2002）指出我们对客观世界的主观诠释比实际情景对我们的影响更大，因此衡量主观幸福感是概念化我们的生活质量的更重要的标准。但是我们也不能单纯地以开心、幸福作为衡量生活质量的标准（Ryff，1989）。本书对高校教师职业幸福感的界定方式参照职业心理健康领域对职业幸福感界定最为普遍的界定方式，分别从高校教师职业倦怠感以及高校教师职业投入两个方面对高校英语教师职业幸福感进行界定，具体界定方式详见第三章。

关于高校教师职业幸福感的测量，职业倦怠的测量上，早期的定性评价方法通常采用观察法或者访谈法，描述、总结和归纳职业倦怠的症状。这种方法简便易行，研究者与被试者可以充分交流，但是该方法对研究者要求非常高，受试者很容易受到研究者语言陈述的诱导，测量出现偏差的可能性很大。关于职业倦怠的定量测量方法，最为广泛运用的是Maslasch等人编制的MBI，在对教师职业倦怠的相关研究中也基本上都采用了这一测量工具。关于职业投入的测量最为广泛接受的是UWES量表，同样在教师职业领域内被广泛接受，因此在本书中对高校英语教师职业幸福感的下属维度——教师职业倦怠和职业投入的测量也将参照这两个测量工具，并进行本土化的检验。

第二节 高校英语教师职业幸福感影响因素：职业环境

影响教师幸福感因素主要分为三类：个人因素、职业环境因素和社会因素（Huberman & Vandenberghe，1999），并且这些因素之间是相互关联的（Kristof，1996）。从个人角度出发的研究通常强调幸福感（和压力）是一种个体主观构念。许多关于职业环境因素的研究（Hoy & Miskell，1996；Huberman & Vandenberghe，1999；Smylie，1999；Hallinger，2003）构建了职业环境相关因素量表，探讨了对工作满意度和幸福感产生积极影响的因素。工作特征例如工作内容、角色冲突、角色模糊性、工作压力、自主性、物理工作环境、学校管理、学校氛围、人际关系等都是最为常见的影响因素。从社会角度开展的研究通常包括职业地位、被认可度、社会媒体氛围、社会压力、职业方向以及工资等方面（Sleegers，1999；Smylie，1999；Pietarinen et al.，2013）。张琳琳（2008）指出工作环境是与员工职业心理健康关系最为紧密的一环，直接影响从业者的工作倦怠和职业投入。对高校英语教师而言，直接影响他们职业幸福感的环境则是学校环境。本节主要探讨影响教师职业幸福感的学校层面职业环境因素。有研究者指出，对幸福感的影响因素研究通常有两种方法（Heady et al.，1991；Brief et al.，1993）：自下而上和自上而下。自下而上的方法通常关注幸福感的外在影响因素。而自上而下的方法通常被用来明确影响个体对环境觉察的内在因素，以及这些因素对他们个人幸福感评价的影响（Bretons & Gonzalez，2011）。本书主要考察高校英语教师职业环境对教师职业幸福感的影响，下面我们将简单介绍对教师职业幸福感产生影响的教师职业环境的内涵及测量方法以及相关研究。同时，由于在文献整理过程中我们发现，心理幸福感角度出发的许多教师心理幸福感模型中所涉及的职业幸福客观标准均与教师所感知到的学校环境以及对环境因素的满意度密切相关，在构建职业环境概念模型以及量表中，我们多有借鉴心理幸福感研究中对环境因素满意度的相关维度，因此相关研究放在职业环境中一起介绍。

一　高校英语教师职业环境内涵及相关研究

环境或氛围（climate）被公认为是学校或其他组织生活的重要方面（Fraser，1998）。教师不会在真空中开展工作，他们在课堂上的行为与学校环境关系紧密（Muijs & Reynolds，2005）。教师职业幸福存在于教师职业理想的实现或正在实现的过程中，教育实践活动是其场域与源泉，那么这个场域与源泉即职业环境，对教师职业幸福的实现具有重要的影响。

在过去的20多年里，学校环境这个复杂而抽象的概念在教育研究领域越来越受到关注（Aldridge，Laugksch & Fraser，2006；Fisher & Fraser，1991；Freiberg，1999）。Lewin（1936）的场论可以说是学校环境研究最早的理论基础，该理论对早期学校和课堂环境研究产生了重要的影响。Lewin认为，人的行为是环境与人的内在因素相互作用的产物。他用公式 $B = f(PE)$ 来解释行为是人与环境的函数。在这个理论中，环境并非指客观的地理环境和社会环境，而是个体的"心理环境"，这一环境包含了对个体行为产生影响的一切事实。在该理论基础上，Murray（1938）使用需要—压力模型（need—press model）类比Lewin公式中的人和环境的概念。Murray的个人需要指的是人格中的动机因素，是个体朝某个目标活动的内在倾向性；而环境压力指的是外在情境中能使人的内在需要得到满足的因素或挫败个体内在需要的因素。在Murray需要—压力模型理论的影响之下，Stem（1970）又提出了人—环境偶合的理论（person—environment congruence theory），并首次将该理论运用到了教育领域。他认为，如果个人需要能与环境相协调，就能改善学生的学习结果。美国心理学家Moos（1974）归纳出能代表人类环境的三大维度，分别是关系维度（relationship dimensions）、个人发展维度（personal development dimensions）和系统维持及改变维度（system maintenance and system change dimensions）。关系维度是指环境中人际关系的实质与强度，例如个体之间的相互支持和帮助；个人发展维度是指个人的成长和自我潜力的促进；系统维持及改变维度是指环境的秩序，具有明确的期望，对控制的维持以及对改变的反应等。Walberg（1981）拓展了 Lewin 关于行为被个人和环境因素共同决定的开创性理念，构建了一个包含 9 个维度的教育有效性模型（a model of educational productivity），该模型认为学生的学习在学生的年龄、能力、动机、教学的质和量、家庭的社会心理环境、教师、同伴以及大众媒体等因素的共同作用下上升或者下降。研究者通过全国数据库的数据对该模型进行实证检验发现：当其他因素控制为不变量时，课堂环境和学校环境是学生学业成就和学习态度的重要预测因子（Walberg, Fraser & Welch, 1986）。

学校环境研究的工具和测量方法大多源自于商务环境中的组织氛围研究（Anderson, 1982; Fraser, 1998），例如组织环境描述问卷（Organizational Climate Description Questionnaire）（Halpin & Croft, 1963），从教师和管理者角度测量学校环境。Stern（1970）所编制的大学特征指标（College Characteristics Index）测量了教育背景中个体与环境的适应程度。大多关于学校环境的研究倾向于认为学校可以被看作一个与教育管理领域紧密相关的正式组织机构（Fisher, Docker & Fraser, 1990; Hoy, 1990）。一个健康的组织一定能有效地应对外在压力，同时集中力量达成组织目标，例如教育成果（Hoy, Tarter & Kottkamp, 1991）。学校环境被认为是组织健康的最重要的因素之一，并在很大程度上决定了学校运行的有效性（Creemers, 1992）。因此学校组织环境中的重要参与者教师所感知到的学校环境以及他们如何应对这种心理职业环境是非常值得探讨的。

前人从教师角度对学校环境展开的研究主要集中在四个方面：学校环境测量工具的构建与验证（Aldridge et al., 2006; Freiberg, 1999; Rentoul & Fraser, 1983; She & Fisher, 2000）；教师的实际学校环境和理想学校环境对比，以引发反思和学校环境的改进（Burden & Fraser, 1994; Fisher & Cresswell, 1998; Fisher & Fraser, 1990; Fraser, 1999）；调查学校环境与其他因素，例如教师的职业满意度（Taylor & Tashakkori, 1995;

Huang & Waxman，2009)、教师留任 (Huang & Waxman，2009)、课堂环境 (Burden & Fraser，1994；Dorman，Fraser & McRobbie，1995；Fisher，Grady & Fraser，1995；Fraser & Rentoul，1982)、学生成就 (Johnson & Stevens，2006；Webster & Fisher，2003) 之间的关系；将学校环境数据作为以学校为基础单位的干预效果的部分评估结果 (Fraser, Williamson & Tobin，1987；Wahyudi & Fisher，2006) 以及宗教和政府所属学校对比研究 (Dorman & Fraser，1996)。

本书将讨论教师对学校环境的感知对职业幸福感的影响，对学校环境的讨论也侧重于对教师产生影响的学校心理环境，在很多研究中这种学校环境也被称为学校氛围 (school climate)。Fraser (1994) 指出学校氛围 (climate) 指学习组织管理运行方式，指教师与同事之间以及领导之间的关系。Freiberg (1999) 给出了一个更为宽泛的定义，认为学校环境是工作环境的质量，反映了在环境中工作的个体之间的交互和反馈方式，同时也衡量了教师、管理人员、家长和政策制定者认为重要的学校特征。Huang & Waxman (2009) 在一项以实习教师为研究对象的研究中，对学校环境的定义如下：学校环境广义上被定义为学校中教和学所在的社会、发展和教学环境。社会维度描述实习教师与学生、同事和领导的关系，这是一个基础条件，因为实习教师需要通过与他人的互动、专业上的讨论或者非正式的会话，来建立社会关系，以应对各种挑战 (McNally et al.，1997)。发展维度与教师的专业兴趣相关。在学习成为教师的过程中，实习教师可能会与指导老师、合作教师、同学以及学校其他教师讨论关于教学计划、备课、教学策略。他们可能还会参加各种提高自己专业能力的拓展活动。教学维度主要关于学校是否具有重组的教学资源，是否支持或控制实习教师。另外还考虑实习教师对工作量大小的感知，课堂中对男、女生是否同等对待，以及自己是如何影响学生的学习兴趣和学习态度的。Mkaya (2006) 在对高校教师职业环境感知与教师职业倦怠关系的考察中，对学校环境进行了升职信念、工作保证、工作声望、为别人推荐工作、领导和同事支持等方面的评价，但是并没有对学校环境的概念进行清晰的界定。

本书对教师职业环境的界定与广泛的学校环境研究文献一致 (Fisher & Fraser，1991a；Fraser，1998，2007；Fraser，Docker & Fisher，1988；Moos,

1979,1986;Rentoul & Fraser,1983;Riehl & Sipple,1996;Webster & Fisher,2003),重点关注教师在工作中处理信息和诠释学校事实过程中对学校层面的职业环境的理解。

二 教师职业环境的测量

Freiberg(1998)指出,学校在发展历程中需要有一些指向标,而学校氛围的测量必须是教育改革的指路灯。学校环境测量工具的建构一直以来也是研究者们热衷的事业。下面分别对大学学校环境和中小学学校环境量表发展历程做一个简单的综述。

1. 大学学校环境测量工具

大学环境研究早在20世纪五六十年代由Pace及其同事(Pace,1963,1969;Pace & Stern,1958;Stern,1970)开创先河,构建大学特点指标 [college characteristics index (CCI)],该量表测量大学的30个方面的环境维度,最初开发于20世纪50年代,在60年代被改编为大学环境量表 [college and university environment scales (CUES)]。最终版本的大学环境量表共包含160个题项,测量8个方面:实践、社区、意识、理解、学术、校园氛围、教学质量和师生关系。60年代晚期编制的另一个大学学校环境量表是高校运行机制量表Institutional Functioning Inventory (IFI:Peterson et al., 1983),该量表包含132个题项,11个维度:智—美课程设置、自由度、个体多样性、对社会进步的关注、对本科学习的关注、民主性、满足当地需求、自学和规划、开拓知识精神、创新意识以及学院精神(institutional spirit)。Dorman(1998)指出这两个量表都是大学环境研究中的重要进展,但是该两个量表都不适合作为当代学习环境的测量工具,原因包含以下几个方面:1. 有些题项对现代大学教师来讲不具有易读性。因为如今大学氛围和20世纪60年代已经不同。2. 两份量表都不具备经济性特征,题项太多。3. IFI问卷11个因子之间的重复性偏高。

在一项关于天主教学校环境的研究中,Dorman,Fraser & McRobbie(1997)构建了一个包含57个题项的学校环境问卷,其中包含了学校层面环境问卷(SLEQ)中5个修改过的因子(学生支持、同事关系、专业兴趣、资源充足性和工作压力),并增加两个新的因子:赋权(教师被赋予的参加学校相关决策的程度）和任务一致性（教职工的工作目标与学校目标之间的一致性）。该问卷被广泛运用于天主教学校和公立学校之间的对比研究（Dorman & Fraser, 1996），以及学校环境和课堂环境之间的关系研究（Dorman, Fraser & McRobbie, 1997）。Dorman（1999）通过对来自 28 所澳大利亚大学的 52 个院系的 489 名高校教师收集数据，验证了大学水平环境问卷（university-level environment questionnaire）的信度和效度，最终版本问卷包含 42 个题项，7 个维度：学术自由、本科教学重视程度、学术研究重视程度、授权、同事关系、任务一致性、工作压力。通过五分量表测量，5 = 完全同意，4 = 同意，3 = 不确定，2 = 不同意，1 = 完全不同意。Fraser & Treagust（1986）构建了大学课堂环境量表（college and university classroom environment inventory）测量 7 个心理社会维度：个性化、参与、学生凝聚力、满意度、任务取向、创新和个性。

2. 中小学学校环境量表

学校环境的研究中，对中小学学校环境研究比大学环境研究相对要多。相对于课堂环境研究而言，教师角度的学校层面的环境研究较少。早期量表包括 Halpin & Croft's（1963）的组织氛围描述问卷（Organizational Climate Description Questionnaire，OCDQ）。Moos 将课堂环境和校园环境区分开来，并分别构建了学生角度的课堂环境感知量表和教师角度的学校工作环境感知量表，其中工作环境量表（Work Environment Scale，WES）测量教师对学校工作环境的感知（Moos, 1979, 1986）。该工作环境量表不仅适用于学校环境中，也适用于其他工作环境。在对学校环境进行评估时，题项中的"个体"和"员工"均被修改为"教师"（Fisher & Fraser, 1983; Fraser, Docker & Fisher, 1988）。该量表是建立在前文描述的慕斯（1974）所构建的人类环境三维度模型基础之上的，包括关系维度——评价人们融入环境的程度、相互支持和帮助的程度以及自由而公开地表达观点的程度；个人发展或目标定向维度——评价个人在环境中发展和自我提升的方向；系统维持与变化维度——评价环境的有序性程度、期待的明确程度、维持控制的程度及对变化的敏感程度。在理解工作环境时必须全面考虑这三个方面（Fraser, 1998; Moos, 1979）。该问卷的 10 个因子中，3 个因子测量关系维度（参与、学生凝聚力和同事支持），2 个因子测量个人发展维度（自主性和任务取向），5 个因子测量系统维持与变化维度（工作压力、角色清晰度、控制、创新和物理舒适度）。该量表包含 90 个判断题，每个因子下属题项数目相同，该量表的信度在 Tasmania 的 34 所中小学调查中得到验证（Docker, Fraser & Fisher, 1989）。WES 量表被用来调查对比不同类型的学校环境。研究发现，不同类型学校教师对理想学校环境的期望存在许多相似之处。相反教师们对实际学校环境的感知差异性非常大，小学环境中教师对同事支持、自主性、任务取向、创新、物理舒适度和工作压力的感知比高中教师的感知结果要好（Docker, Fraser & Fisher, 1989）。学校层面环境问卷（The School-Level Environment Questionnaire，SLEQ）是专门为测量学校教师对学校社会心理角度环境的量表（Fisher & Fraser, 1991；Fraser & Rentoul, 1982；Rentoul & Fraser, 1983）。该问卷是使用最广泛的问卷之一。既包含实际环境的感知，也包含理想校园环境测量。理想环境部分主要测量教师的目标和价值取向（Fraser & Walberg, 1991）。研究者使用理想和实际环境版本的 SLEQ 来比较实际和理想学校环境的区别，以指导改善学校环境（Burden & Fraser, 1994；Fisher & Cresswell, 1998）。该量表共 8 个因子，其中 2 个因子测量关系维度（学生支持、同事关系），1 个因子测量个人发展维度（专业兴趣），5 个因子测量系统维持与变化维度（员工自由度、决策参与度、创新、资源充足性、工作压力）。该问卷共 56 个题项，每个因子 7 个题项，每个题项通过 5 分量表测量，5 到 1 分别表示非常同意、同意、不确定、不同意和非常不同意。

Huang（2003, 2006）参照 WES 和 SLEQ 设计了专门针对科学教师的校园环境感知量表，量表涵盖了慕斯的三大维度，共包括 9 个维度 45 个题项：分别为教师学生关系、同事关系、学校领导风格、专业兴趣、性别平等、创新、资源和设备、员工自由度、工作压力，每个维度 5 个题项。Aelterman et al.（2007）在访谈和文献综述基础上提出影响教师职业幸福感的学校层面因素包括：领导支持、专业发展支持、同事支持、基础设施和材料、班级规模、自我效能感、与家长关系、国家教育政策、工作压力、创新 10 个方面，并编制相应问卷。

三 基于对学校环境满意度的教师职业幸福感相关研究

在前面对职业幸福感综述部分我们谈到对教师职业幸福感研究的两

种取向,其中从心理幸福感角度出发的幸福感研究,通常是通过心理学家所构建的客观价值标准体系对教师幸福感进行评价,而这些评价标准中有很多都与教师所在的环境有关,对我们构建对教师职业幸福感产生影响的教师职业环境具有重要参考价值。因此我们在职业环境部分介绍相关教师职业幸福感研究。

(一)心理幸福感角度的教师职业幸福感研究

从心理幸福感角度出发的教师职业幸福感研究,部分研究者从高幸福感教师所具有的特征开展研究。Clark & Corcoran(1985)指出大学教师职业幸福感是一个常被使用却很少被定义的概念,在文献综述基础上指出,还没有严格意义上的高校教师幸福感理论。Baldwin(1990)关于高校教师职业幸福感的研究指出,区分幸福和不幸福的教师的一些内在和外在条件。他认为"幸福的教师拥有更清晰明确的目标,工作时间会更长,职业维度更复杂更丰富"(p.174),并且大部分幸福感高的教师更多的与同事合作,例如进行团队教学、团队科研以及合作撰写论文或专著等(p.168)。Baldwin这样界定幸福的教师:"幸福感高的教师是那些经常在学习上给学生提出挑战,并促进学生全面发展,经常参与学院的管理和学术活动,并会参与其研究领域的学术讨论,在学校重视的各个方面都表现突出。"(p.180)

Peterson(2003)认为幸福感高的教师"通常是具有钻研精神,会积极从事学术研究"。他们可能是学术领导者、具有启发精神的教师、多产的学者,但是他们对这些角色所分配的精力和时间可能不同。幸福感高的教师通常会与同事建立积极的关系(p.4)。

基于人类幸福感(Keyes,2007;Ryff & Singer,1996)相关研究,Walker(1999)认为大学教师职业幸福感至少有9个维度,认为这9个维度是相互关联的(p.1),并且可以作为高校教师工作环境总体质量的参照标准。9个维度分别为:①自主和控制:Walker(1999)认为幸福感高的大学教师都具有责任心和自主性,擅长平衡自我决定的需求和合作需求,需要足够的自主性,但不会独立孤行。需要足够的自由的专业发展空间,以展现他们的才华、成就自己的目标。高自主性的教师会以自己所认可的教学方式进行教学,感受到自己具有控制权,不会受到别人选择的制约或者工作环境的限制。高幸福感的教师具有一定的政治权利,能捍卫自己的一片自由领地以出色地完成工作。但是如果自己的意见不能被采纳，可能会回避限制他们自由的这些人或工作，把精力放在自己具有自主性的小范围的工作任务上。②专业自我接受：只有完全接受自己作为高校教师身份的教师才可能感受到高水平的幸福感。当他们回顾并反思过去时能接受自己的全部：幸运的或不幸运的时光，明智或愚昧的决定，好的或不好的结果，可能也会有痛苦、后悔或者自我批评，但是总体而言，他们能欣赏并认可自己的职业生涯，不会有强烈的重新来过，重新做选择的想法。高幸福感的教师会认为他们以人性化、可理解的方式应对了职业生涯发展中遇到的各种挑战。③同事支持：高幸福感的高校教师会把自己的生活与工作融合起来。他们重视集体，努力使团队更和谐。同时他们也会独立工作，不受外界干扰，但总体而言喜欢团队合作。喜欢合作式教学和学习，很多研究和专业工作都是和同事或者学生共同完成的。他们可能有自己的导师，同时也可能是别人的导师。他们喜欢和同事合作，可能更喜欢和同事相处、交朋友。在压力状态下，他们会寻求别人的支持，同时也希望他们在需要支持的时候能得到来自同事的支持。高幸福感的高校教师通常是值得信赖的热心肠的人，在同事间会很受欢迎。④师生关系：拥有高职业幸福感的高校教师乐于与学生分享他们知识的意义与价值，乐于迎接一届又一届的学生，并享受将他们培育成人的过程，他们是希望的孕育者，人类未来的护航人。他们将此作为自己神圣的职责，这是他们从教的原因，而不仅仅只是为了一份工作。他们会关注教学对学生的及时效果，喜欢看到学生沉浸在学习中时浮现在脸上的得意神色，当学生遇到问题时会及时提供帮助。他们深知成功的教学在于他们对学生人生的持久影响。他们会与学生交流，并与他们保持联系。他们善于沟通和保持密切关系。同时喜欢自然、自发地与学生交流，偶尔会通过正式的方式，例如通过中期评估，了解学生需求。他们会开启更多的通道与学生交流，因为他们不能理所当然地认为他们的教学方式一定适合当前的学生。高幸福感的教师会欢迎学生给予反馈，这样才能知道他们是否在对学生产生理想的效果。⑤意义、目的、目标：高幸福感的教师会给自己和学生设立具有挑战性和重要性的目标。他们的目标都是精心挑选，需要具有兼容性，能与同事和学生的需求和谐共存。通常他们只是设立少许几个基本目标。他们会更注重目标的质量而非数量。这些目标具有挑战性，并且是合理的、具体的、易于检验的。他们在设立目标过程中，不仅仅是列出目标清单，还会通过设立目标赋予工作以意义和目的，并给予周围的人启发。⑥专业效能——课堂管理：擅长该维度的教师是课堂的有效领导者，他们与学生相处融洽，但是他们不仅仅是学生管理者，在很大程度上是学生的领袖，学生会真正的接受他们的影响。最开始他们在学生中的地位仅仅依赖于教师身份，但会通过自己的能力迅速赢得学生的尊敬成为领袖。高幸福感的教师特别擅长营造好的学习氛围，无论是小组水平或者是班级水平。他们的学生因为感受到信任和安全，所以很快就会获取一种团队意识，珍惜成为这个受尊重的团队一员的机会，课堂外会努力学习，课堂内则积极参与活动。⑦专业效能——教学能力：幸福感高的教师把教学当作一门必须掌握的职业技能。他们会努力获取一系列将知识传递给学生的技巧和策略。他们的教学是以学术为导向的，而不是技术导向。他们不会是一成不变的讲授者，也不会不断试验各种新的教学方法和技术。他们会基于平时开展的一些正式或非正式的课堂研究，选择最适合他们学生的教学技巧和学习活动。他们真诚地对待学生学习感兴趣，会阅读关于人类学习的书籍以及各种关于大学教学的期刊。⑧回报和认可：给予高幸福感教师动机的并不是外在的薪水、奖章、荣誉、奖金本身，重要的是这些东西的含义。当这些回馈有意义、有价值并且公平分配时，这些会给予高幸福感教师所崇尚的教学工作予肯定。当升职、回报、认可等项目合理开展，教师的内在动机不会被损坏，也不会觉得自己为教学付出太多。因为这些来自领导、上级的认可，说明了学校和他本人一样重视教学，他们知道教学优秀是学校的特色，从而也会因此尊重学校，并为自己成为这样一所学校的教师感到骄傲。但是，如果学校的这些奖励机制不完善或者不公平，这些幸福感高的教师可能会成为心理上违背他们与学校的协议的先锋。⑨专业效能——学术：学术是大学教师幸福感的基础，学术效能高的教师通常是他们专业领域的专家，他们会通过阅读、科研、发表著作以及积极参与学术会议的方式保证能与自己领域的发展齐头并进。对自己领域的内在兴趣使得他们不断开发新的课程，或者给旧的课程注入新信息。所以他们的教学是一个不断发展的过程。他们的教学方式也会促进他们的学术成长，因为他们喜欢为了学生而开展研究。他们的专业领域会非常广泛,他们会忠实于自己的专业,开展集中性研究,同时又是热情的学习者,因此他们的知识面可能会涵盖一些相关或是看起来与专业不相关的领域。Walker(1999)在其理论框架和量表设计中使用了教师幸福感和活力两个术语,但是没有明确两者的关系。

Van Horn et al.(2004)则以 Ryff(1989)和 Warr(1987)的一般幸福感模型为基础,以荷兰中小学教师为受试者,提出了一个综合性教师职业幸福感模型。认为职业幸福是"对工作各方面的积极评价,包括情感、动机、行为、认知和身心维度"。他们认为 Ryff 对幸福感的界定比 Warr(1987)更细致和全面,除了情感和动机维度外还包含了行为元素。但 Warr 的模型界定在工作范围内,因此对职业幸福感相关研究也有很重要的意义。作者将两种理论模型进行融合,其中情感、社会和专业幸福感来自这两个模型,另外增加了认知幸福感和身心幸福感两个维度,因为研究(Taris et al., 2001)表明,认知幸福感和身心幸福感与上述三个维度的幸福感相关。在这个模型中,情感维度包括主观情感、工作满意度、组织承诺和情感衰竭四方面,这一结构与 Warr(1987)所提出的模型关系紧密,例如情感枯竭代表着激情—抑郁轴承。工作满意度也是被发现在认知和行为方面与情感幸福感相关(Brief & Weiss, 2002),是最为广泛的情感幸福感测量方法,代表着愉悦—不愉悦维度。组织承诺通常被认为是个体对工作单位的认可和参与程度,同样与 Warr(1994)的愉悦—不愉悦轴承相关。专业幸福感与 Warr(1994)的自主和抱负相关。除了测量工作动机外,还测量了雄心、自我效能和成就。这个维度同样代表了 Ryff(1989)模型中的自主和生活目的。社会幸福感测量两个概念,第一测量个体去个性化程度;Maslach(1993)指出,去个性化代表着个体对工作中接触的人的一种消极态度和冷漠。Ryff(1989)模型中的与他人的积极关系与这个社会幸福感相关。第二个概念是个体在工作中处理人际关系的情况。这一概念同样与 Ryff(1989)模型中的积极人际关系相关。该模型还加入了认知维度,教师应该具备在工作中能集中注意力,获取新信息并运用于实践中的能力。如果认知机制运行不良,这些认知活动可能会比较困难。在量表设计中,通过认知枯竭来测量,认知枯竭是根据 Maslach(1993)的情感枯竭类比而来,特指教师认知功能(特别是获取新信息和集中注意力工作的能力）的枯竭。实证研究证明，情感幸福感与认知功能，例如人们犯的日常小错误（Broadbent et al.，1982）以及自我感知的集中注意力能力和决策能力（e. g. Goldberg, 1972; Wissing & Van Eeden, 2002）间具有相关关系。最后由于一般幸福感中包含物理健康维度，因此身心健康维度也被纳入该模型。前人研究（Kinunnen, Parkatti & Rasku, 1984, Taris et al., 2001）发现，情感幸福感与躯体主诉（somatic complaints）紧密相关。De Lang et al.（2003）发现低工作控制、高工作需求同样与躯体主诉关系紧密。躯体主诉通常来源于不利的工作环境，例如长时间（Van der Hulst, 2003）、高要求或者低工作控制（de Lange et al., 2003）。

Van Horn et al.（2004）通过数据验证了他们所构建的五个维度的教师职业幸福感，并发现专业幸福感、社会幸福感和情感幸福感是职业幸福感的核心因素。该多维度职业幸福感模型的建构中，职业幸福感不仅仅是压力、疲倦状态的缺失，也不仅仅是工作满意度（即情感幸福感）的存在，该模型构建的启示在于在提高教师职业幸福感干预设计中，需要同时考虑提高员工的工作能力、动机、认知以及健康等方面。虽然该研究中的五个因素具有共变性，但是情感幸福感的提高并不会自动导致员工其他领域幸福感的提升，因此职业幸福感多维度模型的构建会引起职业心理健康专家们设计更为全面地提高员工职业幸福感的策略。

Saaranen et al.（2006）在前人文献基础上，构建了一个职业幸福感内容模型（e. g. Ho, 1996; Abel & Sewell, 1999; Noblet, 2003; Saaranen et al., 2005）。该模型包含四个方面：工作环境：即工作的物理环境，物理、生物以及化学因素和工作的安全性，工作姿势以及设备条件等；员工与工作：包括个体的精神和身体健康以及影响他们职业幸福感的相关工作资源和负荷；工作社区及其功能，例如组织管理、领导、社会支持、信息化等方面；专业能力包括可获取的足够的专业技巧，保持和提高这些技巧的能力以及根据需要控制工作的可能性（Saaranen et al., 2005）。研究表明能使个体专业能力得到提高的工作会有助于提高个体的职业幸福感和健康水平。

Aelterman et al.（2007）则从学校环境角度出发，将教师职业幸福感界定为各种环境因素和教师的个人需求及对学校期望之间的和谐关系而产生的一种积极情感状态（p.286）。这个界定方式是建立在系统理论（Vos，1990）和个人—环境适应理论（Kristof，1996）基础之上的，并考虑了人际关系理论和积极心理学理论，重视人类的能量和长处，动态性以及最大功能化，重点在于找到影响和提高教师幸福感的因素。Aelterman et al.（2007）认为影响教师职业幸福感的学校层面因素包括：领导支持、专业发展支持、同事支持、基础设施和材料、班级规模、自我效能感、与家长关系、国家教育政策、工作压力、创新。

国内也有学者对教师职业幸福感进行界定和调查。王传金（2008）将"教师职业幸福"约定为：教师在教育工作中，实现自己的职业理想，体味人生价值并获取自身发展的精神愉悦状态。教师职业幸福维度包括：入职愿望、在职状态、工作能力、人际关系、职业价值观念、收入状况、社会环境、学校文化、健康状况等。

中国学者伍霖等（2008）在 Van Horn et al.（2004）教师职业幸福感模型基础上，根据中国中小学教师特点构建了一个教师职业幸福感模型，包含五个维度：情感、动机、社会支持、认知及心身幸福。作者根据中国中小学教师的具体情况，增加了将 Toon W. Taris 的社会支持维度中领导支持这一项，并把认知维度的内容修改为教师对自己工作状态、职业成就等方面的认知，心身幸福维度界定为身体状况对幸福感的影响。整个理论模型中情感方面包括主观情感、组织承诺、工作满意和情感衰竭四方面的内容；动机维度包括抱负、能力、自主性三方面的内容；社会支持维度则包括学生、同事、领导三方面的支持；认知维度主要为教师对自己工作状态和职业成就等的认知，身体健康维度就是对健康的担忧及职业病对教师职业幸福感的影响。

（二）心理幸福感视角多维教师职业幸福感测量

部分学者在理论基础上构建职业幸福感模型，并设计了自己的职业幸福感测量表，例如 Walker（1999）构建了包含 9 个维度的高校教师职业幸福感模型，同时设计了教学环境和教师幸福感量表（Inventory on Teaching Climate and Faculty Well-being），测量大学教师职业幸福感的同时，该量表也可以作为衡量大学职业环境的标准，该量表包含 9 个维度：①自主和控制；②专业自我接受；③同事支持；④学生关系；⑤意义、目的、目标；⑥专业效能：课堂管理；⑦专业效能——教学能力；⑧回报和认可；⑨专业效能——学术。Aelterman et al. （2007）根据前人研究结合访谈，构建了一个包含领导支持、专业发展支持、同事支持、基础设施和材料、班级规模、自我效能感、与家长关系、国家教育政策、工作压力和创新10个维度的教师职业幸福感测量表。Zhu et al. （2011）在探讨学校文化与教师幸福和组织承诺的研究中，借用了 Aelterman et al. （2002）所构建的小学教师幸福感问卷，该问卷原文为芬兰语，Zhu et al. 从原作者处获取了简短版本包含七个项目的教师幸福感问卷，七个题项分别代表了7个维度。王传金（2008）同样在访谈和参考前人研究的基础上构建了一个包含入职愿望、在职状态、工作能力、人际关系、职业价值观念、收入状况、社会环境、学校文化、健康状况9个维度的教师职业幸福感量表。但是上述三个自己构建的职业幸福感量表均表述了量表的内部一致性和内容效度，但是没有对问卷的结构效度进行相关说明。

有学者的理论模型是基于比较成熟的一般幸福感模型，其测量工具也是在一般幸福感模型相应量表基础上进行修改的，例如 Schultz（2008）以 Ryff（1989）幸福感理论模型为基础所构建的多维度职业幸福感模型，其测量完全也按照 Ryff 的理论模型延伸而来，测量工具也同样使用了 Ryff 的测量题项，对测量的措辞稍作修改。

还有部分研究者根据所构建的职业幸福感理论模型，在前人已有量表基础上对职业幸福感进行测量，选取其中与自身所构建职业幸福感相关量表，例如 Van Horn et al. （2004）多维度职业幸福感模型中情感幸福感维度的测量通过 Warr（1990）的12种情绪12个题项；工作满意度（对学生、同事、学校和教学4个题项）以及职业承诺6个题项 ［来自 Mowday, Steers & Porter's （1979）Organization Commitment Questionnaire］稍作修改；职业倦怠感中情感枯竭的8个题项来自 Maslach Burnout Educator Survey 中情感枯竭部分。专业幸福感的测量则通过 Warr（1990）热望维度中6个题项外加2个题项，认可通过 MBI-ES 中的个人成就维度7个题项；自主，来自 Warr（1990）的7个题项，其中3个稍作修改实现。

Bretones & Gonzalez（2011）在对职业幸福感和主观幸福关系的研究中通过测量工具：Psychological Well-Being Scale（EBP），包含主观幸福感题项40个和职业幸福感题项10 items，以 likert 5 分量表进行测量。

四 教师职业环境研究述评

教师职业环境相关研究中 Lewin, Murray, Stern & Moos 的理论模型为学校环境研究奠定了良好的理论基础,相关测量工具多源自于商务环境中关于组织氛围的研究。在对学校环境的界定方式上包含特指学校中的社会关系(Fraser, 1994);也有特指教师工作环境质量,包含管理体系(Freiberg, 1999; Huang & Waxman, 2009)对学校环境的定义则从社会关系、专业发展和教学相关维度上进行了界定。更多的研究者通过介绍学校环境所包含的维度的方式对学校环境进行界定和测量。本书对高校英语教师职业环境的界定主要关注教师在工作中处理信息诠释相关学校事实过程中对学校层面的职业环境的理解。从大学学校环境测量工具发展来看,现有的测量工具较少,并且都是 21 世纪之前西方国家编制的,当今的高校职业环境已经大不相同。Dorman(1999)所编制的对大学教师职业环境的测量工具包含了高校职业环境中的诸多方面,在维度的设计以及题项的描述上对我们的量表设计具有重要的借鉴意义。中小学学校环境量表相对丰富,虽然中小学学校环境与大学学校环境存在诸多不同之处,但是中小学教师和大学教师对学校环境的感知也存在诸多相似之处,例如同事支持、学生支持、反馈认可等方面在不同层次的学校中都存在。学校教师对学校社会心理环境感知量表(SLEQ)(Fisher & Fraser, 1991)以及 Huang(2003, 2006)和 Aelterman et al.(2007)所编制的小学教师职业环境量表中所包含的维度均涵盖了慕斯环境模型三维度,同样对我们的量表构建具有重要的借鉴意义。

从心理幸福感出发的教师职业幸福感研究多从客观标准,特别是学校环境的角度展开分析,针对高校教师的理论模型较少。Walker(1999)所提出的大学教师职业幸福感模型是一个较为全面的模型。但是他在设计过程中一方面没有区分教师幸福感和活力两个术语,另一方面,他把教师职业幸福感的标准同时等同于大学学校环境质量标准,另外,该量表缺乏后续研究对其信度和效度的验证。Van Horn et al.(2004)所构建的职业幸福感同样是一个非常具有包容性的模型,全面涵盖了情感、动机、行为、认知以及身心等方面,为教师职业幸福感的策略制定提供了很好的参照。Saaranen et al.(2006)所构建的职业幸福感模型虽然不是针对教师而是针对工人的，但该模型注重员工与工作环境以及社区环境之间的互动关系，值得我们参考。Aelterman et al. (2007) 所构建的教师职业幸福感，是从个人与学校环境的互动出发，主要考察了影响教师职业幸福感的学校层面因素，让读者困惑的地方在于作者把属于个体心理因素的自我效能感也纳入了该模型中。沿袭一般幸福感、一般职业幸福感研究中心理幸福感研究的传统，教师职业幸福感研究中的这些理论模型，同样是各位学者所构建的，但教师职业幸福感的心理标准有所不同，孰是孰非还有待斟酌。目前国内还没有针对高校英语教师职业环境感知相关理论模型的构建和相关量表的编制，上述这些理论模型以及测量工具为我们构建高校英语教师职业环境感知理论模型和量表设计提供了很好的参考标准。

本书将借鉴心理幸福感角度教师职业幸福感研究中与学校环境满意度相关维度以及一般幸福感和一般职业幸福感中心理幸福感视角的理论模型的相关标准，对高校英语教师职业环境感知进行理论模型构建。从心理幸福感角度出发的心理幸福感理论模型具有坚实的理论基础，模型中涉及的与环境相关的幸福感标准应该包含在我们的教师职业环境维度中，除了这些维度以外，我们也要纳入学校环境研究领域中，被学者们共同认为对教师发展、学生学习以及学校运转产生重要作用的教师职业环境因素。心理幸福感角度的相关理论模型，例如一般幸福感研究中自我决定理论中的自主需要、认可需要、关系需要所隐含的教师自主性、认可反馈、同事支持、学生支持等维度。同时中小学以及高校学校环境以及校园文化相关研究（e.g. Huang & Waxman, 2009; Dorman, 1998 etc.）的相关维度和题项也被纳入本书中的高校教师职业环境理论模型和测量工具中，详细构建过程、选择标准详见第三章。

第三节 教师职业环境与教师职业幸福感的关系

在关于学校环境的研究中，部分学者探讨了学校环境和教师的职业满意度的关系（Taylor & Tashakkori, 1995; Huang & Waxman, 2009）。也有许多研究对影响教师心理幸福感的不同外在环境因素展开讨论（Abel

& Sewell, 1999; Dick & Wagner, 2001; Griva & Joekes, 2003）。有些学者将这些影响职业相关的外在因素称为工作特征（Maslach, Schaufeli & Leiter, 2001）。例如有学者认为，影响教师职业倦怠感的工作特征有工作过载、角色冲突与角色模糊性、支持和资源等（Maslach et al. 2001; Harden, 1999）。还有学者将这些因素称为环境特征，并把学校环境中相关特征分解为积极的和消极的方面，根据工作需求—资源模型理论（Demerouti et al., 2001; Schaufeli & Bakker, 2004），将这些工作特征分为"工作需求"（例如工作负荷）和"工作资源"（例如社会支持）（e.g. Hakanen et al., 2006）。

工作需求包括很多方面，例如改革，学校进行改革通常会对教师的职业幸福感带来负面影响，因为员工会感受到更少的对工作及与工作相关组织的控制感（Sparks et al., 2001）。有些研究重点探讨了负面的学校环境和工作相关压力源的关系，例如工作负荷、学生捣蛋行为、自主性的缺乏或者与同事间的冲突（e.g. Kokkinos, 2007），这些都被纳入工作需求的范围内。

工作资源对职业幸福感的影响研究也很多。例如业余时间作为一种工作资源与员工的职业幸福感有重要关系（Ho, 1996）。因为业余时间为工作提供了可以提高员工身体条件以及发展友好个人人际关系的各种身体和精神活动的资源（Saaranen et al., 2005）；社会支持也是一种重要的工作资源。有研究调查了工作满意度与健康和社会支持及工作控制之间的关系（Noblet, 2003; Karasek & Theorell, 1990），来自工作社区的支持是形成职业幸福感的重要资源因素，这种支持包括良好的同事关系、良好的工作氛围、积极的合作关系以及大众会议、讨论和可能性的指导（Saaranen et al., 2005）。学校领导对工作社区及其氛围会有重要影响（Wilkins, 2002）。

还有些学者在对教师职业幸福感的外在影响因素研究中综合考虑了学校环境中的多种因素，既包含工作需求也包含工作资源。但是研究者们根据不同的理论框架把工作环境、工作特征划分为不同的类型。根据工作需求—控制—支持模型（Job Demand-Control-Support model）（Johnson, 1989; Karasek & Theorell, 1990），工作特征被划分为工作控制和工作需求以及社会支持三类。有些研究者则根据工作需求—资源模型理论，将工作特征分为两类工作需求和工作资源。本书对教师职业幸福感的界定标准为教师的职业倦怠感和教师职业投入，因此在接下来的文献综述部分，我们分别对教师职业环境或者工作特征对教师职业倦怠感的影响和教师职业投入的影响两大部分，以及对总体教师职业幸福感产生影响的教师职业环境或工作特征相关研究进行综述。

一 教师职业环境对教师职业倦怠的影响

研究者们对教师职业幸福感的界定不同，较少研究者单独以教师职业倦怠感作为教师职业幸福感的指标，而是通常将教师职业倦怠和一些其他因素一起作为教师职业幸福感的界定标准进行研究，我们这里综述包含职业倦怠感的相关研究。有研究者根据工作需求—控制—支持模型（Karasek & Theorell，1990），把工作特征分为工作控制和工作需求以及社会支持三类，探讨工作特征对教师职业幸福感的影响。例如 Der Doef & Maes（2002）以454名中等职业学校教师为调查对象，分析了教师工作特征中工作需求（工作和时间压力、角色模糊性、学生破坏行为）、工作控制（任务多样性、决策权力）及社会支持对教师职业倦怠感和身心健康（psychosomatic well-being）以及教师工作满意度的影响。所探讨的工作特征包括14个方面：工作需求（5项）：工作和时间压力、角色模糊性、学生破坏行为、物理工作环境、意义的缺乏；工作控制（6项）：进修需求、任务多样性、决策权、体力耗费、工作不安全性、个人发展；社会支持（3项）：管理部门的社会支持、院系领导支持、同事支持。相关分析表明，除了高工作和时间压力外，高角色模糊性和学生破坏行为都是与教师职业倦怠存在紧密正相关关系的，同事支持和体力消耗以及工作意义的缺乏均与职业倦怠存在正相关关系；而任务多样性则与教师职业倦怠存在负相关关系。同事支持与职业倦怠感的正相关关系这一发现与预期不同。

该研究对工作需求（工作和时间压力、角色模糊性、学生破坏行为）—控制（任务多样性、决策权力）—支持（管理支持、领导支持、同事支持）模型进行了检验，结果表明：工作需求、工作控制和社会支持三者之间在对教师职业倦怠感和工作满意度之间存在交互效应，其中具有显著性交互作用的路径有两条：在低支持情境下，高决策权力在角色模糊性对教师职业倦怠的负作用之间起缓解作用；另一条显著路径涉及学生破坏性行为、任务多样性和领导支持。因变量为去个性化时，学生的破坏行为的负作用在来自领导的高水平支持和高任务多样性情境下有所减轻；在高社会支持情境下，高决策权力会缓解高角色模糊对个人成就感产生的负面影响；低支持情境下，低决策权力调节低角色模糊性对个人成就感产生的负面作用。这些表明在学校环境下，并不是所有的工作控制都能产生积极作用。只有在教师拥有其他教师支持的情况下，高水平的工作控制才能对工作需求（角色模糊性和学生破坏行为）的负作用产生调节作用。这个结论说明在提高教师工作控制的同时，必须要构建和谐、支持性工作环境。前人关于实习教师（Parkes et al., 1994）和其他职业群体（van der Doef et al., 2000）的研究也得出了相似的结论。

因变量是工作满意度时，工作控制和社会支持分别独立的在工作需求和工作满意度之间起中介作用。工作和时间压力与院系领导支持起交互作用。与预期不同的是工作和时间压力在高水平的领导支持情况下对工作满意度的负作用反而增加。另外，高任务多样性、高决策权力和高管理支持分别独立的缓解学生破坏行为对工作满意度的负作用。

对教师职业倦怠产生显著影响的有高工作和时间压力、学生破坏行为、角色模糊性、进修需求、任务多样性的缺乏、高体力消耗、低同事支持以及工作意义的缺失。工作满意度则与高任务多样性、低工作和时间压力、少学生破坏行为、高管理社会支持、更好的自我发展前景以及高工作意义相关。

Fernet et al.（2012）在自我决定理论基础上提出并验证了一个教师职业倦怠变化的动机模型。对806名公立小学和高中的教师进行调查，结果表明教师对课堂重负和学生捣蛋行为的感知与教师的自主动机存在负相关关系，并对情感枯竭具有负向预测力。研究还发现，教师对学生捣蛋行为和学校领导管理的感知变化会影响教师的自我效能感，并进而对教师职业倦怠的三个因子均产生负向影响。该研究对环境的探讨主要集中在课堂环境方面。其环境因素共包含四个方面，课堂负荷、学生捣蛋行为、决策范围、校领导的领导行为。

还有些学者没有依赖于任何理论模型，细致探讨了学校环境中的一些因素对教师职业幸福感的影响。例如Skaalvik & Skaalvik（2009）分析了教师对学校环境的感知与教师职业倦怠感和工作满意度之间的关系，受试者为 563 名挪威小学教师和中学教师，其中学校环境包括 4 个方面：领导支持、时间压力、与家长关系和自主性，研究结果表明：教师工作满意度与职业倦怠感的两个维度：情感枯竭和减少的个人成就感相关，并与所有的学校情景间接相关，情感枯竭和减少的个人成就感在学校环境感知与教师工作满意度之间起中介作用。职业倦怠感与时间压力的关系最紧密，去个性化和减少的个人成就感与教师同家长的关系最紧密。

该研究还检验了 2 个理论模型：发现领导支持与工作满意度之间的关系受到时间压力、与家长关系以及自主性的中介作用影响，其中自主性的中介作用最强，而且自主性与领导支持的相关性也最高。拓展模型中，教师职业倦怠的两个维度：情感枯竭和低效能感对教师工作满意度具有预测力。时间压力和与父母的关系与工作满意度仅仅存在间接关系，都是通过情感枯竭和减少的个人成就感对工作满意度产生影响，只有自主性与工作满意度既存在直接关系，也存在间接关系。

Bakker, Demerouti & Euwema（2005）分析了高校教师工作资源和工作需求对教师职业倦怠的影响，特别分析了工作资源对工作需求与教师职业倦怠之间关系的中介作用，试图拓展工作资源—需求模型理论。该研究中研究对象为荷兰某高校应用科学领域教师（$n = 1012$），职业倦怠的测量工具为 Maslach Burnout Inventory-General Survey（MBI-GS）。工作需求包括工作负荷量大、情感需求、体力需求、工作和家庭交替（work-home interference）。工作资源包括 4 项：自主性（其中自主性包含三个关于决策权利的题项，例如具有自主选择完成工作任务的方式的权利）；社会支持；与领导关系质量以及工作反馈。作者通过回归分析分别检验了每一种工作资源和每一种工作需求之间对教师职业倦怠三个维度的交互作用。研究结果表明：从主效应上看，工作需求是情感枯竭最主要的预测因子，工作资源的缺乏则是疏离和专业效能感降低最重要的预测因子。从交互效应上看，所有的交互效应在因变量为降低的专业效能感时都没有显著性。所有的 4 项工作资源都在工作负荷和情感枯竭中间起中介作用；4 项资源中的 3 项工作资源在家庭工作冲突与情感枯竭中起中介作用。情感需求和工作家庭冲突均与三种工作资源产生交互作用，对疏离产生影响。在工作需求与疏离之间调节作用从多到少依次是自主性（7 种交互作用)、工作反馈(4种)、与领导的关系(4种)、同事支持(3种)。大多数情况下,教师在工作需求最高、工作资源最低的情境下所汇报的疲劳水平以及士气低落水平最高。该研究证明了教师工作资源对教师职业倦怠感的缓冲作用,拓展了工作需求—资源模型理论,说明不同的工作资源和工作需求交互条件下会对教师的压力、职业倦怠产生不同的影响。

还有研究者通过定性研究的方式分析了教师职业环境因素与教师职业幸福感的关系,例如 Pyhalto et al. (2011) 通过询问、访谈、回溯式讨论以及场景激发等方式,从学区负责人、校长、教师以及学生处收集定性数据,对教师与环境融合性进行调查。研究结果表明,教师感受到的倦怠程度和倦怠产生的方式均不同。大多数教师的表现形式为变得更加冷漠、疏离;另外,教师感受到的导致自己职业倦怠的经历也各不相同,教师们认为长期不能解决的与学生、家长以及专业社区中的社会关系问题是他们感到疲惫的主要原因。该定性研究发现补充了前人关于教师职业倦怠的研究结果(e.g. Brouwers & Tomic, 2000; Montgomery & Rupp, 2005; Skaalvik & Skaalvik, 2010)。同时本书还发现导致教师职业倦怠的教师与环境之间的适应性感知因人而异,大多都是动态和社会性的。教师通常会把自己的体验归因于工作环境,也有教师会把倦怠体验归因于自己个人资源的不足和工作环境中不合理的要求;教师很少描述他们能力与工作环境的不适应性,很少有教师愿意完全归结于自己的能力和个人资源的不足。这一研究发现与前人的观点一致,人与环境不适应性会增加职业倦怠的概率(e.g. Edwards & Cable, 2009; Leiter & Maslach, 2004, 2005)。该研究还有一个重要发现在于教师与环境适应性很和谐的情况下也可能给教师带来负担。前人研究认为,积极的教师—环境适应性会促进教师的职业投入、工作满意度以及积极的工作动力(Hakanen et al., 2006)。然而当教师无法识别和调整他们的负担以及专业社区中的具有破坏性行为(例如匆促文化)时(Soini, Pyhältö & Pietarinen, 2010),积极的工作动机加上高强度的工作,缺乏足够的从工作中恢复、放松的机会最终会导致负担过重。但是该研究发现还有待未来进一步验证,对这一现象进行更深入的分析。

二 教师职业环境对职业投入的影响

关于职业投入相关研究中,研究者们也探讨了一些工作中相关因素、身份相关因素以及一些人口学变量因素对员工职业投入水平的影响。影响职业投入的因素包括自主性和控制(Bakker et al., 2007; Liorens et al., 2006),专业发展机会(Harter, Schmidt & Hayers, 2002),与领导、同事和客户的积极关系(Harter et al., 2002; Kahn, 1990)等。人口学特征上,年龄、性别和工作类型也与职业投入相关(Schaufeli, Bakker & Salanova, 2006)。但是关于年龄和性别对职业投入影响研究结果表明,要么相关关系不显著,要么是不能得出明确的结论,所以研究者们认为它不是很重要的研究发现(Schaufeli et al., 2006)。

有些环境、氛围相关研究汇报了积极、支持性工作环境与职业投入的不同维度存在积极相关关系(Huges, Avey & Norman, 2008; Wollard & Shuck, 2011; Dollard & Bakker, 2010)。例如 Hakanen, Bakker & Schaufeli(2006)在对芬兰中小学教师研究中发现,工作控制、领导支持、信息资源以及良好的环境氛围都与教师的职业投入存在积极的相关关系。Bakker et al.(2007)也发现领导支持、积极反馈、合作的工作氛围以及创新性的解决问题的氛围与教师的职业投入存在积极相关关系。但是在一项元分析中,Hallbesleben(2010)发现组织氛围作为一种工作资源与职业投入下属维度活力和奉献存在积极正向关系,但是与职业投入的第三个维度专注维度和总体职业投入不存在显著的相关关系。

在根据工作特征将工作环境分为工作资源和工作需求的相关研究中,研究者们指出工作资源具有提高员工内在动机和外在动机的作用。起到激发内在动机作用的原因在于工作资源能满足人类的一些基本需求,例如自主、相关以及认可(Deci & Ryan, 1985; Ryan & Frederick, 1997),例如合理的认可激发学习,进而增加工作能力,同时决策权力以及社会支持则分别满足了自主性和关系需求。工作资源的这种激发内在动机的潜力也被称为工作特征理论(job characteristics theory)(Hackman & Oldham, 1980)。工作资源也可能起到激发外在动机的作用,因为资源丰富的工作环境会提高个人在工作时乐于付出精力和能力的意愿(Meijman & Mulder, 1998)。

与以上观点一致，许多研究表明工作资源与职业投入之间存在积极的相关关系。例如 Schaufeli & Bakker（2004）发现工作资源（工作反馈、社会支持和领导帮助 supervisory coaching）与职业投入（活力、奉献和专注）在四类不同的荷兰员工群体中均具有显著的相关关系。并且通过结构方程模型分析发现工作资源（不包含工作需求）是唯一的职业投入的预测因素，而且职业投入在工作资源和离职意愿之间起到中介作用。该研究由 Hakanen et al.（2006）对 2000 多名芬兰教师群体进行了重复研究，研究发现工作控制、信息、领导支持、创新氛围、社交氛围均与职业投入存在积极的相关关系。在西班牙环境中，Llorens et al.（2006）发现了相似的研究结果。除了横向研究支持工作资源与职业投入之间的积极关系外，也有一些纵向研究验证了工作资源与职业投入之间的积极关系。Mauno et al.（2007）通过两年纵向研究设计调查了芬兰健康中心工作人员（$n=409$）的职业投入及其预测因素之间的关系。工作资源对职业投入的预测力要强于工作需求的预测力。Schaufeli et al.（2008）在对荷兰电信工作经理的纵向研究中也发现工作资源的变化会引起职业投入的相应变化。具体而言，社会支持、自主性、学习和发展机会以及积极工作反馈的增加引起实验组管理者职业投入的增加。还有研究者通过历时研究探讨了工作资源对教师职业投入的影响。Simbula, Guglielmi & Schaufeli（2011）以 104 位意大利中学教师为研究对象，通过一个历时研究进行三轮数据收集，验证工作需求—资源模型理论中的动机过程，研究结果表明，包含了工作资源和职业投入的相关影响关系的模型的拟合度是最好的。工作资源和自我效能感对职业投入有长期（8 个月）和短期（4 个月）滞后影响，同时职业投入也对工作资源和自我效能感有长短期滞后影响。这一研究发现，考虑工作资源和教师自我效能感与职业投入之间的相互作用非常重要：资源丰富的环境和自我效能感意味着教师更高的职业投入，反之教师职业投入水平的提高也会促进其自我效能感水平以及环境感知水平的提高。

三 教师职业环境对教师职业幸福感的影响

本小节我们主要综述以教师职业幸福感（教师职业倦怠和教师职业投入）为因变量，基于不同的理论模型的环境因素（工作特征）为自变量的相关研究。另外补充两项探讨不同工作特征对教师及时幸福感（"here and now" state of well-being）的影响研究。

有些研究者根据工作需求—资源模型理论，分析工作需求和工作资源对教师职业倦怠和职业投入的影响。例如 Hakanen et al.（2006）对小学中高年级以及职业学校教师进行调查，并分析了工作需求（包括学生捣蛋行为、超工作负荷、物理环境三个因素）和工作资源（包括工作控制、领导支持、信息、社交氛围以及创新氛围五个方面）对教师幸福感两个维度：职业倦怠感（情感枯竭和疏离）和职业投入（活力、奉献）以及它们与身体健康和组织承诺之间的关系。研究结果与研究假设一致：工作需求通过职业倦怠对健康产生负面影响（H1），而工作资源则通过职业投入对组织承诺产生正向影响（H2），工作资源与职业倦怠呈负相关关系（H3），职业倦怠与组织承诺呈负相关关系（H4），工作需求与工作资源也呈负相关关系（H5），最后职业倦怠在工作资源和职业投入之间起到中介作用（H6）。

还有学者以付出回报不均衡模型 ERI（effort-reward Imbalance model）（Siegrist，1996；Siegrist et al.，2004）为基础，分析工作中员工的努力、职业回报、努力回报之间的不均衡以及过度承诺（OVC）对职业幸福感的影响。例如 Hyvonen et al.（2010）分析了芬兰 747 名 23—35 岁的管理者，付出—回报不均衡模型对职业幸福感的影响，同时还考察了努力—回报不均衡关系对管理人员目标内容的影响，以及目标内容在 ERI 各要素与职业幸福感（职业倦怠、职业投入）之间的中介和调节作用。其中目标内容包括能力、发展、幸福感、工作调换、工作安全感、组织、待遇或者无工作目标，这些目标基于管理者的工作目标调查而来（Hyvonen et al.，2009）。研究结果表明，付出、回报以及付出回报不均衡会对目标内容产生影响，而且目标内容在 ERI 各因素与职业幸福感之间起到中介作用，但过度承诺只对职业倦怠感产生影响。工作环境（付出、回报、付出回报差异）对员工的工作目标具有重要影响。以组织的成功和业绩为目标的这部分管理者，他们认为工作给予他们的回报，例如自尊、事业前景和充足的薪水最高。而且他们所感知到的付出回报不平衡率较低，也就是说他们认为自己的付出得到了较好的回报。目标内容的中介作用进一步表明，组织目标与职业幸福感存在紧密正相关关系。这一研究结果补充了前人的研究成果，良好的工作环境与积极的职业幸福感正相关（Maier & Brunstein, 2001; ter Doest et al., 2006）。而且有益的工作环境（低付出—回报比率）不仅能提高管理者的职业幸福感（Kinnunen et al., 2008），并会导致管理者更多的启用对组织发展有利的目标取向。其他目标取向的管理者所感知到的工作环境要明显差很多，表现为回报低，付出回报交互性不够。工作变化目标取向的管理者所感知到的付出—回报率最高，感知到的回报率低，揭示了不利的工作环境与离开组织意向的相关性，这一发现再次验证了前人研究结果：高付出—回报率与高离职意向相关（Kinnunen et al., 2008）。给予高回报的工作环境能促进员工形成有利于组织发展和职业幸福感的目标取向。而认为工作环境不利的管理者所怀有的工作目标通常是关于福利和工作改变的。另外研究还发现，低职业幸福感在管理者中非常普遍。该研究虽然并非学校环境下的研究，但是对教师职业中教师的付出与学校给予的回报及其关系对教师职业幸福感的影响具有重要启示。

　　Devos et al.（2006）则从个人层面、组织层面以及外在环境层面全方位的分析职业幸福感的影响因素，虽然研究对象不是教师而是校长，但对教师职业幸福感的影响因素分析也有重要启示。该研究从积极心理状态（职业投入和工作满意度）以及消极心理状态（职业倦怠中的疏离和低个人成就感）两个不同侧面对校长职业幸福感进行测量，主要分析了对校长职业幸福感产生影响的三大类型影响因素：个人因素（自我效能感、A 型性格、控制点）、学校因素（学校董事会、学校文化因素以及结构特点）、外界环境因素（政府角色）。定量和定性研究结果表明幸福感是一个复杂的心理现象，受到一系列因素的共同影响。政府和学校理事对校长职业幸福感存在重要影响，校园文化对校长的职业幸福感影响并不大，但是性格却在他们的职业幸福感中起到重要作用，具有成就目标定向（Tpye A 性格）的校长具有更高的一般自我效能感，并且会体验到更高的积极幸福感（工作满意度和职业投入），更低的负面幸福感（疏离和低个人成就感）。因为高自我效能感的校长能更有效的应对困难，成功的动机更高，更容易在工作中取得有价值的成就，因此在工作中会体验到更多的幸福感，这一发现也与一般职业研究相关文献中的发现一致（Judge & Bono, 2001; Jamal & Baba, 2003）。

除了以上三项研究以外，还有一些研究也从各种不同的工作需求及资源的角度对教师职业幸福感的影响进行分析，但是对职业幸福感的界定不太一样。尽管如此，其研究结果对本书的分析也具有一定的借鉴意义，因此也做一简单介绍。

Aelterman et al.（2007）从学校层面和个人层面两个方面对影响中小学教师职业幸福感的因素进行分析和调查，作者将教师职业幸福感限定于"即时幸福感"，特指学校环境及时引起的感受以及情景中的满意度，而不是指持久的、固定的幸福感（sustainable well-being），这种幸福感的指标通常是一般自信心和自我形象等。该研究通过对教师的访谈以及相关文献梳理，归纳了对教师即时职业幸福感产生影响的9个学校层面因素，包括：领导支持、专业发展支持、同事支持、基础设施和材料、班级规模、与家长关系、国家教育政策、工作压力、创新。个人层面主要分析了教师的自我效能感对教师职业幸福感的影响。研究结果表明，在小学教师中，自我效能感的作用最为显著，工作中的低水平压力对教师职业幸福感产生次强影响；同事支持、对改革的态度和与家长关系的影响力较小，而且还有部分影响力通过对自我效能感的积极影响对教师职业幸福感产生间接作用。对创新的积极态度似乎导致低工作压力，从而对教师职业幸福感也存在积极的影响。教师感知到的领导支持、对同事支持的感知、与家长关系的感知以及对工作压力的感知产生积极影响，从而间接地对总体幸福感产生显著积极影响。这些因素有：自我效能感、工作压力感知、领导支持、同事支持、对创新的态度以及与家长的关系共解释了教师职业幸福感54%的方差。该研究还发现，中学教师中自我效能感是对教师总体职业幸福感产生最大影响的因素，自我效能感还通过工作压力的感知对幸福感产生间接作用。同事支持、较少的工作压力和对创新的积极态度也对中学教师职业幸福感产生直接积极影响。与小学教师一样，领导支持通过同事关系的感知对职业幸福感产生影响。中学女教师比男教师能感受到更多的同事支持和工作压力，对创新的态度更加积极，但是差异并不显著，年龄则对总体的职业幸福感有显著影响，老教师汇报了更高的工作压力和较少的同事支持，对创新的态度也比较消极。

Zhu et al.（2011）通过对181名来自中国北京的中小学教师进行调

查,分析并验证了中国环境下的校园文化维度(目标定向、决策参与、创新、领导风格、共同价值观、同事间正式关系、同事间非正式关系),以及校园文化对教师的组织承诺和教师幸福感的影响,在该研究中教师幸福感的界定和测量方式均是借用了 Aelterman et al. (2002) 的观点,将教师幸福感看作教师的需求与期望与学校所营造的或提供的环境之间的和谐一致性所产生的一种积极情感状态。研究结果表明,对教师组织承诺产生影响的因素主要包括:目标定向、领导风格和共同的价值观。而当校园环境中学校目标明确、同事间具有积极的工作关系和共同的价值观时,教师们的幸福感更高。

四 其他影响因素对高校教师职业幸福感的影响

除了教师职业环境以外,还有许多研究者从各种角度对教师职业幸福感产生影响的因素进行了分析。但是探讨大学教师职业幸福感的研究特别少。Vera et al. (2010) 是少有的几个探讨大学教师幸福感研究中的一个。他们调查了大学教师不同的工作类型与教师幸福感的相关关系。通常情况下大学教师需要完成三类工作:教学、科研和行政事务。有许多研究者在研究中考虑了工作类型这个因素(e. g., Buela-Casal & Sierra, 2007;Currie, 1996)。Currie (1996) 指出对大学教师而言最让他们觉得痛苦的是必须要处理许多教学和科研之外的行政管理类工作。Court (1994) 同样表明大学教师要花三分之一的时间来处理各种行政相关事务。Morrison (1996) 也指出教学和管理任务消耗了许多大学教师本来用来做科研的精力,他们认为不仅是因为完成某一项工作任务会对自己致力于另一项任务带来负面影响,科研工作的评估比教学工作评估更重要。而且大学教师越来越多地需要参与到各类行政管理工作,这给他们带来更多的角色冲突(Moriana & Herruzo, 2004)。Lackritz (2004) 得出结论:职业倦怠感与教学任务的相关性大于科研任务的相关性。研究结果发现,大学教师中以行政工作为主的教师职业倦怠最高,工作参与和内在满意度最低。而以科研工作为主的教师则相反,他们的职业倦怠程度最低,工作参与和内在满意度最高。这一发现与 Currie (1996) 观点相同。Gozalo & León (1999) 也发现教师花在科研上的时间越多,会对工作的满意度越高,一定程度上是因为当前科研的重要性比较高。然而,Winefield et al. (2003) 却认为高校教师由于需要开展更高水平的研究，为学校引进更多的外来资源而压力倍增。Oshagbemi (1997) 指出科研除了可以带来满意感以外，同时也会是不满意的来源，但是这个原因不在于科研任务本身，而是在于教师个体有没有能力花更多的时间在科研任务上，这一观点得到了 Lackritz (2004) 的认同，最后他通过验证性因子分析确认了教师职业倦怠的四维度结构，认为教师职业倦怠包含情感枯竭、去个性化、疏离和专业效能感的降低，其中去个性化和疏离分别代表的是对工作的疏离感和对工作中人群的疏离感。

有学者探讨了个人价值观对幸福感的影响（e.g., Oishi et al., 1999; Lu, 2006; Tan et al., 2006）。例如，Sagiv & Schwartz (2000) 指出幸福感与个人价值观有两种交互方式：个体按照自己的主要价值观通过调整自己的行为来达到幸福；当个人价值观得到发展，个体的幸福感自然随着价值观的满足而上升。Bretones & Gonzalez (2011) 调查发现个人价值观与社会价值观（墨西哥的集体主义价值观）一致时，个体会感受到更高的主观幸福感，但是对职业幸福感的影响并不显著。该研究还发现主观幸福感会受到教育水平的影响，教育水平越高，主观幸福感越高；而职业幸福感则受到工作责任感的影响，责任感越高，职业幸福感越高。主观幸福感和职业幸福感均对员工离开公司倾向具有显著影响，但主观幸福感的影响具有显著作用，主观幸福感越高，越倾向于留在工作单位。

还有一些学者探讨了个人资源对职业幸福感的重要维度——职业投入的影响。涉及的重要的个人资源主要包括心理韧性（resiliency）、自我效能感、乐观精神、基于组织的自尊、希望、感知调节情绪的能力等。很多研究表明个人资源与职业投入之间存在正相关关系。例如 Bakker, Gierveld & Van (2006) 在针对女性中小学校的研究中发现，拥有更多的个人资源的女性校长，其职业投入水平更高。特别是心理韧性、自我效能感和乐观精神能在较大程度上解释职业投入的方差。

五 教师职业环境与教师职业幸福感关系研究述评

在本节的文献综述部分，我们分别回顾了各种环境因素对教师职业倦怠、教师职业投入以及总体教师职业幸福感的影响相关研究。教师职业倦怠相关研究相对丰富，对教师职业倦怠产生积极影响的工作环境因素包括：工作时间压力、角色模糊性、学生破坏行为，而对教师职业倦怠具有缓解因素的工作环境特征则包括领导支持、同事支持、自主性、工作反馈等，还有学者通过定性研究方法分析了教师职业倦怠的产生与教师和环境之间适应性之间的重要关系。并且有许多研究者分析了工作资源与工作需求中各种因素对职业倦怠所产生的交互作用。职业投入的概念伴随着积极心理学的兴起而产生，随着职业倦怠研究的深化而出现，是一个较新的概念，从研究现状来看，相关研究成果并不多，特别是在高等教育领域，在对职业投入的影响因素方面，研究者们也证实了自主性和控制、专业发展机会、与领导和同事的关系对职业投入的积极影响。但是对教师职业投入的相关研究较为缺乏，尤其是高校英语教师相关研究暂时为空白。

在工作环境因素与教师职业幸福感（教师职业倦怠和职业投入）相关研究中总共包含三项研究，Devos et al. (2006) 关于小学校长幸福感和 Hyvonen et al. (2010) 关于管理者幸福感的相关研究让我们认识到和谐的工作环境、丰富的资源环境以及诸多个人因素以及目标定向方式对个体的工作倦怠和职业投入均具有重要的影响，其研究结果对高校教师职业倦怠和职业投入的影响因素研究具有重要启示。另一项 Hakanen et al. (2006) 对芬兰中小学教师的相关研究，是唯一一项以教师为研究对象，以教师职业倦怠和职业投入为职业幸福感的指标，并以此为因变量，探讨学校环境中的资源和需求对教师职业幸福感影响的研究。该研究验证了工作需求—资源模型理论在中小学教师中的适用性，分析了工作需求和工作资源对教师职业投入和职业倦怠的不同影响，但是该研究笼统地将不同的工作资源维度和工作需求维度叠加起来，综合考察了工作资源和工作需求对教师职业幸福感的影响，这种方式对校园环境因素与教师的认知和情感反应的关系的理解是不够深入的（Skaalvik & Skaalvik, 2009）。未来研究应该对校园环境中多种不同的工作资源和工作需求对教师职业幸福感的影响进行更为细致的分析，因为在不同的组织中对员工职业投入产生积极影响的工作资源可能不同（Schaufeli, 2012）。重要的资源包括发展机会、工作反馈、自主性、任务多样性、革新性领导风格、公正以及来自同事和领导的社会支持等。对高校教师职业幸福感产生积极影响的资源环境是值得我们探寻的方向。在职业环境与教师职业幸福感相关研究中，对职业倦怠感的影响相关研究较多，许多研究者尊崇传统心理学的研究取向，从消极的方面分析教师职业中的问题，但从积极方面分析对职业倦怠的缓解作用、对职业投入的促进作用的相关研究相对缺乏，本书主要从积极的方面，分析高校教师职业环境中哪些维度能对教师职业幸福感产生积极的影响。

第三章

理论构思和理论假设

第一节 核心概念界定及假设

本书中涉及的核心概念包括高校英语教师职业幸福感和高校英语教师职业环境两大概念。其中教师职业幸福感包含两个核心概念：职业倦怠和职业投入及其下属核心维度（情感枯竭、疏离、活力以及奉献）。高校英语教师职业环境理论模型则由6个下属维度构成：教师自主性、同事支持、学生支持、认可反馈、专业兴趣、资源设备。

一 高校英语教师职业幸福感的界定及假设

在第二章关于一般幸福感、职业幸福感以及教师职业幸福感相关文献的综述中，我们了解到心理幸福感是基于心理学家的价值体系，以客观的标准来评定个人的幸福。综观从心理幸福感角度出发的教师职业幸福感相关研究，我们可以看到许多客观标准的实现除了受到教师个人特征影响以外，很多情况下与教师对职业环境或工作特点的感知紧密相关。Walker（1999）所构建的理论模型作为高校教师职业幸福感理论模型的同时，也是高校教师工作环境总体质量的参照标准。例如该模型中自主和控制、同事支持、学生关系、工作意义和目标、回报和认可维度都是以学校环境为基础的。教学能力、课堂管理、学术等则与教师个体的自我效能感有关，专业自我接受维度则是教师个体对自己职业生涯的评价，与职业目标定向有关。Aelterman et al. （2007）对芬兰中小学教师职业幸福感的界定也是从学校环境的角度出发，认为教师幸福与否取决于学校环境是否满足了个人的需求以及自己对学校的期望。认为影响教师职业幸福感的学校层面因素包括：领导支持、专业发展支持、同事支持、基础设施和材料、班级规模、与家长关系、国家教育政策、工作压力、创新。在这项研究中，研究者把教师对学校环境这些方面的感知作为教师职业幸福感问卷的不同下属因子，直接对小学教师职业幸福感进行测量。国内学者王传金对教师幸福感界定维度中的在职状态、人际关系、收入状况、社会环境、学校文化等均与教师的工作特征和学校环境关系紧密相关。

这些心理幸福感角度的教师职业幸福感研究把客观标准的存在，即高品质的职业环境的感知或者满意度等作为教师职业幸福感（e.g. Walker, 1999），或者把良好的职业环境感知作为教师职业幸福感的一部分（e.g. Aelterman et al., 2007; Saaranen et al., 2006），为如何提高教师在学校环境中的幸福感给予了重要启示，但是这种将教师职业幸福感和学习环境质量指标合为一体的做法在一定程度上模糊了教师对学校环境的心理感知与教师职业幸福感这两个概念。因此本书将职业环境和教师职业幸福感两个概念分别考察，相信会使两个构念更加清晰。在对教师职业环境的维度界定上参考了这些从心理幸福感角度出发的一般幸福感研究和教师职业幸福感研究以及相关各类学校环境研究，试图通过改善相关职业环境特征来提高教师职业幸福感。

本书中对高校英语教师职业幸福感的界定，参照从职业心理健康角度出发对教师职业幸福感的界定方式，Keyes, Shmotkin & Ryff（2002）指出我们对客观世界的主观诠释比实际情景对我们的影响更大，就像我们对环境的认知是存在个体差异的，即使是同一所学校或者班级内部，不同的同学、教师对其周围环境的感知也可能存在较大差异（Griffth, 2000）。因此衡量主观感受到的幸福感是概念化我们的生活质量的重要标准。但是我们也不能单纯地以开心、幸福作为衡量生活质量的标准（Ryff, 1989），例如，Becker（1992）指出有些人过着毫无意义的生活却依然快乐。幸福不应该是终极目标，而是其他目标的副产品（Mill, 1889）。教师职业幸福感则应该是教师在追求其人身价值过程中所产生的副产品。

在职业领域对教师职业幸福感和职业身心健康相关研究中，存在消极视角、积极视角以及积极和消极两个方面结合三种方式的相关研究。从积极和消极两个方面全面对职业幸福感和身心健康进行界定是一种更为完善的方法。其中职业倦怠和职业投入是两个概念和结构清晰、测量工具比较成熟的一组存在负相关关系的概念。有研究者在快乐和激发的分类系统基础上将职业倦怠和职业投入看作幸福感和身心健康的两个维度（徐长江、时勘，2003），一般职业领域以及教师相关研究中也有许多学者借用职业倦怠和职业投入两个概念来对职业幸福感和身心健康进行界定（e.g. Hyvonen et al., 2010; Hakanen et al., 2006; Vera et al., 2010; Parker et al., 2012 etc.）。本书参照职业心理健康领域对职业幸福感较为普遍的界定方式，分别从高校英语教师职业倦怠感和高校英语教师职业投入两个方面对高校英语教师职业幸福感进行界定：

> 高校英语教师职业幸福感是高校英语教师们在教育领域实现自己的价值过程中产生的一种积极的认知、情感和行为状态，具体表现为高职业投入和低职业倦怠。

曾经有许多学者对工作倦怠进行了界定，代表性的界定方式包括：Freudenberger（1974）的界定方式，他认为职业倦怠是以人为服务对象的行业中的工作人员因工作强度过高、工作时间过长，并且无视自身的个人需要，所引起的疲惫不堪的状态，或者是过分努力去达到个人或社会不切实际的期望的结果。Maslach & Jackson（1986）认为职业倦怠是以人为服务对象的职业领域中，个体的一种情感耗竭、人格解体和个人成就感降低的症状。Schaufeli & Greenglass（2001）认为职业倦怠是由于长期面对具有强烈情感要求的工作环境，而造成的生理、情感和心理的耗尽状态。现阶段，职业倦怠研究领域的代表人物 Maslach 的概念界定方式被广泛接受，随着研究的深入，Maslach & Jackson 在研究中对职业倦怠的概念进行了修正，Maslach & Jackson（1996）对职业倦怠的三个维度进行了修改，情感衰竭改为情感耗竭（exhaustion）；去个性化改为疏离（cynicism）；个人成就感低改为降低的职业效能感（reduced professional accomplishment）。情感耗竭代表着职业倦怠中的个体压力维度，具体表现为遇到困难觉得力不从心、精疲力竭、情绪资源丧失、疲劳、烦躁、紧张和易怒；疏离是职业倦怠中的人际环境维度，具体表现为对待工作的各个方面的一种消极的、麻木的、漠不关心的反应；降低的职业效能感是职业倦怠的自我评价维度，表现对工作不能胜任的感觉，缺乏成就感、觉得工作无意义等。

本书所指的职业投入是基于工作倦怠研究的反向思考而提出的职业投入概念。Maslach 等研究者将职业投入看作工作倦怠的对立面，认为工作倦怠和职业投入是工作健康状态相关的一个连续体的两端，两者的内在维度是一致的，是一种积极的情感—动机状态和员工的成就感状态，包括三个方面：精力（energy）、参与（involvement）和效能感（efficacy），并认为在一定条件的作用下，精力会转化成情感枯竭，参与会转化成疏离，效能感会转化成低效能感。可以直接通过职业倦怠量表 MBI 的负向计分来对职业投入进行测量（Maslach & Leiter, 1997: 34; 2001）。但后来这种做法遭到学者们的质疑（e.g. Schaufeli & Bakker, 2004），认为职业投入与职业倦怠不是对立的两个端点，员工没有工作倦怠症状并不意味着他在工作中一定是投入的，同样，员工在工作中投入水平较低时，并不意味着他就是工作倦怠的。两者应该是独立的相互存在负相关关系的两种不同的认知情感状态（Schaufeli et al., 2002；Bakker et al., 2007）。Schaufeli et al.（2002: 74）认为职业投入是一个独立的概念，与职业倦怠呈负相关关系，通过对投入水平较高的员工进行访谈，并在前人研究的基础上对职业投入提出了其独有的定义，职业投入代表着"一种积极的、充实的、与工作相关的，具有活力、奉献和专注特征的情感认知状态（Schaufeli & Salanova, 2007）"。活力具体表现为个体在工作中具有充沛的精力和良好的心理韧性，自愿为自己的工作付出努力而不易疲倦，并且在困难面前能够坚持不懈；奉献具体表现为具有强烈的意义感、自豪感以及饱满的工作热情，能够全身心地投入到工作中，并勇于接受工作中的挑战；专注则具体表现为全神贯注于自己的工作，并能以此为乐，感觉时间过得很快而不愿从工作中脱离出来。学者们一致同意职业投入包含了一个行为—能量维度：活力，情感维度：奉献，一个认知维度：专注（Schaufeli, 2012）。Schaufeli 等人对职业投入的概念的界定相对全面，涵盖了职业投入的情感、行为以及认知层面，本书接受其界定方式。

关于职业倦怠感的结构问题，有一些学者认为职业倦怠不应该包含降低的职业效能感，他们认为情感枯竭和疏离构成了职业倦怠的核心，将降低的职业成就感排除在外（Browers & Tomic, 2000; Green, Walkey & Taylor, 1991; Schaufeli et al., 2002; Xanthopoulou et al., 2007）。Qiao & Schaufeli（2011）从实证、理论、临床经验以及心理特征四个方面详细论述了降低的效能感不应该作为职业倦怠的第三个维度的原因。首先从实证研究结果上来看，许多研究都一致表明专业效能感与情感枯竭和疏离的相关性系数相对较低（Lee & Ashforth, 1996），似乎与情感枯竭和疏离处于平行发展的状态（Leiter, 1992; Taris et al., 2005），并且低职业效能感仅与工作资源相关性特别高，而职业倦怠的其他两个维度则与工作资源和工作需求都具有紧密相关关系（see Lee & Ashforth, 1996; Schaufeli & Enzmann, 1998）。从理论上看，情感枯竭和疏离———一种精神上的逃避或疏远（mental distancing or withdrawal）———构成了职业倦怠的核心维度（Schaufeli & Taris, 2005），相反，专业效能感则被认为是一种独立的个性特征因素（Cordes & Dougherty, 1993; Shirom, 2003）。Bandura（1986）在其著作《社会认知理论》中指出的缺乏专业效能感是一个独立于职业倦怠感其他两个维度相关的因素，该因素与作者提出的"自我效能感"概念紧密相关（Salanova, Martínez & Lorente, 2005）。本质上看，精神上的逃避或者疏离是一种应对工作压力以及相伴随的枯竭感受的一种适应性应对机制，在职业倦怠中，逃避就发展成为一种习惯性的不适应形式，以持有对自己工作的消极态度为特征。从临床经验来看，具有职业倦怠症状的病人会出现持续的情感枯竭和疏离症状，而降低的专业效能感出现频率相对较少（Brenninkmeijer & Van Yperen, 2003）。最后从心理测量属性上来看，专业效能感降低在以往研究中能独立成为一个因子可能并不真实（Schaufeli & Salanova, 2007; Halbesleben & Demerouti, 2005; Demerouti et al., 2003）。因为情感枯竭和疏离的测量题项均是消极措辞，而所有的专业效能感的题项都是积极措辞。计算中把积极措辞的效能感题项分数进行反向处理后来表示降低的效能感。由于积极和消极题项在因子分析中更容易聚集在同一个因子上（Cacioppo, Gardner & Berntson, 1997），所以专业效能感才能在因子分析中出现，并成为一个独立的因子。另外还有学者认为降低的职业效能感应该是职业倦怠感的起因而不是组成因素，"自我效能感危机"会导致职业倦怠（Bandura, 2001）。基于上述原因，本书不将降低的职业效能感作为职业倦怠的第三个维度，也不再对职业倦怠核心维度的模型数据拟合优度进行检验。去掉降低的职业效能感之后的职业倦怠成为 2 因子概念，教师职业幸福感则相应变成 5 因子大概念。

关于教师职业投入的结构维度，也有些研究者认为职业投入下属因子活力和奉献为职业投入的两个核心维度，并分别与职业倦怠的两个核心维度情感枯竭和疏离对立，这种对立表现为一种情绪或认知状态的两个极端方向。"活力—情感枯竭"所喻指的状态被称作"能量"（activation）"奉献—疏离"所喻指的状态则被称为"认同"（identification）（Schaufeli & Bakker, 2004），职业投入以工作中充满能量和对工作的高度认可为特征，而职业倦怠则以缺乏能量和对工作的低认同为特征。有相关学者对能量和认同两个连续体的存在进行了验证（Gonza'lez-Roma'et al., 2006）。Hallbesleben（2010）在其研究中也发现组织氛围作为一种工作资源与职业投入下属维度活力和奉献存在积极正向关系，但是与专注维度却不存在显著的相关关系。在中国还没有对这两个潜在变量的结构进行过验证，因此本书有必要对职业投入的核心维度结构优度进行验证。

删除职业投入的下属因子专注，那么职业投入将成为一个 2 因子构念，相应的教师职业幸福感将变成一个只有职业倦怠核心维度（情感枯竭、疏离）和职业投入核心维度（活力、奉献）的 4 因子概念。在对职业投入核心维度进行验证的同时，我们也将检验教师职业幸福感 5 因子模型与 4 因子模型两者之间的结构优度差异。不同潜变量数的模型中，我们会考量模型的拟合指数、模型简约适配度以及模型在不同样本中的稳定性即期望跨校度指数。一般而言，在模型拟合度都在可接受范围内时，潜变量更少的模型可能会更简约。

基于上述讨论，本书提出以下假设：

H1：高校英语教师职业幸福感是一个由教师职业倦怠感（情感枯竭和疏离）和教师职业投入（活力和奉献）四个核心因素构成的一阶四因子模型。

二 高校英语教师职业环境的界定及假设

Bakker, Demerouti & Euwema（2005）指出不同职业中对员工产生影响的积极和消极工作环境或者工作特征（工作需求和工作资源）都会不同。本书对影响高校英语教师职业幸福感的职业环境维度的界定，一方面借鉴了从心理幸福感角度出发的客观衡量幸福感指标中的环境心理感知相关指标（Ryff, 1989; Schultz, 2008; Walker, 1999 etc.），另一方面参照了对大学（Dorman, 1999 etc.）及中学（Moos, 1979, 1986; Fisher & Fraser, 1991; Huang, 2003, 2006; Skaalvik & Skaalvik, 2009; Aelterman et al., 2007etc.）学校环境的相关研究，同时结合我们前期对一线高校英语教师的访谈，从教师的切身感受了解对职业幸福感产生影响的主要学校环境因素和工作特征，从教师的角度重点探讨可能对职业幸福感产生影响的学校环境的心理感知。需要指出的是，本书顺应积极心理学研究导向，主要探讨对教师职业幸福感产生积极影响的教师职业环境因素，以期了解在高等教育领域中对高校英语教师的职业幸福感产生显著积极影响的教师职业环境资源因素，以期能从优化环境因素的角度提高教师职业幸福感。

在维度的选取过程和描述中我们主要考量了5条参照标准：①参照心理幸福感理论模型中涉及的环境心理感知因素；②参照教师职业幸福感研究中与环境相关的因素；③所选取维度要包含慕斯（1974）所归纳的人类环境的三大维度（关系维度、个人发展维度、系统维护和发展维度）；④相关维度的描述和测量参照学校环境相关研究中的学校环境维度界定；⑤前期访谈对一线教师访谈的内容分析。

首先，因为我们要考察职业环境对教师职业幸福感的影响，从心理幸福感角度出发的心理幸福感理论模型具有坚实的理论基础，模型中涉及的与环境感知相关的幸福感标准必须包含在我们的教师职业环境维度中，Ryan & Deci 自我决定理论认为人类有3个基础性的心理需要，即自主需要、能力需要、归属需要，这三个因素的满足是幸福感的关键因素（Ryan, 1975），教师在实现其价值过程中的自主性、能力或归属以及良好的社会支持应该也是教师职业幸福感的关键因素。Ryff（1989）心理幸福感理论模型中包含了良好关系和独立自主两个维度，再次说明了教师自主性和社会支持对他们幸福感的重要影响。Warr（1987, 1994）所构建的多维度职业幸福感模型中包含了抱负、自主性以及胜任力三个重要维度，这里的抱负是指个人具有行动动机，寻找具有个人意义的机会拓展自己。教师作为一个专业性职业，在职业生涯中只有对自己的专业、教学以及科研工作感兴趣，才有可能积极寻找拓展自己的机会，因此专业兴趣和发展也是教师职业幸福感的关键因素。而在 Schultz（2008）的多维度幸福感模型中包含了积极工作关系、工作自主性以及工作发展等可以从环境方面来解释的维度，这三个维度分别对应教师职业环境中的社会支持、自主性以及专业发展维度。高校教师在其职业领域所接触到的社会关系主要来自同事和学生，因此社会支持可以划分为同事支持和学生支持两个部分。综上所述，Ryan & Deci 自我决定理论、Ryff（1989）心理幸福感理论模型、Warr（1987，1994）的多维度职业幸福感模型、Schultz（2008）的多维度幸福感模型为我们的教师职业环境中自主性、认可和反馈、专业发展、同事支持、学生支持等维度提供了充分的理论支持。

其次，在教师职业幸福感研究领域，也有学者从客观标准的角度对教师职业幸福感进行界定，这些职业幸福感中与环境相关的标准也非常有必要纳入教师职业环境中。Walker（1999）在对大学教师的职业幸福感理论模型中包含了自主和控制、同事支持、学生关系、工作意义和目标、回报和认可等，这些维度再度证实了教师职业幸福感中自主性、同事支持、学生支持、专业发展以及认可的重要性。Saaranen et al.（2006）在前人文献基础上构建的职业幸福感内容模型中包含了工作物理环境，主要涉及工作安全性和设备条件等，说明高校教师工作场所以及学校提供的设备和资源也可能会在教师职业幸福感中起到重要作用。该内容模型中还包含了工作社区及其功能，主要涉及社会支持方面。Aelterman et al.（2007）直接从学校环境角度出发，将教师职业幸福感界定为各种环境因素和教师的个人需求及对学校期望之间的和谐关系而产生的一种积极情感状态。认为对教师职业幸福感有影响的下属维度包括领导支持、专业发展支持、同事支持、基础设施和材料、班级规模、与家长关系、国家教育政策、工作压力、创新。第一条标准中的六个维度在教师职业幸福感相关研究中也得到了体现，同时为资源设备维度提供了理论基础。

最后，中小学以及高校环境以及校园文化相关研究也给予了我们启发。例如 Huang & Waxman（2009）在对学校环境的界定中重点描述了社会维度、发展维度和教学维度，其中社会维度主要是关于教师与学生、同事以及领导的关系，发展维度则与教师专业兴趣相关，教学维度则主要涉及教学资源以及教师教学自主性以及工作量大小的感知。使用最广泛的问卷之一：学校层面环境问卷（SLEQ）（Fisher & Fraser, 1991; Fraser & Rentoul, 1982; Rentoul & Fraser, 1983）也测量教师对学校环境的社会心理感知，共8个维度：学生支持、同事关系、专业兴趣、员工自由度、决策参与度、创新、资源充足性、工作压力（Fisher & Fraser, 1991）。Dorman, Fraser & McRobbie（1997）所构建的学校环境量表中包含SLEQ中的学生支持、同事关系、专业兴趣、资源充足性、工作压力维度，并增加了教师自主性和目标一致性。Skaalvik & Skaalvik（2009）所研究的学校环境包括4个方面：领导支持、时间压力、与家长关系和自主性。Huang（2003, 2006）参照WES和SLEQ设计了的科学教师的校园环境感知量表，包括9个维度：教师学生关系、同事关系、学校领导风格、专业兴趣、性别平等、创新、资源和设备、员工自由度、工作压力。Dorman（1998）所构建的大学水平环境问卷包含7个维度：学术自由、本科教学重视程度、学术研究重视程度、授权、同事关系、任务一致性、工作压力。这些量表全面的覆盖了前两条标准中提到的6个维度，还有一些维度我们没有纳入高校职业环境维度中，例如Huang（2003, 2006）针对科学教师所感知到的性别平等是指教师是否认为男女生在科学学科中具有同等的机会以及能力等，我们认为这与英语学科的关联性不大，而且与学校环境关联也不大，也没有任何相关研究分析对学科中学生性别差异对教师幸福感的影响研究，另外该研究中创新维度也由于相关研究缺乏，在本书中暂时未被纳入，有待未来研究深入探讨。Skaalvik & Skaalvik（2009）中与家长关系，考虑到大学生已经成年、高校教师与学生家长的关系比较淡化的原因未被纳入高校教师职业环境模型中。

综合以上3条标准以及慕斯的人类环境三大维度，我们提出高校英语教师职业环境的6个维度模型：教师自主性、同事支持、学生支持、认可反馈、专业发展、资源设备。这6个维度也分别涵盖了慕斯所提出的人类环境的三大维度：关系维度（同事支持、师生关系）、个人发展维度（专业发展）、系统维护和发展维度（教师自主性、认可/反馈、工作压力、资源）。在这6个维度的具体描述和测量上我们也参考了一般幸福感理论模型中（Ryan, 1975; Ryff, 1989; Warr, 1987, 1994; Schultz, 2008）和教师心理幸福感理论模型（Walker, 1999; Saaranen et al.,

2006；Aeltermanet et al.，2007）中相关维度的描述和测量以及学校环境的相关研究（Huang & Waxman，2009；Fisher & Fraser，1991；Fraser & Rentoul，1982；Rentoul & Fraser，1983；Dorman，Fraser & McRobbie，1997；Skaalvik & Skaalvik，2009；Huang，2003，2006；Dorman，1999）中对学校环境维度的界定方式和测量工具。我们将高校英语教师职业环境界定为：高校英语教师在工作中处理信息和诠释学校事实过程中对教师职业环境中以下6个维度的心理感知：

教师自主性：主要是指在国家规定课程大纲范围内，教师具有自主决定教学内容、方式、方法的权力，并享有自主安排工作时间、工作量的权力。

同事支持：与前人相同，即教师在学校工作中与同事能保持良好的关系、能相互帮助、相互支持，互为朋友。例如遇到困难有同事的支持，与同事讨论教学、科研问题以及与同事之间的友情。

学生支持：即教师与学生之间具有良好的关系，相互尊重，课堂内外学生都比较合作。

认可反馈：主要指教师认为自己的付出得到了相应的认可和回报，例如职称评审制度、绩效考试以及评优体系公正合理，薪资待遇合理等。

专业发展：主要指教师们经常一起讨论工作中的专业问题，并积极寻求专业发展机会。例如参加专业进修、积极参与学术会议等。

资源设备：主要指学校在人力、设备、经费、器械以及电子资源等方面能够合理且充足。

为了补充和完善我们提出的高校英语教师职业环境模型，我们对10名高校一线英语教师进行访谈，对所构建的教师职业环境理论模型维度进行验证，访谈问题主要围绕"您认为学校环境中有哪些方面会对您的工作状态产生影响"展开。访谈过程等内容详见第四章研究设计中第五节研究步骤中第一部分：访谈，定性研究结果支持了我们在文献和理论基础上构建的高校英语教师职业环境理论模型，没有发现新的可以添加的主题或者维度。

基于以上讨论，我们提出以下假设：

H2：高校英语教师职业环境由教师自主性、同事支持、学生支持、反馈认可、专业发展和资源设备6个维度构成。

第二节 理论模型及理论假设

　　Hobfull（1989）所提出的资源保护理论（Conservation of Resources Theory）以及另一位社会资源保存理论的代表 Demerouti（2001）提出的工作需求—资源模型理论（Job Demand and Resources Model）都是基于对工作压力和工作倦怠研究深化而来的。着重分析员工工作压力形成的心理过程以及职业倦怠产生的心理过程。在第二章介绍相关职业环境对职业幸福感影响相关实证研究中略有提及，本小节将介绍这两种理论，并在这一理论基础上构建本书中高校英语教师职业环境与教师职业幸福感的关系模型。

一　资源保护理论

　　20世纪80年代末期，美国著名心理学家 Hobfull（1989）提出了"资源保护理论"，该理论主要用来解释人们的心理压力形成过程，以及所形成的心理压力对人们身心健康产生的影响。我们认为该理论也可以用来解释工作中各种资源、因素对教师心理压力的影响以及对高校教师职业幸福感的影响：资源的充裕性对教师职业幸福感的积极影响以及资源的缺失对教师职业幸福感的消极影响。

　　资源保护理论的基本观点在于人们生来会需要获取并保存一些自己认为珍贵的资源，例如物质资源、社会资源和精力资源，当个体面临着资源丧失的威胁，或者资源已经丧失，或者投入大量的资源以后却无法获取相应的资源回报时，就会产生心理压力（Hobfull，2001）。美国著名心理学者 Maslow 指出，人们会按照实物资源、社交资源、心理资源的顺序，寻求各种资源（Hobfull，1989）。在资源保护理论中，资源主要包括人们所重视的实物、身份、个人特征、能源等，以及可帮助人们获得其他重要资源的实物、个人特征、处境或能力。（1）实物资源。人们重视这类资源可能是因为这些实物资源具有某些有形的属性，或者这些实物资源稀有或者贵重，这些实物资源可以表明人们的社会经济状况。（2）身份资源。人们重视和追求那些可以表明自己身份和地位的资源，例如职位、婚姻、资历等。（3）个人资源。例如人的个性特点和技能等。这类资源有助于个体经受各种压力。（4）能源资源。例如时间、金钱、知识等，人们重视这些资源的主要原因是这些可使他们获得其他各类资源，而并非仅仅是因为这些能源资源的本身价值（Hobfull，1989）。在该理论的基础上，来自荷兰的心理学者 Arnold B. Bakker & Evanglia Demerouti 更为详细地论述了职业环境中员工的工作资源。详见工作需求—资源模型理论部分。

资源并不是由个人决定的，它是一种跨文化和某种特定文化的产物（Demerouti，2001）。因此在不同的文化背景下和不同的工作环境中，资源的类型、形式可能不同。本书中所谈到的高校英语教师职业资源环境模型中，我们主要涵盖了教师职业环境中提供给教师的自主性、同事支持、学生支持、反馈认可、专业发展以及资源设备六种工作资源。在高校教师职业情境中，教师通过不断地学习等方式获取知识、能力等资源，当教师付出了自己的能源资源例如他们的知识、时间和精力，会期望获取相应的资源回报，例如身份资源（同事和学生的认可、学院的认可、职称资历的提高）、实物资源（相应的薪酬）、学生的成就等，如果教师能获取这些资源，那么高校教师就能继续保持不断投入资源的动机和状态，保持较高的工作热情，享有较高的教师职业幸福感。相反，如果教师付出了资源，却依然无法满足工作需求，或者也得不到相应的回报，或者根本没有足够的可以使用的资源，那么教师就会产生心理压力，长期发展则会导致出现教师职业倦怠以及职业投入水平的降低。

另外，资源保护理论的首要原则指出资源的损失比资源的获取对人们产生的影响更大。也有大量的研究支持了资源损失首要地位原则，人们会对资源损失更加敏感，会具有资源损失规避倾向。人们因资源损失而遭受的痛苦大于人们因获取等量的利益而产生的快乐（Daniel & Tversky，1979）。人们如何评估各种资源的重要性、各种可能或已经失去的资源的价值，会对他们对工作环境的评价产生影响。通常情况下，人们会尽量采用一些方法降低他们对资源损失的感知。通常有两种方式，一种方式是会通过转移关注焦点的方式。例如可以把面临的威胁看作挑战。或者会主要考虑自己在某个环境中可获取哪些资源，而忽略自己可能会失去哪些资源的想法。另一种方式是对资源价值的重新评估。人们会降低对遭受威胁的资源或者自己失去的资源的价值评估，从而削弱资源损失带来的心理压力。

在高校教师的职业情境下，当教师失去特定的资源（例如自己的知识、时间、精力、情感等），工作要求（例如科研成果考核、教学水平考核、学生成绩等）无法充分满足，或者无法得到预期的回报（例如合适的薪资、职称的升迁、各种层次的奖励、出国进修等）时，教师可能会转移自己的关注焦点，不去考虑自己在工作中付出了或者损失了哪些资源，以此来调整自己的心理压力，保持自己在工作中的积极情感、认知状态；另一方面，诸如获取身份资源（例如评职称）这一类需求，在特定情境下（例如职称评审竞争激烈、非常困难的情况下），教师可能调整对这一资源的看法，改变对这种资源的价值评价，转移自己的工作重心，从而削弱因无法获取这种身份资源而产生的心理压力。

二 工作需求—资源模型

工作需求—资源模型的提出源自于职业倦怠感研究的深化。早期Maslach & Jackson（1981）把职业倦怠看作在以人为服务对象的职业领域中，个体因面临情绪和人际压力而体验到的一组负面综合症状，包括情感耗竭、人格解体和个人成就感降低等症状。后来职业倦怠被发现也存在于非人际服务行业（Maslach & Leiter, 1997）。职业倦怠与工作超负荷、时间压力等工作要求的关系得到多次证明（De Jonge & Schaufeli, 1998；Cordes & Dougherty, 1993），同时也有研究发现缺少社会支持和低工作控制等工作资源的缺乏与职业倦怠之间也存在相关关系（De Jonge & Schaufeli, 1998；Leiter & Maslach, 1988），从而JD-R模型在这种背景之下也就应运而生了。2001年Demerouti正式提出了职业倦怠的JD-R模型，并在各种职业中验证了该模型的适用性。该模型认为每一种职业都有其特定的影响职业倦怠的因素，这些因素可以分为两大类：工作需求和工作资源（Demerouti et al., 2001；Bakker et al., 2003）。

工作需求是指工作中的物理、心理、社会或组织方面的要求，这些要求需要个体不断地付出身体上或心理上（即认知上或情感上）的努力，所以与个体的生理和心理消耗相关。虽然工作需求不一定都是消极的，他们可能会变成工作压力，为了满足这些工作需求，个体需要付出很高的努力，因此与导致消极反应的症状例如抑郁、焦虑或者倦怠等相关（Schaufeli & Bakker, 2004）。工作需求的操作指标主要包括：情绪要求、时间压力、人际要求、工作家庭冲突、工作量、工作职责、角色冲突、工作物理环境等。对于高校英语教师而言，其工作中的工作需求可能包括专业知识需求、教学过程中及工作中与学生和同事以及领导相处过程中的情感需求、超负荷的教学任务以及高水平的科研任务要求、教师作为教学者和研究者之间的角色冲突、教师角色与家庭成员角色之间的冲突等方面。

工作资源则指工作中物质、心理、社会或组织方面的资源，工作资源的类型我们已经在资源保护理论部分详细介绍，这些工作资源的作用则在于：有助于教师达成工作目标；有助于减轻工作需求及其相关的身体上和心理上的消耗；能激励个人的成长、学习以及发展。因此工作资源不仅仅是处理工作需求、完成工作的基础，他们本身也具有重要意义（Hobfoll，2001）。工作资源的操作指标主要包括以下几种：社会支持、认可反馈、工作控制、薪资报酬、职业发展机会、监督指导、任务重要性、组织公正性等（Bakker & Demerouti, 2007; Demerouti et al., 2001）。在高校教师职业情境中，教师的工作资源可能涉及工作的自主性、来自同事和领导以及学生的社会支持、学校提供的各种教学设备以及网络电子资源、学校通过各种方式给予教师付出的反馈（例如薪水、职称的晋升、荣誉等）、教师的专业发展机会以及学校的各种评价机制的公正性等。

鉴于学校是一个非常复杂而且具有动态性特征的工作环境（Klusmann, et al., 2008），同时积极心理学家倡导我们对人类的积极品质进行探讨，并对事物进行积极的解释，并认为这种方法是具有有效性的（Peterson, 2010）。本书中，我们主要从积极的视角探讨高校英语教师职业环境中积极的工作资源环境维度对教师职业幸福感的积极影响，不再从正面分析高校英语教师职业环境中的工作需求、工作压力等对教师职业幸福感的消极影响。在本书中，高校英语教师职业资源环境包括：教师自主性、同事支持、学生支持、认可反馈、专业发展、资源设备6个方面。

JD-R 模型初期只关注职业倦怠，认为工作要求正向预测职业倦怠，工作资源负向预测职业倦怠（Demerouti et al., 2001），并且工作资源在工作要求与职业倦怠的关系中起缓冲作用。随着职业领域相关研究的发展，JD-R 模型开始关注职业环境因素对一些积极的职业状态，例如职业投入以及更为广泛的身心健康指标的影响，例如员工的职业幸福感、工作满意度等（Bakker & Demerouti, 2007）。职业投入最初被认为是职业倦怠的积极对立面，并直接通过职业倦怠问卷（MBI）中的反向题项进行测量（Maslach & Leiter, 1997），后来研究者们指出了对职业投入这一界定及测量方式的问题，并认为职业倦怠与职业投入是中度到高度负相关的关系（Schaufeli & Bakker, 2004）。

  JD-R 模型的核心假设是双过程假设，该理论认为工作需求和工作资源会引发两种心理过程：第一个心理过程为压力相关过程：持续的工作需求通常可能会耗尽员工的身心资源，进而会导致员工焦虑水平上升、精力耗竭、身体状况逐步恶化（Hakanen *et al.*, 2006; Schaufeli & Bakker, 2004），进而导致低绩效、高离职率等不良组织结果，影响组织的发展；另一个过程与动机有关，即假定工作资源具有动机潜能，能激发员工的工作动机（Hackman & Oldham, 1980），从而导致员工的高职业投入状态、低水平疏离态度，并引发积极的工作结果，例如组织承诺和良好的工作表现以及高绩效、低离职率等结果（Salanova, Agut & Peiro', 2005）。除了这个核心假设外，Bakker & Demerouti（2007）还提出一个交互作用假设（见图3—1）或称为缓冲假设，该假设认为工作资源的存在会缓冲工作要求对工作压力感（如焦虑、倦怠等）产生的影响；在工作需求很高的情况下，工作资源对工作者的动机（如职业投入，与工作相关的学习等）的影响会更大，并带来良好的组织结果。同样，工作资源例如对任务执行的掌控即自主权会缓冲工作超负荷需求对压力产生的影响，不同的工作需求和工作资源可能相互作用导致不同的组织结果。

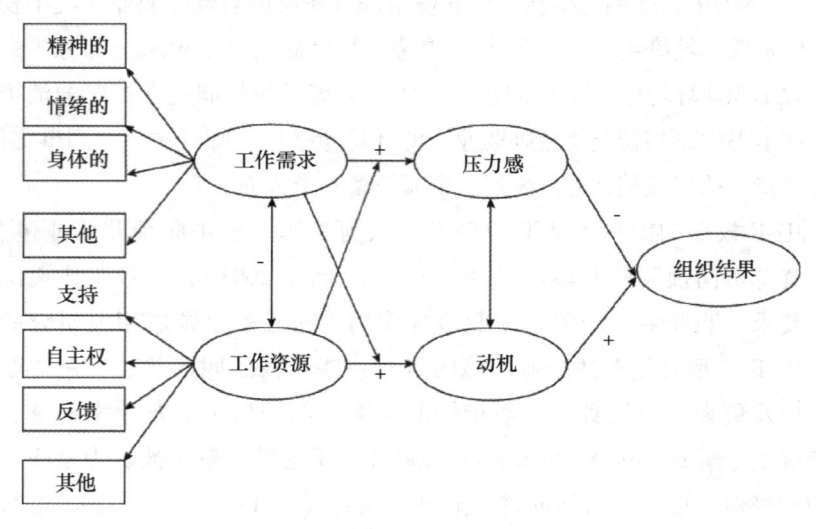

图3—1 工作需求—资源模型

JD-R 模型的双过程假设在多项研究中得到了有力的证明。研究表明工作需求（物理需求、轮班工作制、时间压力）能对情感衰竭具有预测力，工作资源的缺乏（认可和反馈的缺乏、工作控制的缺乏、决策参与权的缺乏、社会支持的缺乏）则与疏离相关（Demerouti *et al.*，2001）。JD-R 模型已在各行各业得到验证，如：教师、医生、产业工人、警察、电信局员工等（吴亮等，2010）。但是目前还没有专门针对高校英语教师行业的工作需求—资源模型的验证。

第三节　理论假设

根据文献分析和理论分析结果，本书将以资源保护理论和工作需求—资源模型理论为理论基础，对高校英语教师职业环境和高校英语教师职业幸福感的状况进行调查，并分析两者之间的关系。考虑到学校环境的复杂性和积极心理学的指导思想，在本书中我们首先部分验证工作需求—资源模型理论在中国高校英语教师行业中的可行性，即我们重点研究高校职业环境中的积极方面，即工作资源对教师职业幸福感的影响，其中对教师职业幸福感的下属维度职业倦怠的两个核心维度情感枯竭和疏离在计算过程中也是用负向计分的方式。我们将高校英语教师职业环境的 6 个维度作为教师职业环境中的工作资源，并检验工作需求—资源模型理论的动机过程假设，即中国高校英语教师工作资源环境维度对其职业幸福感及其下属四个指标：情感枯竭（反向）、疏离（反向）、活力和奉献的影响。Skaalvik & Skaalvik（2009）指出不能笼统地把工作要求和工作资源分别当作两个单维度因子，需要细致考虑其下属各因子的不同作用，本书在后续的高校英语教师职业环境感知各维度相关分析中同样支持此论点，各纬度之间的相关度并不高。因此本书将分别对高校英语教师职业环境的六个维度对教师职业幸福感及其下属维度的影响进行分析，并提出相应假设。

除了我们在高校英语教师职业幸福感的概念模型中提出的关于高校英语教师职业幸福感结构理论模型假设 H1，在高校英语教师职业环境概念模型中提出的关于高校英语教师职业环境结构理论模型假设 H2 以外，我们重点分析高校英语教师职业环境下属维度对高校英语教师职业幸福感及其下属维度之间的关系。

根据资源保护理论和工作需求—资源模型理论中的动机相关过程假设，工作资源的存在会促进教师的工作动机，避免教师职业倦怠的产生，并提高他们的职业投入水平，对教师职业幸福感具有积极影响。然而根据资源保护理论首要原则，资源的损失比资源的获取对人们产生的影响更大，因损失而遭受到的痛苦会远大于获取等量的利益而产生的快乐（Daniel & Tversky, 1979）。因此教师对他们职业资源环境的各种各样不同维度可能会有不同的感知水平和重视程度，对不同工作资源的感知水平对他们的职业幸福感也会产生不同程度的影响。

根据工作需求—资源模型理论，工作资源可以激发内在动机，因为它们可以激发个体发展、学习和成长，也可以激发外部动机，因为它们能帮助个体达成各种工作目标（Schaufeli & Bakker, 2004）。工作资源能激发个体内在动机是因为它能实现基本人类需求，例如自主的需求（DeCharms, 1968）、能力认可（White, 1959）和相关性（Baumeister & Leary, 1995）。自我决定理论（Deci & Ryan, 1985）认为工作环境能满足心理上的自主性、能力归属需求则能提高幸福感增加内在动机（Ryan & Friederick, 1997）。例如，工作环境中合理的认可和反馈会激发个体努力学习，提高自己从而提高工作能力和效率；而自主性和社会支持则分别可以满足人类个体的自主需求和归属感需求。工作资源也可能激发外部动机，努力—恢复模型（Effort-Recovery model）（Meijman & Mulder, 1998）认为工作资源能培养个体为工作付出努力和能力的意愿。例如良好的同事关系和合理的认可、反馈机制会帮助个体达成自己的工作目标。无论是通过满足基本需求还是协助达成工作目标，结果都是积极的职业投入状态———一种有意义的、积极的工作状态的出现。在高校职业资源环境中学校给予教师工作中的自主性，学校通过各种公正的评价体系以及回馈体系给予教师的认可反馈，工作中同事和学生给予教师的各种支持，可能能够满足高校教师的上述三项基本心理需求，进而对教师职业幸福感产生积极作用。

工作中的自主性对员工内在动机的激发作用在工作特征理论（Job Characteristics Theory, JCT）（Hackman & Oldham, 1980）中也得到了支持，自主性作为一种工作核心特征具有特定的激发动机的潜能，对积极的工作状态和表现具有相关关系。Clark（2001）指出具有工作自主性，或者具有决定工作任务完成的时间、地点、方式的权利是幸福感的重要来源之一，这样的个体会感受到更高的工作满意度。Parasuraman & Alutto（1984）则发现具有工作自主性的个体会感受到更少的压力。Warr（1987）将工作自主性比喻为维生素 D，过多或过少的自主性都会导致幸福感的降低。Warr（1990）进一步发现工作自主性与工作满意度呈曲线关系。许多研究支持了幸福感与工作自主性之间的这种曲线关系（De Jonge & Schaufeli, 1998）。另外有许多研究者认为决策自主权会对幸福感产生影响（Tummers et al., 2006），决策自主权是幸福感的重要决定因素（Schultz, 2008）。Skaalvik & Skaalvik（2009）通过对 563 名小学教师的研究发现，教师的自主性对教师工作满意度产生直接影响，并通过教师职业倦怠对教师工作满意度产生间接影响。Bakker, Demerouti & Euwema（2005）通过对荷兰高校应用科学领域 1012 名教师的研究发现，教师自主性对教师职业倦怠具有显著的缓解作用，并且教师自主性在所有的工作需求维度与教师职业倦怠之间都起到显著的调节作用。Huang & Waxman（2009）通过对在 63 所中学实习的 216 名实习教师的研究发现，实习生对教师工作中所享有的自主性的感知对他们的工作满意度具有显著影响，其影响力仅次于教师们的专业兴趣，位于第二位。

基于以上研究和讨论，我们提出以下假设：

H3：高校英语教师自主性对总体职业幸福感具有正向影响。

（1）高校英语教师自主性对教师职业幸福感的情感枯竭维度（反向）有正向影响。

（2）高校英语教师自主性对教师职业幸福感的疏离维度（反向）有正向影响。

（3）高校英语教师自主性对教师职业幸福感的活力维度有正向影响。

（4）高校英语教师自主性对教师职业幸福感的奉献维度有正向影响。

有关幸福感的研究表明，积极的人际关系对个人幸福感的影响重大，工作环境中的积极人际关系对专业幸福感产生重要影响（cf. the Job emand-Control-Support model, Karasek & Theorell, 1990；Quick et al., 2003）。Cobb（1976）指出当个体感受到自己被关心、重视或属于某一种群体时，会有较强烈的社会支持感。而社会支持对个体的幸福感起到重要作用（e. g. Ganster, Fusilier & Mayes, 1986）。还有研究者（e. g. Seers et al., 1983）指出，社会支持会对压力产生缓解作用，从而提高幸福感。House et al. （1988）在文献综述基础上指出享有社会支持的个体比缺乏社会支持的个体在心理上和生理上都更健康。对于大学教师而言，社会支持主要来自两个方面：同事支持和良好的师生关系。大量研究表明，同事关系在类似于学校的组织中起着至关重要的作用。同事之间交互方式会影响到他们的工作表现和职业生活的质量（quality of work life），以及学生的学习能力和生活（Yee, 2010）。Loscocco & Spitze（1990）指出当工作中人际关系良好时，他们会感受到更少的工作困顿。Quick et al. （2003）指出社会支持帮助个体应对工作需求，从而提高幸福感并降低工作压力。Viswesvaran, Sanchez & Fisher（1999）发现社会支持与工作紧张呈负相关。Frone, Yardley & Markel（1997）发现同事支持与工作困顿呈负相关。Cohen & Wills（1985）指出与上司或导师的积极关系能为个体带来更多信息、社会支持以及更高的自信心和自尊。Walker（1999）认为高幸福感的大学教师会把自己的生活与工作融合起来。他们重视集体，努力使团队更和谐，喜欢团队合作、合作式教学和学习，很多研究和专业工作都是和同事或者学生共同完成的。他们喜欢和同事合作的同时，可能更喜欢和同事相处、交朋友。在压力状态下，他们会寻求别人的支持，同时也欢迎他们在需要的时候能给予支持。高幸福感的高校教师通常是值得信赖的热心肠的人，在同事间会很受欢迎。Bakker, Demerouti & Euwema（2005）通过对荷兰高校应用科学领域1012名教师的研究发现，教师的同事支持对教师的职业倦怠具有缓解作用，并且在多项工作需求与职业倦怠之间起到调节作用。

同时研究表明，幸福感与教师和学生间关系具有正相关关系（Shann, 1998）。教师越信任学生，他们对工作的满意度会越高（Van Houtte, 2007）。Walker（1999）指出高职业幸福感的大学教师乐于与学生分享他们的知识的意义与价值，乐于迎接一届又一届的学生，并享受将他们培育成人的过程，他们是希望的孕育者，人类未来的护航人。他们将此作为自己神圣的职责，是他们从教的原因。他们会关注教学对学生的及时效果，喜欢看到学生沉浸在学习中脸上的得意神色，当学生遇到问题时会及时提供帮助。也有研究从反面证明了学生捣蛋行为或者与学生关系中的问题会是教师感到疲惫的主要原因（Pyhalto et al., 2011）。

基于以上讨论和研究，我们针对教师的两种社会支持与其职业幸福感关系提出以下假设：

H4：高校英语教师环境中的同事支持对总体职业幸福感具有正向影响。

（1）高校英语教师环境中的同事支持对教师职业幸福感的情感枯竭维度（反向）具有正向影响。

（2）高校英语教师环境中的同事支持对教师职业幸福感的疏离（反向）具有正向影响。

（3）高校英语教师环境中的同事支持对教师职业幸福感的活力维度具有正向影响。

（4）高校英语教师环境中的同事支持对教师职业幸福感的奉献维度具有正向影响。

H5：高校英语教师环境中的学生支持对总体职业幸福感具有正向影响。

（1）高校英语教师环境中的学生支持对教师职业幸福感的情感枯竭维度（反向）具有正向影响。

（2）高校英语教师环境中的学生支持对教师职业幸福感的疏离（反向）具有正向影响。

（3）高校英语教师环境中的学生支持对教师职业幸福感的活力维度具有正向影响。

（4）高校英语教师环境中的学生支持对教师职业幸福感的奉献维度具有正向影响。

与自我决定理论中人类三项基本需求相关的教师职业环境维度除了教师自主性、同事支持和学生支持外，还有一项就是关于教师的工作能力所得到的反馈和认可。个人解决问题的能力、成功应对环境的能力得到认可与个人的成就感紧密相关（Maslach, 1993），进而也会影响到个体的职业幸福感。Walker（1999）在对高校教师幸福感模型的描述中指出学校对教师的付出给予公平合理的反馈和认可是教师幸福感的一个重要维度。能激发高幸福感教师动机的并不是外在的薪水、奖章、荣誉、奖金本身，重要的是这些东西的含义。当这些回馈有意义有价值并且公平分配时，这些会给予高幸福感教师所崇尚的教学工作予肯定。当升职、回报、认可等项目合理开展，教师的内在动机不会被损坏，也不会觉得自己为教学牺牲太多。因为这些来自领导、上级的认可，说明了学校和他本人一样重视教学，他们知道教学优秀是学校的特色，从而也会因此尊重学校，并为自己成为这样一所学校的教师感到骄傲。但是，如果学校的这些奖励机制管理不完善或者不公平，这些幸福感高的教师可能会成为心理上违背他们与学校的协议的先锋。公平理论（Blau，1964）也解释了学校的认可反馈机制对教师的重要影响。该理论认为个体与组织之间是一种社会交换关系，即个体为组织付出一定的代价，并从组织获得一定的报酬作为收益。这种交换关系决定了个体的工作动机或激励水平会受到个体所付出的代价与获取的收益之间的关系公平与否的影响。Van Horn et al.（2001）在其对荷兰中小学教师研究中发现，教师感受到自己对学校的付出与回报之间的不平衡关系会对教师的工作压力和幸福感（职业倦怠）产生影响，其影响力仅次于教师感知到的师生之间和同事之间的不平衡关系。

基于以上分析和讨论，我们提出以下假设：

H6：高校英语教师环境中的反馈认可对总体职业幸福感具有正向影响。

（1）高校英语教师环境中的反馈认可对教师职业幸福感的情感枯竭维度（反向）具有正向影响。

（2）高校英语教师环境中的反馈认可对教师职业幸福感的疏离维度（反向）具有正向影响。

（3）高校英语教师环境中的反馈认可对教师职业幸福感的活力维度具有正向影响。

（4）高校英语教师环境中的反馈认可对教师职业幸福感的奉献维度具有正向影响。

专业发展在本书中主要是指教师们能经常一起讨论工作中的专业问题，并积极寻求专业发展机会。专业发展属于Moose（1974）所提炼出来的人类环境的三大类之一：人类发展维度。Schultz（2008）在其理论模型中指出个人的工作发展对个体自我价值的实现具有重要意义，对个体幸福感产生重要影响。Walker（1999）在对高校教师幸福感理论模型的论述中也谈到高幸福感的教师会给自己和学生设立具有挑战性和重要性的目标。并能与同事和学生的需求和谐共存，注重目标的质量而非数量。这些目标具有挑战性的同时，通常是合理、具体并且易于检验的。他们在设立目标过程中通过设立目标赋予他们的工作以意义和目的。高幸福感的教师非常重视自己的专业发展，设立合理的专业发展目标，并孜孜不倦地追求，如此一来更能充分享受教学科研工作中的乐趣。Aelterman et al. (2007) 在其对荷兰中小学教师幸福感研究中，将教师对专业发展的追求当作总体幸福感的一个部分，认为专业发展对教师幸福感有重要影响。Huang & Waxman (2009) 通过对在63所中学实习的216名实习教师的研究发现，在他们所涉及的9项学校环境中，专业兴趣是实习生对工作满意度影响最大的一个环境维度。

基于以上分析和研究，我们提出以下假设：

H7：高校英语教师环境中的专业发展对总体职业幸福感具有正向影响。

（1）高校英语教师环境中的专业发展对教师职业幸福感的情感枯竭维度（反向）具有正向影响。

（2）高校英语教师环境中的专业发展对教师职业幸福感的疏离维度（反向）具有正向影响。

（3）高校英语教师环境中的专业发展对教师职业幸福感的活力维度具有正向影响。

（4）高校英语教师环境中的专业发展对教师职业幸福感的奉献维度具有正向影响。

本书所构建的高校英语教师职业环境模型中的最后一个维度是资源设备维度，主要是指学校在人力、设备、经费、器械以及电子资源等方面能够提供合理且充足的资源。在心理幸福感相关研究中，没有研究者将该维度纳入心理幸福感理论模型中，但是在学校环境相关研究中，有研究对学校提供的资源设备维度进行了分析（Fisher & Fraser，1991；Dorman, Fraser & McRobbie，1997；Huang，2003，2006）。Huang & Waxman (2009) 通过对在63所中学实习的216名实习教师的研究，所涉及的9项学校环境中同样包含了教学资源的充分性，研究结果表明受试者对教学资源的感知虽然与工作满意度存在正相关关系，但影响并不显著。Aelterman et al. (2007) 在其对教师幸福感研究设计中，认为影响教师职业幸福感的学校层面因素包括：领导支持、专业发展支持、同事支持、基础设施和材料、班级规模、自我效能感、与家长关系、国家教育政策、工作压力、创新。数据分析结果表明，对幸福感产生影响的因素包括自我效能感、与家长的关系、同事支持、工作压力等，基础设施和材料也没有能对教师的幸福感产生显著影响。基于以上分析我们提出以下假设：

H8：高校英语教师环境中的资源设备对总体职业幸福感不具有正向影响。

（1）高校英语教师环境中的资源设备对教师职业幸福感的情感枯竭维度（反向）不具有显著影响。

（2）高校英语教师环境中的资源设备对教师职业幸福感的疏离维度（反向）不具有显著影响。

（3）高校英语教师环境中的资源设备对教师职业幸福感的活力维度不具有显著影响。

（4）高校英语教师环境中的资源设备对教师职业幸福感的奉献维度不具有显著影响。

本书在资源保护理论和工作需求—资源模型理论基础上，根据对高校英语教师职业幸福感结构和高校教师职业环境的结构假设以及高校教师职业环境下属维度对高校教师职业幸福感及其下属维度的影响机制假设提出以下研究构思模型（见图3—2）。针对高校英语教师职业幸福感结构、高校英语教师职业环境结构共提出2个假设，这2个假设将通过第四章的预调查部分数据为载体，对量表进行探索性以及验证性因子分析以及模型比较的方式进行验证。针对高校英语教师职业环境下属6个维度与高校英语教师职业幸福感及其下属4个维度的关系共提出6个大的假设和24个分假设，本书将在第五章对高校英语教师职业幸福感和职业环境进行描述性分析以及人口统计学差异分析之后，对这些假设进行检验。

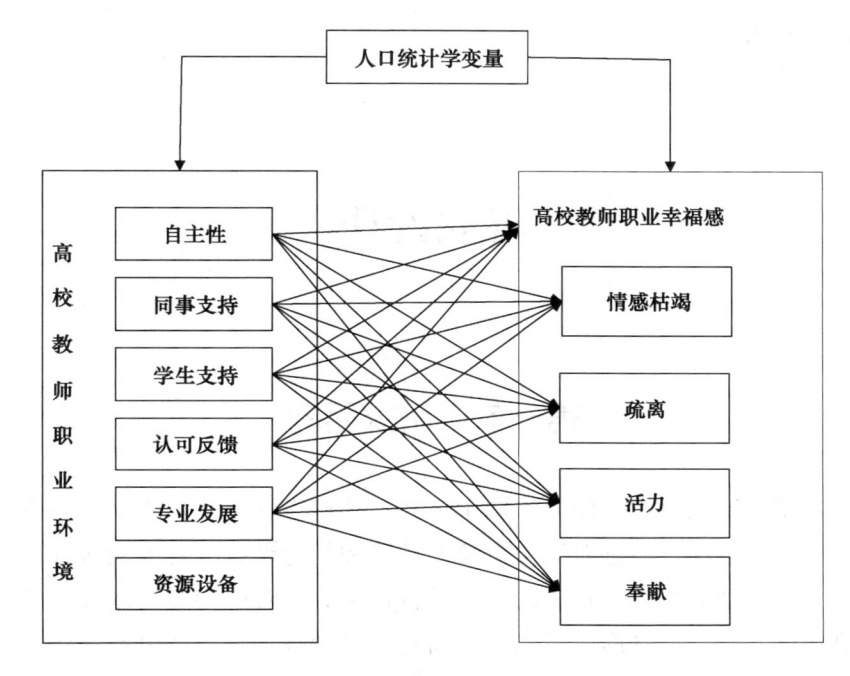

图 3—2　研究构思的理论模型

注：模型中分别展示了该研究中的 32 个假设（2 个概念结构假设和 30 个关系假设）。两个变量之间的实心箭头表明六种高校英语教师职业环境维度对教师职业幸福感及其下属四个维度的直接正向影响。

第四章

研究设计

第一节 研究目的

本书的研究设计主要分为两个阶段：预调查和正式调查。预调查阶段的研究目的在于通过对研究对象的访谈和问卷调查，对我们所提出的高校英语教师职业环境量表的维度进行检验，并对所构建的量表进行信度和效度检验，最终形成正式调查问卷。同时对"高校英语教师职业幸福感"问卷进行信度和效度检验。

正式调查部分的研究目的在于通过 SPSS18.0 和 AMOS 16.0 对所收集的量化数据进行分析，了解高校英语教师职业环境感知及职业幸福感现状，不同人口统计学变量下教师职业环境感知和职业幸福感的差异以及职业环境对教师职业幸福感的影响。并通过进一步的访谈，深入了解高校英语教师职业环境感知与教师职业幸福感之间关系存在的原因。

第二节 研究问题

本书正式调查部分主要回答以下几个研究问题：

1. 中国高校英语教师职业幸福感现状如何？
2. 中国高校英语教师对他们的职业环境感知如何？
3. 不同性别、年龄和职称的教师的职业幸福感水平是否存在显著差异？
4. 不同教师职业环境维度对教师总体职业幸福感有怎样的影响？
5. 不同教师职业环境维度对教师情感枯竭有怎样的影响？

6. 不同教师职业环境维度对教师疏离态度有怎样的影响？
7. 不同教师职业环境维度对教师活力有怎样的影响？
8. 不同教师职业环境维度对教师奉献有怎样的影响？

第三节　研究对象

一　预测研究对象

（一）访谈对象的选取

社会学家费孝通曾经指出，调查者与被调查者之间的信任关系对于获取真实可靠的访谈资料非常重要。因此，本书在访谈对象选取过程中，尽可能选择与笔者有良好的社会关系的被访者，或者积极自愿参加访谈的受访者作为本书的访谈对象。预测部分的个人深度访谈，选取了目前所在学校的6位熟知的教师进行深度访谈，焦点小组访谈中的访谈对象来自笔者曾经学习过的一所高校，小组人数为6人，这12人中正高职称1人，副高职称2人、中级职称6人，初级职称3人。

正式调查部分访谈对象的选取采取自愿原则，并在问卷最后请愿意参加访谈的教师留下了联系方式，我们有选择地联系了20位教师，最后确认接受访谈的教师一共10位。受访者信息见表4—1。

表4—1　　　　　正式调查中后续访谈对象基本信息

编号	性别	职称	学位	学校级别	年龄
A	女	教授	博士	211	44
B	男	教授	硕士	985	60
C	女	讲师	硕士	二本	30
D	女	讲师	博士	985	40
E	女	讲师	硕士	一本	37
F	女	教授	博士	985	50
G	男	讲师	硕士	一本	35
H	男	副教授	博士	二本	31
I	女	副教授	硕士	211	40
J	女	讲师	硕士	211	38

(二) 问卷预调查对象

预测部分，我们采用方便抽样的方法进行，主要是对来自全国各地参加第五届二语习得会议的外语教师进行问卷调查，同时采取滚雪球的方法，通过电子邮件方式邀请在高校外国语学院就职的英语教师参加问卷调查。问卷预测样本有三个来源，第一个来源为参加第五届国际二语习得会议的国内英语教师。发出 250 份问卷，收回 108 份有效问卷；第二个来源为通过电子邮件和 QQ 好友的方式发出 120 份问卷，收回 117 份有效问卷；第三个来源为在武汉某高校外国语学院会议期间，在院长的支持下，发出问卷 136 份，收回 127 份有效问卷，有效问卷共 352 份，有效问卷率为 69.6%。样本详细信息见表 4—2。

表 4—2　　　　　　　　　预测调查对象基本信息

项目	类别		频率	百分比（%）
性别	有效	男	61	17.3
		女	278	79.0
		合计	339	96.3
	缺省		13	3.7
年龄	有效	30 岁以下	28	8.0
		31–35 岁	141	40.1
		36–40 岁	80	22.7
		41–45 岁	50	14.2
		46–50 岁	32	9.1
		50 岁以上	13	3.7
		合计	344	97.7
	缺省		8	2.3
婚姻状况	有效	单身	29	8.2
		已婚	304	86.4
		离异	7	2.0
		丧偶	2	0.6
		合计	342	97.2
	缺省		10	2.8

续表

项目	类别		频率	百分比（%）
职称	有效	助教	16	4.5
		讲师	217	61.6
		副教授	101	28.7
		教授	8	2.3
		合计	342	97.1
	缺省		10	2.8
学位	有效	博士	6	1.7
		硕士	274	77.8
		学士	64	18.2
		合计	344	97.7
	缺省		8	2.3
行政职务	有效	无	292	83.0
		院长	4	1.1
		系主任	6	1.7
		教研室主任	15	4.3
		教研组长	1	0.3
		研究所所长	2	0.6
		其他	15	4.3
		合计	335	95.3
	缺省		17	4.8

二 主测研究对象

本书的研究对象为国内公立院校外国语学院从事大学英语教学的教师以及英语专业教师。研究取样方面，问卷调查抽样主要选择了11所湖北省武汉地区的高校，武汉地区在校大学生规模居中国首位，达104万人。武汉拥有高等院校82所，其中中央部属高校（一本）有7所。省属及共建高校（一本）有2所。国家民族事务委员会直属高等院校1所，省属及共建高校（二本）有11所，市属高校（二本）1所。

本书研究对象涵盖了 2 所 985 高校（华中科技大学、武汉大学）、4 所 211 高校（华中师范大学、华中农业大学、中国地质大学、中南财经政法大学）、1 所国家民族事务委员会直属高校（中南民族大学）、4 所省属及共建二本高校（湖北工业大学、武汉纺织大学、湖北经济学院、湖北中医药大学）。发出问卷 1000 份，收回 640 份，其中有效问卷 614 份，有效问卷率 61.4%。样本详细信息见表 4—3。

表 4—3　　　　　　　　　正式调查对象基本信息

项目	类别		频率	百分比（%）
性别	有效	男	134	21.8
		女	464	75.6
		合计	598	97.4
	缺省		16	2.6
年龄	有效	30 岁以下	63	10.3
		31–35 岁	235	38.3
		36–40 岁	131	21.3
		41–45 岁	95	15.5
		46–50 岁	55	9.0
		50 岁以上	25	4.1
		合计	604	98.5
	缺省		10	1.6
婚姻状况	有效	单身	58	9.4
		已婚	530	86.3
		分居	1	0.2
		离异	12	2.0
		丧偶	2	0.3
		合计	603	98.2
	缺省		11	1.8
职称	有效	助教	28	4.6
		讲师	369	60.1
		副教授	160	26.1

续表

项目	类别		频率	百分比（%）
职称	有效	教授	44	7.2
		合计	601	98
	缺省		13	2.1
学位	有效	博士	47	7.7
		硕士	465	75.7
		学士	87	14.2
		合计	599	97.6
	缺省		15	2.4
行政职务	有效	无	483	78.7
		院长	12	2.0
		系主任	20	3.3
		教研室主任	35	5.7
		教研组长	9	1.5
		研究所所长	4	0.7
		其他	25	4.1
		合计	588	96
	缺省		26	4.2

第四节 研究工具

一 高校英语教师职业环境量表

本书在心理幸福感视角的职业幸福感研究以及学校环境相关研究基础上，重点探讨了高校英语教师对职业环境的心理感知，结合对一线教师的访谈，构建了高校英语教师职业环境量表，主要包括以下6个方面：自主性、同事支持、学生支持、认可反馈、专业发展、资源设备。该量表为本书编制并验证，编制过程详见本章第五节研究步骤二：问卷编制部分，问卷的信度以及效度分析详见本章第五节研究步骤三：问卷验证部分。该量表采用 Likert 5 点计分法，对题项答案按照"不同意""不太同意""不确定""有些同意""同意"分别用数字1到5进行评分。

二 高校英语教师职业幸福感量表

本书所采用的高校英语教师职业幸福感问卷由两大部分组成，一部分为教师职业倦怠感，借用 Maslach & Schaufeli 等人（1996）所编制的 MBI-GS（MBI-General Survey）。MBI 问卷是最广泛使用的倦怠感问卷，并在各研究中得到了较好信度效度研究和结构效度的数据验证（e.g. Schaufeli & Van Dierendonck, 1993; Schaufeli, Daamen & Van Mierlo, 1994; Shirom & Melamed, 2006），具有坚实的理论基础，提供了职业倦怠的一个多维视角，并且被用于不同研究对象，得到许多前人关于教师研究的验证（e.g. Byrne, 1991）。为了保持与前人研究一致（Schwarzer & Hallum, 2008），本书采用被大量使用的国内学者李超平和时勘等人（2003）对 MBI 的修订问卷中职业倦怠的两个核心维度：情感枯竭和疏离（Schaufeli et al., 2002; Xanthopoulou et al., 2007; Qiao & Schaufeli, 2011）。两个核心维度共包含 9 个题项。

教师职业投入问卷译自 Schaufeli et al.（2002）编制的简短职业投入量表，教师职业投入概念引入中国时间不长，目前还没有权威的中文版量表，因此我们采用回译的方式，将该量表翻译为中文。试通过探索性因子分析和验证性因子分析检验该量表在中国文化背景下的信度和效度。该量表共包含 3 个维度，12 个题项。教师职业倦怠问卷和教师职业投入问卷均采用 Likert 5 点计分法，对题项答案按照"从不""很少""有时候""经常""总是"分别用数字 1 到 5 进行评分。

第五节 研究步骤

本书研究步骤分为两个阶段：预调查和正式调查。预调查部分研究步骤主要包括：访谈、问卷编制以及问卷检验。正式调查部分则首先针对高校英语教师对职业环境、职业幸福感的总体感知状况进行描述性统计分析；其次，通过方差检验分析人口学变量上不同组别教师的职业幸福感的差异；最后，通过相关关系、回归分析以及结构方程模型检验分析高校英语教师职业环境感知对教师职业幸福感及其下属各维度的影响机制。

一 访谈

(一) 访谈目的

本书的访谈分为两个部分,一个是预调查之前的访谈,一个是正式调查之后的补充性访谈。预调查中的访谈目的在于了解当前高校英语教师对职业幸福感的理解,了解他们对高校英语教师职业环境的感知,高校英语教师职业环境中有哪些方面会影响到他们的工作状态、职业幸福感,重点在于检验我们所提出的教师职业环境理论模型中维度是否符合实际。同时对高校英语教师的职业幸福感和教师职业环境感知的状况以及职业环境与教师职业幸福感之间的关系进行探索性了解,并进一步完善研究构思。正式调查之后的补充性访谈目的在于针对定量分析的结果,针对性的对教师进行访谈,以深入挖掘不同教师职业环境维度对教师职业幸福感产生不同影响背后的原因。

(二) 访谈方法

访谈的研究方法是研究者通过与访谈对象的交流收集有关对方心理特征的数据资料(陈向明,2000)。本书在具体的操作中,采取了个人深度访谈和焦点小组访谈的方法。两种方法的侧重点和效果各不相同,采取两种形式,有利于收集到更加丰富完善的资料。

(三) 访谈提纲设计

为了能收集到有效、全面的材料,本书在进行访谈之前编制了访谈提纲,访谈提纲在设计过程中,尽量简明扼要。访谈提纲设计好后,请有关专家评阅后修改而成。

预测前访谈提纲分为两部分,第一部分是受访者的基本资料,包括年龄、职称、工作年限、行政职务等;第二部分为访谈问题。主要包括:

1. 请您谈谈对教师职业幸福感的理解。
2. 您目前的职业生活幸福吗?
3. 您感到幸福或不幸福的原因是什么?请举一些典型事例。
4. 职业生活中,什么情况下您感到幸福?什么情况下感到不幸福?请举一些典型事例。
5. 工作环境中,您觉得影响您职业幸福感的因素有哪些?请详细说明。

6. 您理想的工作环境是什么样的？请您描述。

7. 为了使职业幸福，您认为教师自身应该具备哪些素质或者条件？

8. 除了上述原因外，您觉得还有些什么因素会影响到您的职业幸福感？

在正式调查之后，我们针对正式调查结果，主要对教师进行了以下几个方面的访谈：

1. 您如何看待男女教师职业幸福感差异？

2. 您觉得年龄会对职业幸福感产生影响吗？

3. 我们发现教师职业幸福感的基本趋势为年轻教师职业幸福感比年长教师职业幸福感要高，但是 41—45 岁教师会在活力和奉献维度上具有较好表现，您认为这是什么原因？

4. 您认为职称会对教师职业幸福感产生影响吗？为什么？我们发现总体幸福感最高的是教授，最低的却是副教授？讲师与助教相差不大。您如何看待这一结果？

5. 您觉得教师的自主性应该包含哪些方面？自主性对教师职业幸福感有影响吗？为什么？

6. 您认为专业发展对您的职业幸福感有影响吗？为什么？

7. 您认为学校提供的资源设备对您的职业幸福感有影响吗？为什么？

8. 您认为学校给予的认可反馈对您有哪些方面的影响？您如何看待你们学院的工资考核制度？教师评价体系合理吗？评优体系合理吗？为什么？您是否觉得自己的付出，在薪酬上得到了相应的回报？为什么？

9. 您认为同事支持对您有哪些方面的影响？

10. 您认为学生支持对您有哪些方面的影响？

（四）访谈资料收集

预测部分具体访谈时间跨度从 2012 年 10 月 10 日到 11 月 20 日，在访谈正式开始之前，我们首先对教师职业幸福感的概念以及其下属维度职业倦怠、职业投入以及高校英语教师职业环境等概念的背景知识做了相关介绍，说明了本次调查的目的和意义，并强调该调查纯粹属于学术性研究，承诺个人信息绝对保密，以消除他们的顾虑，能畅所欲言。

在个人深度访谈中，本人在该校学习和做科研多年，与受访教师平日交流很多，彼此非常信任，所以访谈中老师们都非常配合，访谈形式为一对一的半结构式访谈。访谈在比较轻松的氛围中展开，访谈时间在30分钟左右。

在焦点小组访谈中，笔者在曾经工作过的一所高校开展，老师给予了非常积极地配合和支持。访谈时间在60—80分钟。小组访谈中大家各抒己见、积极发言，都能畅所欲言，气氛比较好。访谈过程中因为担心录音会给受访者带来心理压力，因此没有录音，而是对访谈内容进行详细记录，在访谈结束后进行整理核对，形成原始材料。

正式调查之后的访谈更具有针对性，时间跨度为2013年2月20日至3月10日，后续访谈主要目的是针对各种分析结果以及不同教师的特征展开，因此没有采用焦点访谈的形式，主要是跟相关教师一对一的交谈，访谈方式根据不同教师的需要通过面对面、电话以及电子邮件和QQ交流的方式。这些教师都是在问卷调查过程中表明自愿参加后续访谈，并在与笔者邮件沟通过程中再次确认愿意参加后续访谈的教师。教师们针对本书中的相关结果各抒己见，畅所欲言。

（五）访谈资料整理及问卷维度的归纳

笔者对访谈笔记进行了整理和分析，收集了各位教师对影响他们职业幸福感的环境因素陈述约200条，这200条因素中存在内容重复和相似表达，于是对这些条目进行筛选、汇总和合并，进一步进行删除和简化。在删除了相同的项目、合并相近项目后剩下54个项目。

随后我们结合第三章的教师职业环境理论模型构建所提出的维度，对这些项目进行归类。所谓归类就是将相同或者相似的资料整合在一起的过程（陈向明，2000）。我们把访谈材料中具有相同属性的资料归入同一个类别，并结合前面的理论模型给这些概念命名。我们发现这48个项目均可以纳入我们所构建的高校英语教师职业环境模型的6个维度之下，于是我们按照教师自主性、同事支持、学生支持、认可反馈、专业发展、资源设备依次命名，以下是归纳的结果。

维度一、自主性

自主性主要是指高校英语教师在从事教学和科研工作的过程中，具有自主决定教学和科研的内容、方式、方法的权利，享有自主安排工作时间、工作量的权利，对与教师相关联的相关政策的决策参与权。教师在这些方面的自主性会让教师认为自己是工作的主人，会具有较高的职业幸福感。一旦教师们的工作量过大，或者必须按照既定方式开展教学，不得不做某项课题等都可能让教师觉得不开心、职业幸福感降低。这一维度包括 5 个项目：

教学内容、方法、教学大纲、教材自主决定

工作中时间和精力分配自主决定

工作量自主决定

学院教学科研相关政策有参与决策权

工作会议中会采纳教师意见

维度二、同事支持

同事支持主要是指教师在学校工作中能与同事保持良好的关系、能相互帮助、相互支持，互为朋友。这里的同事也包括了院系领导。各位教师均表示高校里的同事关系相对单纯，可以在同事当中交到知心好友，在这一点上值得欣慰，但也有教师反映有一些人际关系不好处理，这种情况下就会觉得很烦心。这一维度包括 7 个项目：

同事间合作多

课程组和谐

同事间帮助多

同事中有好朋友

遇到问题能请教同事

人际关系复杂

同事会讨论教学、科研问题

维度三、学生支持

教师平时教学工作中接触最多的人群就是学生，良好的学生支持是教师职业幸福感的重要保障。良好的学生支持即教师与学生之间具有良好的关系，相互尊重，课堂内外学生都比较合作。有教师指出教师最大的幸福就是看到学生的成长、学生的进步。但也有教师指出在现在的教学评估体系下，教师不敢得罪学生，反而要讨好学生，才能求得年终评估安然无恙，课堂上学生纪律不好也非常影响情绪。这一维度包括 5 个项目：

学生对教师尊敬、友好

课堂上需要强调纪律

学生积极配合

学生学习努力

学生与教师课堂课外交流多

维度四、认可反馈

学校的制度体系以及校领导对教师工作的认可和反馈是影响教师职业幸福感的一个重要维度。认可反馈即指教师认为自己的付出得到了相应的认可和回报，例如职称评审制度、绩效考核以及评优体系公正合理，薪资待遇合理等。这一维度包括7个项目：

职称评审制度合理

教学评价制度合理

教务管理制度合理

付出得到学院和学校的认可

评优体系合理

绩效考核制度合理

薪水报酬合理

维度五、专业发展

对自己的职业热爱，对所从事专业感兴趣是拥有职业幸福感的重要前提。专业兴趣主要是指教师们经常一起讨论工作中的专业问题，并积极寻求专业发展机会。例如参加专业进修、积极参与学术会议等。这一维度包括7个项目：

积极参加国内外学术会议

积极参与各种学术讲座

与其他学科教师开展合作研究

与同事探讨学术问题

与同事探讨教学中的问题

参加在职进修

积极提高自己的专业能力

维度六、资源设备

学校提供教师顺利开展工作的各种设备资源是教师对工作满意的重要前提。这里的资源主要指学校在人力、设备、经费、器械以及电子资源等方面能够合理且充足。这一维度包括6个项目：

图书、电子期刊资源
设备和网络支持
行政人员的支持
经费支持
办公室
教学区间的休息室

通过教师访谈所归纳出的教师职业环境维度都能被我们前面提出的6个理论维度所概括，没有增加新维度。我们在第四章研究设计第五节研究步骤中详细阐述了依据理论模型以及访谈内容和相应的问卷编制原则进行教师职业环境量表的编制过程。

二 问卷编制

因为教师职业幸福感两个指标：职业倦怠感和工作参与有相对成熟的问卷，因此本文的问卷设计主要是指高校英语教师学校环境感知问卷的设计。

（一）问卷编制的原则

在维度的确认和问卷的编制过程中，我们主要考量了以下几条标准：前三条标准的选择是为了保证问卷维度与理论文献一致：1. 因为考察职业环境对教师职业幸福感的影响，所选维度会包含心理幸福感模型中关于环境心理感知的维度（Ryff, 1989; Schultz, 2008; Walker, 1999）。2. 所选量表都是基于学校环境相关文献以及其他学校环境量表中认为重要的学校特征（Dorman, 1999; Fisher & Fraser, 1991; Huang, 2003, 2006; Skaalvik & Skaalvik, 2009; Aelterman et al., 2007）。3. 所选取维度要包含慕斯（1974）所归纳的人类环境的三大维度（关系维度、个人发展维度、系统维护和发展维度）。除了与理论文献保持一致的前三条标准外，我们还要考虑接下来的3点：4. 在于对教师的易读性，我们通过对教学一线的数位高校英语教师进行访谈，保证了问卷对教师的易读性。5. 与学校的相关性，只包含与学校环境相关的题项。6. 简明性，为了尽量避免受试者的反感、拒答或者勉强、草率作答，问卷在设计过程中尽可能简短，并尽量使用较少的题项和维度。

(二) 问卷的形成

高校英语教师学校环境感知问卷主要是在对几位高校英语教师的个人深度访谈基础上，参考了从心理幸福感角度的幸福感研究中与环境心理感知相关的幸福感指标和大学以及中小学学校环境相关的研究维度，构建6个维度（维度描述及题项示例见表4—4）：自主性、同事支持、学生支持、认可反馈、专业发展（Ryff, 1989; Walker, 1999; Schultz, 2008），资源设备（Aelterman *et al.*, 2007; Moos, 1979, 1986; Fisher & Fraser, 1991; Huang, 2003, 2006; Skaalvik & Skaalvik, 2009），54个题项，为了方便调查，使被调查者愿意合作，我们对这些题项进行了进一步的精简。

表4—4　　　　　　　　高校英语教师学校环境感知量表描述

维度	Moose 环境维度	维度描述	题项示例
自主性	S	教师具有自主决定工作量、时间、内容方式的权利。	没有人对我的教学内容、教学方法、教学大纲或教材做强制要求。
同事支持	R	教师之间关系友好、相互帮助。	有几个同事是我最好的朋友。
学生支持	R	教师与学生之间具有良好的关系，课堂内外学生都比较合作。	大多数学生都很乐意助人，非常愿意配合教师。
认可反馈	S	学校在制度、薪水等方面能给予教师公正合理的反馈、认可。	学校评职称制度公平、合理，能体现教师专业发展水平。
专业发展	P	教师们积极讨论专业相关问题，并积极寻求专业发展机会。	我与教师们在会议中探讨英语教学的策略与方法。
资源设备	S	资源设备人员支持充足合适。	学校提供了丰富的电子期刊等资料。

注：Moose 环境维度：S 表示系统维护和发展维度，R 表示关系维度，P 表示个人发展维度。

笔者通过当面拜访和邮件的方式，分别与一位教科院博士、一位心理学博士、一位外语教育专业教授（博士生导师）就高校英语教师学校环境感知量表进行讨论，他们对项目内容提出修改意见，并对项目进行增删修改。然后对问卷题项内容的清晰度、明确性进行评价，删除表达不准确、存在歧义的项目，最后形成 38 个题项的初始问卷。然后请 4 位高校英语教师参与了问卷初稿测试，并进行有声思维记录，确保问卷题项表达清晰、贴切，最后形成高校英语教师职业环境感知初始问卷（维度及初始题项见表 4—5）。

表 4—5　　高校英语教师职业环境感知量表维度及初始题项

维度	题项描述
自主性	没有人对我的教学内容、教学方法、教学过程做强制要求。
	我在教学、科研及社会服务中时间和精力分配由我自己决定。
	我的工作量多少通常都取决于我自己。当我工作负荷很大时，那也仅仅是因为我自己的选择造成的。
	对于学院教学、科研相关决策、制度等，我有参与决策的权利。
	工作会议上，我的意见会被听取、采纳。
同事支持	同事之间相互合作和支持很多。
	教研组氛围很和谐，像是一个大家庭。
	在我需要帮助的时候，我的同事会帮助我。
	有几个同事是我最好的朋友。
	工作中遇到问题，我可以向我的几个同事请教处理方式。
	我所在的教学团队或教研室成员会经常聚在一起分享课堂教学经验。
学生支持	大多数学生对英语教师都比较尊敬、友好。
	学生英语学习非常努力。
	大多数学生都非常愿意配合英语教师。
	除课堂交流外，学生课后还会跟英语教师探讨学习问题。
	课堂上经常需要强调纪律。
	经常有毕业了的学生跟我联系。
认可反馈	学校职称评定制度能体现教师专业发展水平。
	学校教学评价制度能体现教师教学能力和水平。
	学校的教务管理制度完善、合理。
	我的付出能得到学院和学校认可。
	学校评优体系公正合理。
	我对工作的付出，在薪酬上得到了相应的回报。
	工资考核制度公平合理。
	大学英语教学能得到各院系的重视和支持。

续表

维度	题项描述
资源设备	学校提供了丰富的图书、电子期刊等资料。
	学校为工作提供了完善的设备和网络支持。
	教学科研工作能得到学校行政人员的有效支持。
	开展教学、科研等活动能得到足够的经费支持。
	我在学校有舒适的办公室。
	教学区间设置有教师休息室。
专业发展	我与教师们在会议中探讨英语教学的策略与方法。
	我参加在职进修或者其他专业发展课程。
	我与同课程组教师一起备课和讨论教学问题。
	我积极参加国内外学术会议。
	我积极参与各种学术讲座。
	我会热切地向同事讨教学术问题。
	我有许多与其他学科开展合作研究的机会。

(三) 问卷的结构

整个研究设计的问卷主要包括以下几个部分：

1. 标题：高校英语教师职业环境与职业幸福感调查问卷。

2. 致老师的一封信：在这个部分我们说明了调查者的身份，并对此次调查目的进行了简单说明，调查方式为无记名方式，请求老师们合作，并留下调查者邮件地址和电话号码，以获取被调查者的信任和配合，最后对教师们的合作表示感谢。

3. 问卷主体：问卷主体部分分为三个部分，第一部分为教师职业幸福感调查，第二部分为教师职业环境调查，第三部分为教师个人基本情况调查。

4. 结语：最后我们再次对参与问卷调查的教师表示感谢，并请求愿意参加后续访谈的教师留下联系方式，并承诺作为回报，我们会赠予两本电子书籍。

三 问卷检验

问卷检验主要通过探索性因子分析、验证性因子分析和信度分析的方法展开。

（一）探索性因子分析（explorotary factor analysis）

探索性因子分析就是用少数几个因子来描述许多指标或因素之间的联系，以较少的几个因子反映原资料的大部分信息的统计学方法。因子抽取主要采用主成分分析法，它是以线性方程式将所有变量加以合并，计算所有变量共同解释的变异量，该线性组合就成为主成分。在因子筛选过程中，我们综合特征值大于1法和方差百分比决定法来萃取共同因子。本书采用探索性因子分析来探索高校英语教师职业环境、高校英语教师职业幸福感量表的因子结构。

本书通过统计软件 SPSS18.0 进行因子分析。在因子分析之前，我们对样本进行 KMO 检验（Kaiser-Meyer-Olkin Test）和巴特利特球形检验（Bartlett Test Sphericity）。KMO 检验用于比较变量间简单相关和偏相关系数。如果 KMO 值越接近于1，则所有变量之间的简单相关系数平方和大于偏相关系数的平方和，因此越适合做因子分析；反之，如果 KMO 值越小，则越不适合做因子分析。Kaiser（1974）给出了一个 KMO 评判标准：若 KMO 值大于 0.9，表示非常适合做因子分析；若 KMO 值介于 0.8—0.9，表示适合做因子分析；若 KMO 值介于 0.7—0.8，表示一般适合做因子分析；若 KMO 值介于 0.6—0.7，表示不太适合做因子分析；若 KMO 值小于 0.5，则表示不适合做因子分析。巴特利特球形检验根据相关系数矩阵行列式得到统计量。如果该值较大，其对应的相伴概率值小于设定的显著性水平，那么应该拒绝零假设，认为原有变量之间存在相关性，适合做因子分析；相反，如果该值较小，其对应的相伴概率大于显著性水平，则不适合做因子分析。我们采用斜交极大旋转法抽取因子，以特征值大于等于1为因子抽取原则，并参照碎石图来确定项目抽取有效因子。判断是否保留一个题项的标准为：第一，该题项在某一因子上的载荷超过 0.5；第二，该指标不存在交叉载荷，即不在两个因子上都有超过 0.4 的载荷。如果测量题项的因子载荷都大于 0.5，不存在跨因子载荷问题，且累积方差贡献率大于 50%，则表示量表是符合要求的。

1. 教师职业幸福感量表探索性因子分析

对教师职业幸福感量表进行因子分析之前，进行 KMO 检验和巴特利特球形检验。表 4—6 结果表明 KMO = 0.921，适合进行因子分析

(George & Mallery, 2000: 292), 巴特利特球形检验 Approx. Chi-Square = 3893.684, sig = 0.000 < 0.001, 表示本群体的相关矩阵间有共同因素存在, 也说明适合做因子分析。

表4—6　　　高校教师职业幸福感量表 KMO 和巴特利特检验

	KMO 测度	0.921
巴特利特球形检验	近似卡方值	3893.684
	自由度	210
	显著性水平	0.000

采用主成分分析法, 经正交转轴法 (George & Mallery, 2000: 285) 和 7 次迭代后, 结合方差贡献率得到 5 个因子 (特征值 > 1), 揭示了所有项目中所有变量 70.844% 的方差。但是职业投入 5 和职业投入 6 分别在两个因子上有大于 0.4 的因子负荷, 故将其删除, 重新做因子分析。

第二轮因子分析采用相同的方法, 结果表明 KMO = 0.914, 巴特利特球形检验 Approx. Chi-Square = 3594.064, sig = 0.000 < 0.001, 采用主成分分析法, 经正交转轴法和 6 次迭代后, 结合方差贡献率得到 5 个因子 (特征值 > 1), 揭示了所有项目中所有变量 70.986% 的方差。但是 burnout17 分别在两个因子上有大于 0.4 的因子负荷, 故将其删除, 重新做因子分析。

第三轮因子分析采用相同的方法, 结果表明 KMO = 0.898, 巴特利特球形检验 Approx. Chi-Square = 3080.434, sig = 0.000 < 0.001, 采用主成分分析法, 经正交转轴法和 6 次迭代后, 结合方差贡献率得到 5 个因子 (特征值 > 1), 揭示了所有项目中所有变量 72.204% 的方差, 较全面地概括了数据特性 (见表 4—7)。

表4—7　　　高校英语教师职业幸福感量表探索性因子分析结果

因子	特征值	% 方差解释率	累积方差解释率 %
1	7.018	38.991	38.991
2	2.569	14.274	53.265

续表

因子	特征值	%方差解释率	累积方差解释率%
3	1.299	7.219	60.484
4	1.085	6.030	66.514
5	1.024	5.690	72.204

探索性因子分析共删除3个题项，形成一个由18个题项组成的中国高校英语教师职业幸福感量表（但验证性因子分析部分，我们还将对五因子模型和四因子模型结构进行对比）。探索性因子分析结果得出5个因子，根据下属题项所测内容，这5个因子分别应证了教师职业倦怠模型中的情感枯竭因子、职业投入中的专注因子、职业倦怠中的疏离因子以及职业投入中的活力因子和奉献因子。因此我们依次将这5个因子命名为情感枯竭、专注、疏离、活力和奉献。唯一与原理论模型不同的是，原本属于活力因子的下属题项职业投入4"即使工作进展不顺利，我也会坚持努力"，在因子分析中与专注因子的下属题项聚合在一起，其因子负荷值为0.549。我们认为在中国环境下，高校英语教师可能认为克服困难，继续努力工作也属于工作专注的一种表现。我们尊重数据，将该题项归属到专注因子中。表4—8是各题项的因子归类及其负荷，因子下属变量归类标准为负荷大于0.40（Raubenheimer，2004）。

表4—8　　高校英语教师职业幸福感下属因子归类及负荷

因子归类	转轴后的成分矩阵[a]				
	因子				
	1	2	3	4	5
情感枯竭					
职业倦怠14	0.859				
职业倦怠13	0.813				
职业倦怠15	0.758				
职业倦怠16	0.734				
专注					
职业投入10		0.836			

续表

因子归类	因子				
	1	2	3	4	5
职业投入 11		0.830			
职业投入 12		0.700			
职业投入 4		0.549			
疏离					
职业倦怠 20			0.777		
职业倦怠 21			0.754		
职业倦怠 18			0.720		
职业倦怠 19			0.699		
活力					
职业投入 1				0.836	
职业投入 2				0.756	
职业投入 3				0.732	
奉献					
职业投入 8					0.827
职业投入 7					0.783
职业投入 9					0.657

因子提取方法：主成分分析法。

旋转方式：最大方差法。

a. 因子旋转经 6 次迭代后收敛。

2. 教师职业环境量表探索性因子分析

对高校英语教师职业环境量表进行因子分析之前，进行 KMO 检验和巴特利特球形检验。表 4—9 中结果表明 KMO = 0.885，适合进行因子分析（George & Mallery, 2000：292），巴特利特球形检验 Approx. Chi-Square = 8277.533，sig = 0.000 < 0.001，表示母群体的相关矩阵间有共同因素存在，也说明适合做因子分析。

表4—9　高校英语教师职业环境量表KMO和巴特利特球形检验

KMO 测度		0.885
巴特利特球形检验	近似卡方值	8277.533
	自由度	1035
	显著性水平	0.000

采用主成分分析法，经正交转轴法（George & Mallery, 2000: 285; Coakes & Steed, 2003: 15）和32次迭代后，结合方差贡献率得到9个因子（特征值>1），揭示了所有项目中所有变量65.533%的方差。但是自主性31、自主性32分别在两个因子上有大于0.4的因子负荷，故将其删除，重新做因子分析（秦晓晴，2003）。

随后以相同的方法又进行6次因子分析，依次删除分别在两个因子上有大于0.4因子负荷的学生支持36，学生支持34，专业发展61，学生支持33和因子负荷小于0.4的题项资源设备50、资源设备35后，最后一次因子分析，采用主成分分析法，经正交转轴法和6次迭代后，结合方差贡献率得到6个因子（特征值>1），揭示了所有项目中所有变量60.585%的方差，较全面地概括了数据特性（见表4—10）。

表4—10　高校英语教师职业环境量表探索性因子分析结果

因子	特征值	%方差解释率	累积方差解释率%
1	6.836	20.715	20.715
2	4.860	14.728	35.444
3	2.894	8.768	44.212
4	2.069	6.270	50.482
5	1.848	5.599	56.080
6	1.487	4.505	60.585

探索性因子分析共删除8个题项，最后形成一个由30个题项组成的中国高校英语教师职业环境量表。探索性因子分析结果得出6个因子，根据下属题项所测内容，这6个因子分别验证了教师职业环境模型中的认可反馈因子、同事支持因子、专业发展因子、资源设备因子、学生支

持因子以及自主性因子。因此我们依次将这 6 个因子命名为认可反馈、同事支持、专业发展、资源设备、学生支持以及自主性。表 4—11 是各题项的因子归类及其负荷，因子下属变量归类标准为负荷大于 0.40（Raubenheimer，2004）。

表 4—11　高校英语教师职业环境下属变量归类及因子负荷

变量	转轴后的成分矩阵[a]					
	因子					
	1	2	3	4	5	6
认可反馈 44	0.869					
认可反馈 42	0.860					
认可反馈 41	0.845					
认可反馈 46	0.839					
认可反馈 45	0.810					
认可反馈 40	0.775					
认可反馈 43	0.727					
认可反馈 47	0.674					
同事支持 27		0.850				
同事支持 26		0.824				
同事支持 29		0.794				
同事支持 28		0.771				
同事支持 30		0.725				
同事支持 25		0.723				
专业发展 64			0.780			
专业发展 65			0.747			
专业发展 66			0.717			
专业发展 62			0.639			
专业发展 67			0.563			
专业发展 63			0.468			
资源设备 57				0.806		
资源设备 59				0.749		
资源设备 58				0.738		
资源设备 56				0.726		

续表

变量	因子					
	1	2	3	4	5	6
学生支持38					0.803	
学生支持39					0.735	
学生支持37					0.722	
自主性23						0.762
自主性22						0.719
自主性24						0.703

因子提取方法：主成分分析法。

旋转方式：最大方差法。

a. 因子旋转经6次迭代后收敛。

（二）验证性因子分析（confirmatory factor analysis）

验证性因子分析技术用于检验数个测量变量可以构成潜在变量的程度，验证性因子分析即在检验测量模型中的观察变量与其潜在变量之间因果模型是否与观察数据契合。验证性因子分析的强项在于它允许研究者明确描述一个理论模型中的细节。因为误差的存在，研究者需要使用多个测量变量，检验测量变量对潜在变量是否有显著的载荷，并且与其他不相干的因子没有显著载荷的过程即为效度检验。

为了进一步验证高校英语教师职业幸福感量表和高校英语教师职业环境量表的效度，我们根据探索性因子分析结果得出的模型进行了检验，模型检验即是判断结构模型在多大程度上拟合了数据。本书采用稳定的拟合优度指标来综合衡量模型的拟合程度：χ^2值对样本量相当敏感（吴明隆，2009），本书放弃使用该指标；χ^2/df值具有较好的稳定性，越接近1表明模型的拟合度越好，小于2为理想结果，大于2小于5可以接受（Carmines & Mclver, 1981）；RMSEA受样本量的影响较小，受到诸多学者的推崇，成为评价模型拟合优度的常用指标，一般而言，RMSEA 小于0.01表明模型拟合得非常好，介于0.01—0.05表明模型拟合得比较好，介于0.05—0.08表明模型拟合得不错，介于0.08—0.1表明模型拟合的可以接受（Brown & Cudeck, 1993; Steiger, 1990）；TLI 和 CFI 是一组常用的拟合指数代表,它们比较了底线模型的χ^2和假设理论模型的χ^2, IFI、TLI 和 CFI 值越大代表拟合程度越好,一般推荐取值大于 0.9,若大于 0.95 说明假设理论模型与数据的拟合程度非常好;绝对拟合指数 GFI 和 AGFI 具有特性缺陷,如对样本量的依赖较高,但仍然具有参考性;RMR 和 SRMR 存在使用缺陷,会受到样本单位的影响,很多研究者并没有把它们作为参考指标,本书也放弃使用这两项指标。鉴于此,本书采用χ^2/df、GFI、AGFI、TLI、CFI、IFI 和 RMSEA 作为拟合优度指标。根据 Amos17.0 用户指导手册提供的参考标准,对于测量题项的参数估计,一般要求因子载荷的临界比(C.R.)大于 1.96,标准差(S.E.)大于 0,R^2 大于 0.3,即可说明测量题项对潜变量的解释能力符合要求。本书的验证性因子分析运用极大似然估计法进行参数估计,在教师职业幸福感和教师职业环境探索性因子分析的基础上,对两个量表的因子结构及其下属题项的质量进一步进行检验。

1. 高校英语教师职业幸福感量表验证性因子分析

根据我们第三章高校英语教师职业幸福感理论模型部分的阐述,我们将对教师职业幸福感 5 因子模型,即包含教师职业倦怠两个核心维度:情感枯竭和疏离以及教师职业投入的三个因子:活力、奉献和专注的幸福感模型与教师职业幸福感 4 因子模型,即包含教师职业倦怠两个核心维度和教师职业投入的核心维度:活力和奉献理论模型进行对比,选择最优模型,并对激活和认同两个潜在因素的存在进行验证。

高校英语教师职业幸福感 5 因子模型(情感枯竭、疏离、活力、奉献、专注)和仅包含教师职业幸福感 4 因子模型的各项拟合指数对比见表 4—12,5 因子模型路径系数见图 4—1,4 因子模型路径系数见图 4—2。

表 4—12　　　　高校教师职业幸福感模型数据拟合指数对比

模型	绝对拟合指数				相对拟合指数		
	χ^2/df	GFI	AGFI	RMSEA	CFI	TLI	IFI
5 因子	316.506/125 = 2.53	0.908	0.874	0.066	0.940	0.926	0.940
4 因子	157.424/71 = 2.22	0.939	0.909	0.059	0.965	0.955	0.965

注:p = 0.000。

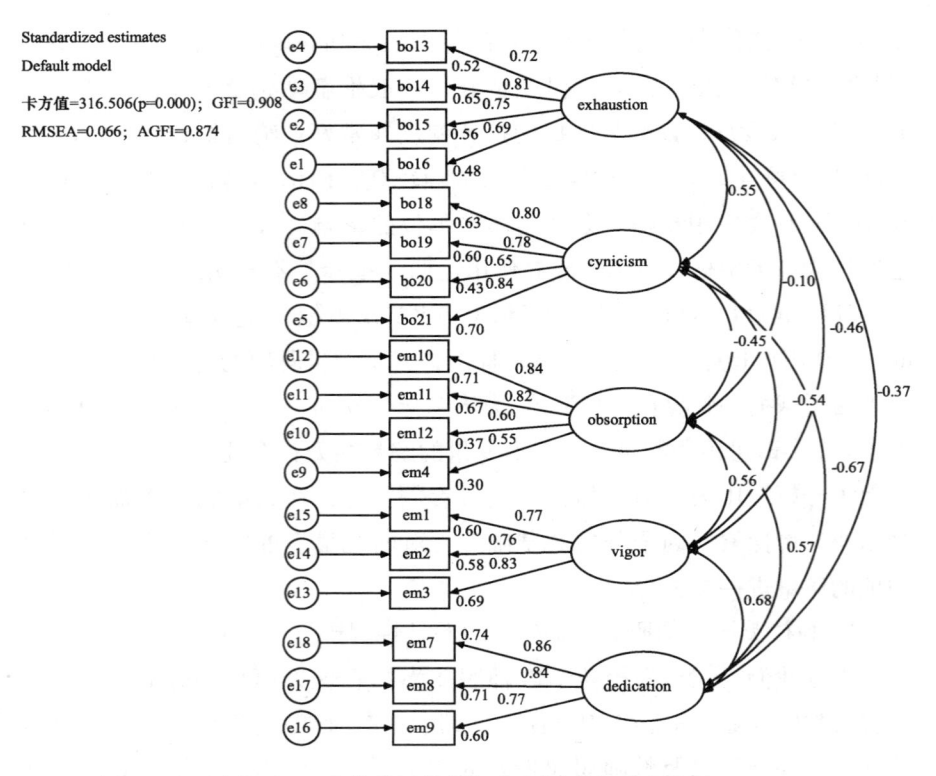

图4—1 高校英语教师职业幸福感5因子模型

从表4—12两种模型的数据拟合优度来看，高校英语教师职业幸福感的4因子模型比5因子模型的各项拟合度都要高，说明包含教师职业投入核心维度和职业倦怠核心维度的高校英语教师职业幸福感理论模型在本书中与数据拟合得更好。该结果验证了我们提出的第一个假设：高校英语教师职业幸福感是一个由教师职业倦怠感（情感枯竭和疏离）和教师职业投入（活力和奉献）四个核心因素构成的一阶4因子模型。最终高校英语教师职业幸福感量表包含教师职业倦怠、疏离、奉献和活力四个维度，14个题项。

四个潜变量之间的协方差均达到显著，四个潜变量之间存在显著的相关关系，教师职业倦怠下属维度情感枯竭与疏离之间 $r=0.55$，教师职业投入下属的活力与奉献之间 $r=0.68$。同时教师职业倦怠下属维度与职业投入下属两个维度之间分别存在显著的负相关关系，其

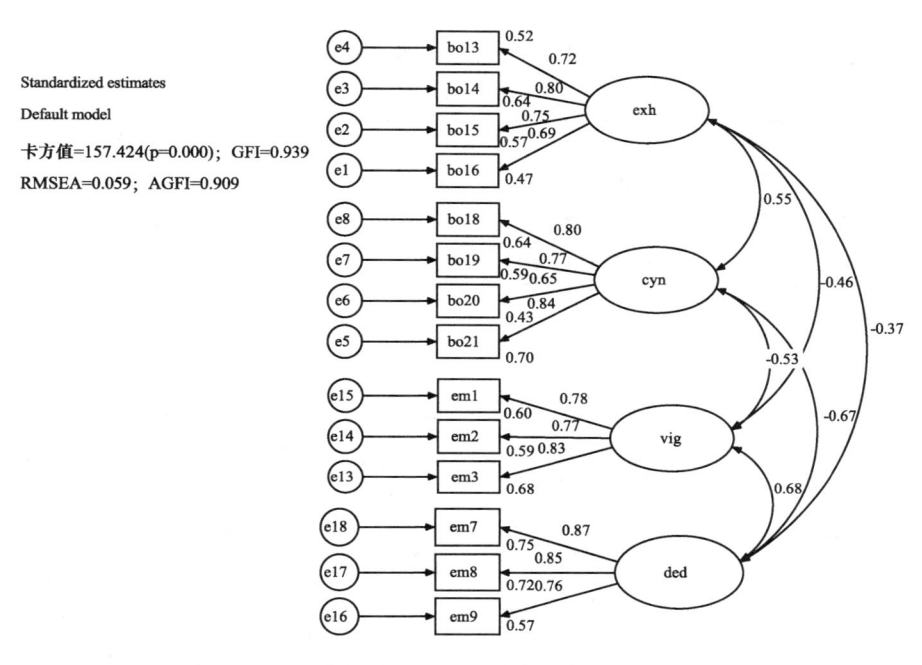

图4—2 高校英语教师职业幸福感4因子模型

中情感枯竭与活力之间相关系数为 -0.46，疏离与奉献之间相关系数为 -0.67，但是情感枯竭与奉献之间也存在显著负相关关系，相关系数为 -0.37，疏离与活力之间相关系数为 -0.53。从这一组相关系数来看，疏离与奉献作为认同（identification）的两个顶点的存在可能性是较大的，但是情感枯竭与活力之间的相关性只是中度到略高度相关。"活力—情感枯竭"和"奉献—疏离"分别是两个潜在变量能量（activation）和认同的两个顶点（Schaufeli & Bakker, 2004）的看法在本书不能得到完全的验证，有待后续研究者从理论上和方法上对该模型进行进一步分析和验证。

2. 高校英语教师职业环境量表验证性因子分析

我们对高校英语教师职业环境探索性因子分析结果得出的模型进行了验证性因子分析，判断结构模型在多大程度上拟合了数据。本次分析经13次迭代后收敛，结果显示绝对拟合指数和相对拟合指数都接近标准拟合值，但是不算特别理想，拟合指数见表4—13，高校英语教师职业环境模型路径图见图4—3。

表 4—13　　　高校英语教师职业环境模型修正前后
各项拟合指数对比

模型 \ 指标	绝对拟合指数				相对拟合指数		
	Chi-square/df	GFI	AGFI	RMSEA	CFI	TLI	IFI
模型修正前	1480.992/390 = 3.80	0.805	0.768	0.078	0.850	0.833	0.851
模型修正后	881.018/381 = 2.31	0.885	0.860	0.054	0.931	0.922	0.931

注：p = 0.000。

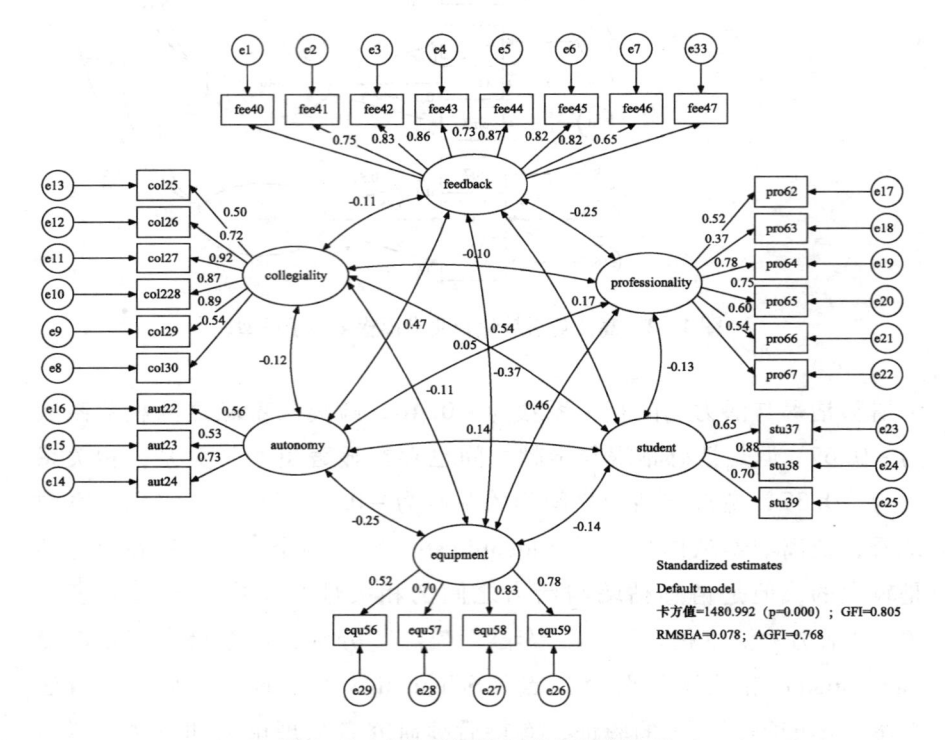

图 4—3　高校英语教师职业环境模型

如果模型综合评估结果表明假设模型的适配度欠佳，可以进行模型修正或者模型剪裁（model trimming）。但是修正时必须以不同的观察数据来检验，同时一次只能修正一个指标，因为同时放宽数个参数再进行模型估计，并不是一个适切的模型修正策略（Long, 1983：69）。另外增列的参数关系不能违反 SEM 规定，如各测量模型中指标参数的残差项与因素构念（潜在变量）间无关（不能建立共变关系），指标变量的残差项间可以有共变关系存在，但是指标变量的残差项之间不能建立路径因果关系（吴明隆，2009：159）。根据模型修正指数（MI）显示，e28—e29之间修正指数为92.771；我们首先进行该项修正，模型估计后，卡方值为1567.885，GFI = 0.814，RMSEA = 0.071；AGFI = 0.779；修正指数表明，e1—e2之间修正指数为95.492，对该项进行修正，模型估计后，卡方值为1464.037，GFI = 0.823，RMSEA = 0.068；AGFI = 0.790；修正指数表明，e8—e13之间修正指数为85.449，对该项进行修正，模型估计后，卡方值为1370.629，GFI = 0.839，RMSEA = 0.065；AGFI = 0.809，修正指数表明，e6—e7之间修正指数为66.966，对该项进行修正，模型估计后，卡方值为1295.589，GFI = 0.846，RMSEA = 0.062；AGFI = 0.817，修正指数表明，e18—e21之间的修正指数为53.146，对该项进行修正，模型估计后，卡方值为1237.350，GFI = 0.854，RMSEA = 0.060；AGFI = 0.825，修正指数表明，e12—e13之间修正指数为33.130，对该项进行修正，模型估计后，卡方值为1198.884，GFI = 0.859，RMSEA = 0.058；AGFI = 0.831，修正指数表明，e8—e12之间的修正指数为44.744，对该项进行修正，模型估计后，卡方值为1136.888，GFI = 0.868，RMSEA = 0.056；AGFI = 0.841，修正指数表明，e11—e12之间的修正指数为32.311，对该项进行修正，模型估计后，卡方值为1098.707，GFI = 0.872，RMSEA = 0.054；AGFI = 0.846，修正指数表明，e11—e13之间的修正指数为19.492，对该项进行修正，模型估计后，卡方值为1072.349，GFI = 0.876，RMSEA = 0.053；AGFI = 0.850。修正指数已经都比较小，而且对模型适配度调整不高，而且我们的模型拟合指数也基本达到了适配的标准，我们在教师职业幸福感验证性因子分析部分已经对相关模型拟合标准的选择和判断标准进行了详细说明，这里不再赘述。修正后模型适配指数与修正前模型适配指数对比见表4—13，我们最后获取了一个较为理想的数据拟合度，证实了教师职业环境量表具有较好的结构效度。同时也通过本书的数据拟合再次验证了我们第三种提出的关于高校英语教师职业环境感知模型假设（H2）：高校英语教师职业环境由自主性、同事支持、学生支持、反馈认可、专业发展和资源设备6个维度构成。最终量表包含30个题项。修正后高校英语教师职业环境量表模型路径图见图4—4。

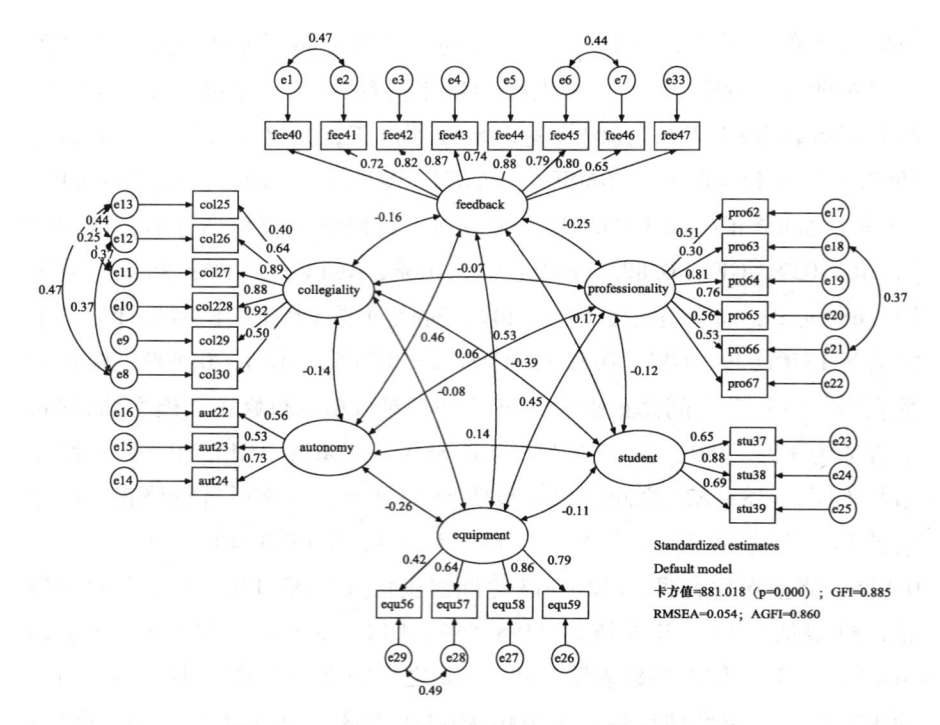

图4—4 修正后高校英语教师职业环境模型

从整个高校英语教师职业环境量表来看，认可反馈、专业发展、设备资源以及同事支持这几个分量表中具有题项的残差存在共变关系。首先反馈测量模型中，"学校职称评定制度能体现教师专业发展水平"（认可反馈40）和"学校教学评价制度能体现教师教学能力和水平"（认可反馈42）这两个题项的残差之间存在显著的共变关系，说明这两个题项之间也存在较高的相关关系。作为教师，教学是其基本职责。当前高校的教学评价制度与教师的职称评定制度存在一定的相关关系。这一对关系在访谈中得到了验证。其中 B 教师谈到他们"学校的职称评审制度中规定，在同等条件下教学评估优秀的教师能优先评上职称，教学评估还分为教师自评、学生评价以及督导评价"。G 老师谈到"学院还规定评高级职称原则上需要获得一次教学优秀作为基本条件，除非科研特别强，比如获得国家课题可以不受此条限制，另外教学和科研工作量部分可以转化"。从这两位教师的谈话中可以了解到在不同的学校，教师的教学评估制度与教师的职称晋升有着千丝万缕的关系。认可反馈因子的另外一对题项，"我对工作的付出，在薪酬上得到了相应的回报"（认可反馈45）和"工资考核制度公平合理"（认可反馈46）两个题项的残差存在显著的共变关系，说明这两个题项也存在相关关系，这两个题项都是与教师的薪酬相关的，工资考核制度直接决定了教师个体能拿到多少薪酬，教师对薪酬的满意度的感知自然也是与他们对工资考核制度满意度的感知。访谈中几位教师表达了对工资考核制度以及自己薪酬的看法："学院工资考核跟职称挂钩，有博士学位者能享受副高待遇，我觉得这很合理。职称考核分教学、科研两大块，如有特殊贡献额外奖励；个人认为职称工资考核制度基本合理，大家都还比较满意，多劳多得。"但是也有教师觉得工资考核制度不合理，例如教师J认为"不同职称教师之间的收入差距太大了。而且在整个社会而言，高校教师，特别是高校英语教师的收入和付出非常不平衡，认为自己的付出在薪酬上没有得到足够的回报"，从上面两位教师的观点中可以看出，无论教师对工资考核制度满意与否，都直接与教师对自己薪酬的看法紧密相关。

专业发展测量模型中"我与同课程组教师一起备课和讨论教学问题"（专业发展63）与"我会热切地向同事讨教学术问题"（专业发展66）两个题项的残差之间存在共变关系，说明与同事讨论教学问题和与同事讨论学术问题这两种行为是具有相关性的。是体现教师专业发展兴趣的两种相关的行为。两个题项存在相关性的另一个原因可能与教师个体的学习风格相关。具有场独立性认知风格的个体喜欢独立思考、单独解决问题，而具有场依赖性认知风格的个体在遇到问题的时候则更倾向于与周围的人讨论、商量，同一个教师个体无论是对待教学中还是科研中的问题都会倾向于采用某一种相似的处理模式。

资源设备维度下"学校提供了丰富的图书、电子期刊等资料"（资源设备56）与"学校为工作提供了完善的设备和网络支持"（资源设备57）两个题项的残差也存在显著的共变关系，说明这两个题项之间也具有相关关系。在高等教育机构中，图书和电子期刊资料这些软件设施是教师顺利开展教学准备和科研工作的必要条件，而诸如电脑、多媒体、投影仪等设备和教室以及办公室的网络支持则是教师开展教学工作的必备条件，两项都是教研辅助资源，学校管理部门通常会一致管理。而且本书中受试者均来自中国中部地区武汉的高校，区域经济水平相似，各学校在教学设备、网络、图书、电子期刊等方面都会有所建设。访谈中 E 教师谈到"现在基本所有学校的外国语学院都有语音室，教室里都配备有电脑、投影仪和网络，差距不大"，"在不同的时期，学校提供了什么设备什么资源，我们就用什么资源。以前我刚参加工作的时候，学校开始要求用多媒体，那个时候有电脑的老师很少，学校里就几位老师资源共享，当时也觉得挺好的，都能克服困难。现在条件好了、资源丰富了，开放的网络资源太丰富了"。

同事支持中下属题项残差存在共变关系的较多，其中"同事之间相互合作和支持很多"（同事支持25）与"教研组氛围很和谐，像是一个大家庭"（同事支持26）和"在我需要帮助的时候，我的同事会帮助我"（同事支持27）以及"我所在教学团队或教研室成员会经常聚在一起分享课堂教学经验"（同事支持30）之间均存在相关关系。这四个题项均表达了工作中团队之间的协同合作、和睦氛围。合作和支持多的同事之间必然在有人需要帮助的时候义无反顾地伸出支援之手，同一个教学团队的教师也愿意彼此交流，相反在同事之间没有这种合作传统和和谐氛围的团队中，教师们之间的相互帮助、教学经验的探讨必然也不会多，和谐家庭的感觉较少能感受到。这些关系在访谈中也得到了验证，其中 C 老师就谈到"刚进学校做老师的时候，觉得什么都不懂，会积极地去请教那些有经验的教师，但是基本都是私下里联系，请求去听课。感觉教学团队的合作并不多。慢慢地时间长了，也都是自己上自己的课，以自己的上课方式进行。教学团队之间的交流好像也就是每年到年底评估的时候大家一起交流一下，那个时候感觉挺好的，能学到一些东西，但是好像并不是所有的老师都愿意把自己的经验拿出来分享，对这些老师而言，交流只是形式主义，没有实质性意义"。另一位教师 D 也表达了相似的观点："同事之间的交流其实很少，平时也难得见面，各自上完课就各自回家了。有几个关系好的同事兼好朋友，见面了也就是经常一起吃饭，平时有需要也会相互帮助，但是这种情况其实本身也不多。"

（三）信度分析（Reliability Analysis）

信度分析常用的信度检验指标为 Cronbach's Alpha 系数，该系数越大，表示该量表各个题项的相关性越大，测量标准误差越小，即内部一致性程度越高。本书采用 Cronbach's Alpha 系数来检验高校英语教师职业环境、高校英语教师职业幸福感量表的信度。Cortina（1993）指出 Cronbach's Alpha 系数是估计信度的最低限度，因此用 Cronbach's Alpha 系数做信度判别比其他信度判别更加稳健。针对信度系数的判定标准学者们有一些不同的标准，例如，Guieford（1965）认为 Cronbach's Alpha 系数若大于 0.70，则表示信度相当高，介于 0.70 和 0.35，则信度为尚可，低于 0.35 者则为低信度。Nunnally（1978）则认为 Cronbach's Alpha 系数值为 0.70 是一个较低但可以接受的边界值。Wortzel（1979）建议，只要 Cronbach's Alpha 系数介于 0.7 至 0.98，则可判定为高信度，若低于 0.35 便需予以拒绝。DeVellis（1991）认为 Cronbach's Alpha 系数值如果在 0.60 至 0.65 最好不要，介于 0.65 至 0.70 是最小可接受值，介于 0.70 至 0.80 相当好，介于 0.80 至 0.90 非常好。吴明隆（2010）综合多位学者的观点，Cronbach's Alpha 系数判定原则如表 4—14 所示，其中量表分维度最低的 Cronbach's Alpha 系数要在 0.50 以上，最好能高于 0.60，而整体量表的最低 Cronbach's Alpha 系数要在 0.70 以上，最好能高于 0.80。

表 4—14　　　　　　　　内部一致性系数判定标准

Alpha 系数	层面或构念	量表
小于 0.50	不理想，舍弃不用	非常不理想，舍弃不用
0.50 – 0.60	可以接受，增列题项或修改语句	不理想，重新编制或修订
0.60 – 0.70	尚佳	勉强接受，最好增列题项或修改语句
0.70 – 0.80	佳（信度高）	可以接受
0.80 – 0.90	理想（甚佳，信度很高）	佳（信度高）
大于 0.90	非常理想（信度非常好）	非常理想（甚佳，信度很高）

1. 教师职业幸福感量表信度分析

内部一致性检验结果表明，最终高校英语教师职业幸福感量表中，情感枯竭因子、疏离因子、专注因子、活力因子和奉献因子内部一致性系数分别为 0.828，0.849，0.791，0.832，0.862。专注因子的信度系数略低于其他各维度，在验证性因子分析中我们也发现不包含专注维度的职业幸福感模型的数据拟合度更高,因此在后续的正式研究中我们排除了专注因子,仅分析高校教师职业环境维度对教师职业幸福感及其四个核心因子的影响。考虑到教师职业幸福感量表的两个指标:教师职业倦怠感和教师职业投入代表着教师职业幸福感这个连续体的两端,两者呈负相关关系。对教师职业倦怠感题项进行反向处理后进行问卷内部一致性检验,结果表明问卷总体内部一致性系数为 0.932。说明高校英语教师职业幸福感问卷具有非常理想的信度。

2. 教师职业环境量表信度分析

本书采用内部一致性 Cronbach's Alpha 系数值检验最终高校英语教师职业环境量表的信度,其中各项因子的内部一致性系数分别为认可因子 0.930、同事支持因子 0.899、专业发展因子 0.766、资源设备因子 0.804、学生支持因子 0.790,自主性因子 0.641,量表整体内部一致性系数为 0.710。学生支持因子的信度略低是因为这个因子的题项比较少,Backhouse(1982)指出 Crobach's Alpha 系数容易受到量表项目数的影响,项目数不多时,系数可能不太高。其他因子以及总体问卷的信度均达到可接受水平。

四 数据的处理与分析

(一)量化数据的处理

问卷调查所搜集的量化数据输入 SPSS18.0 以后,首先进行了缺失值的处理和反向命题的反转处理,以备后面的相关分析、方差分析以及模型拟合使用。而后根据第三章提出的教师职业幸福感模型和教师职业环境理论模型,使用 SPSS18.0 对所设计的两个量表进行探索性因子分析,而后根据理论模型使用 Amos 17.0 软件分别建立了高校英语教师职业幸福感和高校英语教师职业环境的测量模型,进行验证性因子分析;根据分析结果,确定了教师职业幸福感由四个核心潜变量构成为最佳模型,教师职业环境由 6 个潜变量构成,然后我们分别针对两个理论模型进行了描述性统计分析、相关分析以及回归分析,并构建了高校英语教师职业环境维度与教师职业幸福感及其下属维度关系的结构模型,并进行模型验证。

1. 缺失值处理

对于缺失值的处理,我们使用两种方法进行,第一种是在输入数据过程中所发现的明显属于漏选题项的部分，我们根据相同维度前后题项的均值替代该缺失值，对其他无法轻易判断缺失原因的题项，我们采用SPSS18.0软件中（均值替代）的方法进行了缺失值的处理。最后得到了预测部分总体有效数据是339，正式调查部分总体有效数据是614。对于原始量表中的职业倦怠13—21共9个题项进行了反向处理。

2. 数据的正态检验

使用SPSS进行方差分析以及结构方程模型进行数据拟合时，均要求数据是正态分布的。研究者们通常通过单元正态检验（test of univariate normality）和多元正态检验（test of multivariate normality）两种方法来检验数据是否是正态分布。单元正态检验主要通过检测每一个单变量，即问卷中的题项的偏度和峰度来判断数据是否呈正态分布（Kline，2005）。如果该值的绝对值小于2，那么认为数据为正态分布（Kunnan，1998）。本书在验证性因子分析部分对模型的拟合估计使用了最大似然法（Maximum likelihood，ML），该方法对峰值非常敏感（Brown，2006），一般认为，如果峰值大于20，那么数据就严重偏离正态分布，不适合使用ML进行分析（Marrington，2009）。如表4—15所示，本书所有测量题项（共59个）峰度绝对值全都小于2。因此，我们认为本书预测中采集的数据基本上符合正态分布特征，完全满足进一步数据分析的要求。

表4—15　　　　　　原始问卷测量题项描述性统计分析

测量题项	最小值	最大值	平均值	标准差	偏度 统计值	偏度 标准差	峰度 统计值	峰度 标准差
1	1.00	5.00	3.5277	0.90499	-0.368	0.105	0.199	0.209
2	1.00	5.00	3.0647	1.00989	-0.206	0.105	-0.373	0.210
3	1.00	5.00	3.6264	0.89682	-0.515	0.105	0.248	0.210
4	1.00	5.00	3.9908	0.84432	-0.650	0.105	0.406	0.210
5	1.00	5.00	3.8011	0.89247	-0.498	0.105	0.093	0.210
6	1.00	5.00	3.5638	0.96518	-0.374	0.105	-0.150	0.210
7	1.00	5.00	3.7126	0.99390	-0.366	0.105	-0.518	0.210
8	1.00	5.00	3.6543	1.05089	-0.417	0.105	-0.404	0.210
9	1.00	5.00	3.9852	0.95140	-0.853	0.105	0.519	0.210

续表

测量题项	最小值	最大值	平均值	标准差	偏度 统计值	偏度 标准差	峰度 统计值	峰度 标准差
10	1.00	5.00	3.8682	0.90315	-0.677	0.105	0.496	0.210
11	1.00	5.00	3.6623	0.98197	-0.566	0.106	0.104	0.211
12	1.00	5.00	3.9907	0.90251	-0.795	0.106	0.555	0.211
13	1.00	5.00	3.0945	0.97190	0.261	0.105	-0.352	0.210
14	1.00	5.00	3.2735	0.98666	-0.010	0.105	-0.214	0.210
15	1.00	5.00	2.8436	0.98008	0.306	0.105	-0.105	0.210
16	1.00	5.00	3.2393	1.09929	-0.055	0.105	-0.667	0.210
17	1.00	5.00	2.2815	1.06836	0.538	0.105	-0.267	0.210
18	1.00	5.00	2.3370	1.03614	0.466	0.105	-0.211	0.210
19	1.00	5.00	2.2735	1.04176	0.506	0.105	-0.293	0.210
20	1.00	5.00	2.5061	1.04351	0.177	0.105	-0.529	0.210
21	1.00	5.00	2.1478	1.02312	0.640	0.105	-0.147	0.210
22	1.00	5.00	2.5278	1.40406	0.452	0.105	-1.166	0.210
23	1.00	5.00	3.2319	1.35104	-0.264	0.105	-1.157	0.210
24	1.00	5.00	2.5547	1.35056	0.398	0.105	-1.103	0.210
25	1.00	5.00	3.3296	1.19471	-0.251	0.105	-0.940	0.210
26	1.00	5.00	3.8192	1.14904	-0.816	0.105	-0.147	0.209
27	1.00	5.00	4.0739	0.90579	-1.047	0.105	1.065	0.210
28	1.00	5.00	4.2636	0.93440	-1.507	0.105	2.292	0.210
29	1.00	5.00	4.2672	0.86820	-1.401	0.105	2.305	0.210
30	1.00	5.00	3.5092	1.16595	-0.465	0.105	-0.650	0.209
31	1.00	5.00	3.9332	1.03973	-0.991	0.105	0.555	0.210
32	1.00	5.00	3.1481	0.99549	-0.221	0.105	-0.532	0.210
33	1.00	5.00	3.6827	0.97444	-0.678	0.105	-0.044	0.210
34	1.00	5.00	3.4908	1.09735	-0.591	0.105	-0.434	0.209
35	1.00	5.00	2.5664	1.21536	0.263	0.105	-0.938	0.209
36	1.00	5.00	2.5517	1.14886	0.218	0.105	-0.858	0.209
37	1.00	5.00	2.5028	1.10491	0.241	0.105	-0.758	0.210
38	1.00	5.00	2.8838	1.09922	-0.028	0.105	-0.576	0.209
39	1.00	5.00	2.5787	1.09098	0.183	0.105	-0.608	0.209

续表

测量题项	最小值	最大值	平均值	标准差	偏度 统计值	偏度 标准差	峰度 统计值	峰度 标准差
40	1.00	5.00	2.5830	1.16461	0.232	0.105	-0.843	0.209
41	1.00	5.00	2.5352	1.10012	0.158	0.105	-0.757	0.210
42	1.00	5.00	2.7390	1.14842	0.199	0.105	-0.691	0.210
43	1.00	5.00	3.2770	1.26967	-0.275	0.105	-0.965	0.210
44	1.00	5.00	3.0258	1.29669	-0.114	0.105	-1.099	0.209
45	1.00	5.00	2.7024	1.20423	0.090	0.105	-0.959	0.210
46	1.00	5.00	2.4603	1.15982	0.318	0.105	-0.792	0.210
47	1.00	5.00	3.5204	1.08479	-0.569	0.105	-0.196	0.210
48	1.00	5.00	3.0905	1.37078	-0.190	0.105	-1.220	0.209
49	1.00	5.00	3.3956	1.21819	-0.533	0.105	-0.666	0.210
50	1.00	5.00	2.9168	1.30047	0.023	0.105	-1.084	0.210
51	1.00	5.00	3.3778	1.21900	-0.402	0.105	-0.801	0.210
52	1.00	5.00	3.4074	1.13010	-0.369	0.105	-0.570	0.210
53	1.00	5.00	2.2288	1.20813	0.658	0.105	-0.525	0.209
54	1.00	5.00	2.5352	1.10012	0.158	0.105	-0.757	0.210
55	1.00	5.00	2.7390	1.14842	0.199	0.105	-0.691	0.210
56	1.00	5.00	3.2770	1.26967	-0.275	0.105	-0.965	0.210
57	1.00	5.00	3.0258	1.29669	-0.114	0.105	-1.099	0.209
58	1.00	5.00	2.7024	1.20423	0.090	0.105	-0.959	0.210
59	1.00	5.00	3.0905	1.37078	-0.190	0.105	-1.220	0.209

注：N=352。

(二) 访谈数据的处理

在正式问卷形成之前，针对教师职业环境量表构建的相关访谈内容的处理，我们在第四章研究设计第五节研究步骤的访谈部分进行了详细说明，收集了各位教师对影响他们职业幸福感的环境因素陈述约200条，于是对内容重复和表达相似的条目进行筛选、汇总和合并，进一步进行删除和简化，形成最初问卷维度及题项。

针对研究结果所做的访谈资料，主要目的是对相关研究发现了解其背后的可能性原因，主要针对研究结果的10个问题进行访谈。因此在访谈数据分析的过程中，主要根据访谈中相关问题的回答进行归纳。访谈数据在本书中是对定量研究中发现问题进行追问，对问卷结果进行有效的补充，让研究变得更加"有血有肉"（Dornyei，2007）。正文讨论中我们直接将与相关研究结果关键访谈信息嵌入研究结果的讨论当中。

（三）数据分析

正式调查主要通过描述性统计、相关分析、多元回归分析、方差分析以及结构方程模型的方法对研究问题及研究假设进行分析。

1. 描述性统计分析（Descriptive Statistic Analysis）

描述性统计分析的目的在于分析研究样本的背景资料，包括性别、年龄、婚姻状况、职称、学位、行政职务等，得出各变量的频次，以了解基本的分布情形。同时对高校英语教师职业环境（教师自主性、同事支持、学生支持、认可反馈、专业发展、资源设备）、教师职业幸福感（情感枯竭、疏离、活力、奉献）计算其平均值及标准差，以了解样本在这些变量上的分布情况。

2. 相关分析（Correlation Analysis）

相关分析是指衡量变量之间线性相关程度的强弱并用适当的统计指标表示出来。为了能够更准确地描述变量之间的线性相关程度，可以通过计算相关系数来进行相关分析，本书采用Pearson简单相关系数来检验所有变量（包括人口统计学变量、教师自主性、同事支持、学生支持、认可反馈、专业发展、资源设备、情感枯竭、疏离、活力、奉献）之间的相关性。

3. 多元回归分析（Multiple Regression Analysis）

多元回归分析是指两个或两个以上自变量对一个因变量的数量变化关系。本书主要采用多元回归分析检验高校英语教师职业环境感知对教师职业幸福感的影响。

4. 方差分析（Analysis of Variance）

方差分析用来分别探讨各观察变量是否因为控制变量的不同而产生差异，其基本思想是通过分析研究中不同变量的变异对总变异的贡献大小，确定控制变量对研究结果影响力的大小。本书尝试检验人口统计学变量（包括性别、年龄、职称）对教师职业幸福感（情感枯竭、疏离、活力、奉献）的影响差异。

5. 结构方程模型（Structure Equation Modeling）

结构方程模型（SEM）是一种基于变量的协方差矩阵来分析变量之间关系的统计方法，它有效地融合了因子分析和路径分析两大统计技术，可用于解释一个或多个自变量与因变量之间的相互关系。由于本节所涉及的变量主要是关于教师对环境的感知和幸福感的感知，主观性较强，关系也比较复杂，因此非常适合用结构方程模型来测量。本书采用结构方程模型对教师职业环境量表和教师职业幸福感量表进行效度分析，并检验高校英语教师职业环境对高校英语教师职业幸福感影响模型。

五　小结

本节介绍了研究目的、研究问题、研究对象、研究工具以及研究步骤。通过访谈结合第三章的教师职业环境理论模型编制了中国高校英语教师职业环境量表，共包含30个题项，3个维度，并通过预调查对该量表进行了信度分析和效度检验，形成了具有较高信度和效度的职业环境量表，并对高校英语教师职业幸福感问卷进行了信度和效度检验。

在高校英语教师职业环境量表因子分析过程中，教师自主性题项自主性31"对于学院教学、科研相关决策、制度等，我有参与决策的权利"和自主性32"工作会议上，我的意见会被听取、采纳"两项被删除。在后续访谈中，我们了解到中国高校的很多普通教师对除自己教学和科研以外的事物根本不具有决策权，不会参与决策会议，通常都是领导说了算，偶尔有教师代表参加，但是意见、建议也较少被听取。甚至有教师觉得不仅仅是在学校里面，社会中许多部门似乎都是这样，会有代表参加、提建议，但是最终宣布的结果并不一定会考虑代表的意见，也不会有人解释不被采纳意见的原因。师生关系中学生支持33"课堂上经常需要强调纪律"作为一个反向计分题项被删除，可能是因为受试教师来自不同的学校，各学校校风不同，学生的课堂行为方式也完全不同，部分教师会注意课堂纪律。还有些教师不管课堂纪律如何，都能一如既往地上课，不愿意浪费时间强调课堂纪律。另外师生关系中学生支持34"经常有毕业了的学生跟我联系"也被删除，分析其原因，因为该题项更适合于教专业课的教师，对高校英语教师而言，特别是只教一年大学英语就更换班级的教师而言，学生通常毕业后并不会跟自己的英语教师联系，除非是在这一年之间有过某些特殊经历的学生，例如教师给予该学生特别的关注或者帮助等。学生因子下属题项学生支持36"大多数学生对英语教师都比较尊敬、友好"也被删除。在访谈中我们了解到，许多教师认为现在有很多学生都已经不像过去那么尊敬老师了，对教师的尊敬程度在学生中间的分化较大。

资源设备因子下属题项资源设备35"教学区间设置有教师休息室"和资源设备50"我在学校有舒适的办公室"被删除。从访谈中我们了解到各学校对外国语学院教师是否设立有办公室都不同，部分学校给每一位教师安排有独立的办公桌，有些学校则为所有的英语教师设置一个公用的机房，还有些学校则没有为教师提供任何可以办公的地方，所有的备课、科研工作只能去图书馆或者在家里完成。而教学区间的教师休息室也是同样的情况，有些新修建的教学楼有较为完善的教师休息室、热水、沙发等设施，而有些教学区间陈旧，什么都没有，有些教师忘记带水的时候，得连续4节课不喝水，给教师带来了很大困扰，因此对于这两个题项，教师们的意见和看法非常不一致，在因子分析中也没有得到很好的效果。另外，此两个题项均属于客观事实的描述，不是教师对职业环境的心理感知，也是不能与其他因子聚合的原因。

专业发展因子下属题项专业发展61"我会热切地向同事讨教学术问题"被删除是因为该题项涉及专业发展的同时，涉及同事支持，在两个因子上同时有较大的因子负荷。

在高校英语教师职业幸福感问卷因子分析过程中，职业投入5"我对自己的工作非常热衷"、职业投入6"我所做的工作能够激励我"、职业倦怠17"高校英语教师工作让我有快要崩溃的感觉"三个因子被删除后，问卷具有较好的效度。

通过预调查对本书的两份调查问卷的信度和效度分析结果表明：高校英语教师职业环境量表具有较好的信度和效度。通过数据的拟合检验验证了第三章中提出的关于高校英语教师职业环境理论模型结构假设H2：高校英语教师职业环境由教师自主性、同事支持、学生支持、反馈认可、专业发展和资源设备6个维度构成。同时所借用的教师职业幸福感问卷的较好信度和效度证明了Schaufeli等编制的职业投入问卷（UWES）以及

Maslach 等人编制职业倦怠感问卷在中国文化背景下的高校英语教师中同样具有有效性。学者们关于职业倦怠核心二维结构：情感枯竭和疏离也在本书中得到验证。职业投入的核心二维结构：活力和奉献同样得到验证。通过数据的拟合检验验证了第三章中提出的关于高校英语教师职业幸福感理论模型结构假设 H1：高校英语教师职业幸福感是一个由教师职业倦怠感（情感枯竭和疏离）和教师职业投入（活力和奉献），四个核心因素构成的一阶四因子模型。但是关于"活力—情感枯竭"和"奉献—疏离"分别是两个潜在变量激活和认同的两个端点的观点（Schaufeli & Bakker, 2001, 2004）并不能完全被证明，在本书中，教师的情感枯竭状况和他们的活力状况并没有表现出很高的相关性。该观点还有待后续研究者通过纵向研究或者定性研究的方法进一步探讨。

第五章

结果与讨论

第一节 高校英语教师职业幸福感和职业环境的感知状况及特点

需要说明的一点是，本书从积极的角度对教师职业幸福感及其积极职业环境影响因素进行分析，对于代表教师职业幸福感负面特征的教师职业倦怠下属题项，在正式调查中的相关分析中，我们对这些题项进行了反向计分处理，因此在以下分析中，无特殊说明的地方，情感枯竭和疏离均是指进行了反向计分的结果，我们通过情感枯竭（反向）和疏离（反向）的记录方式来表示经过反向计分处理以后的变量。

一 题项描述性统计分析

本书正式调查中所有的测量题项共计48个。为了考察数据调查结果的分布特征和代表性，我们对48个测量题项的平均值、标准差、最小值、最大值、偏度和峰度进行统计。如表5—1所示，本书所有测量题项的偏度和峰度绝对值全都小于2。因此，我们认为本书正式调查中采集的数据基本上符合正态分布特征，完全满足进一步数据分析的要求。

表5—1　　　　　正式问卷测量题项描述性统计分析

测量题项	平均值	标准差	偏度 统计值	偏度 标准差	峰度 统计值	峰度 标准差
1	2.9007	1.04775	0.020	0.099	−0.477	0.197
2	3.0358	1.02594	0.101	0.099	−0.452	0.197

续表

测量题项	平均值	标准差	偏度 统计值	偏度 标准差	峰度 统计值	峰度 标准差
3	2.8515	1.07822	0.063	0.099	-0.716	0.197
4	2.7215	1.27299	0.295	0.099	-0.994	0.197
5	2.9101	1.22357	0.075	0.099	-0.901	0.197
6	2.8874	1.24015	0.081	0.099	-0.900	0.197
7	2.7801	1.35128	0.182	0.099	-1.185	0.197
8	2.7359	1.21762	0.238	0.099	-0.915	0.197
9	2.7762	1.15956	0.268	0.099	-0.724	0.197
10	2.7755	1.33191	0.241	0.099	-1.123	0.198
11	2.8591	0.96067	-0.026	0.099	-0.273	0.197
12	2.8488	1.00736	-0.002	0.099	-0.213	0.197
13	2.9285	1.00643	-0.108	0.099	-0.373	0.197
14	2.7900	1.11085	0.021	0.099	-0.705	0.197
15	3.0465	1.23766	-0.016	0.099	-0.895	0.197
16	3.0767	1.27338	-0.059	0.099	-0.982	0.197
17	2.9966	1.16250	-0.056	0.099	-0.643	0.197
18	3.1260	1.32227	-0.149	0.099	-1.098	0.197
19	3.1858	1.48091	-0.186	0.099	-1.418	0.197
20	2.9962	1.37684	0.011	0.099	-1.266	0.197
21	3.0764	1.42926	-0.047	0.099	-1.352	0.197
22	3.0170	1.23764	-0.016	0.099	-1.050	0.197
23	2.8876	1.40800	0.091	0.099	-1.309	0.197
24	2.7736	1.38599	0.289	0.099	-1.231	0.197
25	2.6559	1.52791	0.398	0.099	-1.366	0.197
26	2.7045	1.48640	0.375	0.099	-1.326	0.197
27	2.8958	1.25879	0.138	0.099	-1.046	0.197
28	2.9657	1.00998	0.202	0.099	-0.671	0.197
29	2.8752	1.17904	0.177	0.099	-1.036	0.197
30	2.8290	1.18104	0.299	0.099	-0.949	0.197
31	3.3094	1.25741	-0.170	0.099	-1.045	0.197
32	3.2215	1.20891	-0.081	0.099	-0.955	0.197

续表

测量题项	平均值	标准差	偏度统计值	偏度标准差	峰度统计值	峰度标准差
33	3.2137	1.17365	-0.068	0.099	-0.844	0.197
34	3.1873	1.09236	0.015	0.099	-0.584	0.197
35	3.2404	1.13856	-0.142	0.099	-0.647	0.197
36	3.1384	1.21521	-0.070	0.099	-0.918	0.197
37	3.2004	1.15791	-0.062	0.099	-0.740	0.197
38	3.1530	1.15784	-0.092	0.099	-0.755	0.197
39	3.3032	1.27037	-0.300	0.099	-0.961	0.197
40	3.0651	1.29964	-0.157	0.099	-1.096	0.197
41	2.7334	1.20060	0.088	0.099	-0.932	0.197
42	2.4910	1.15272	0.266	0.099	-0.823	0.197
43	3.1043	1.36808	-0.204	0.099	-1.214	0.197
44	3.3800	1.21736	-0.519	0.099	-0.684	0.197
45	2.9689	1.31276	-0.029	0.099	-1.117	0.197
46	3.4312	1.21815	-0.457	0.099	-0.754	0.197
47	3.4213	1.12313	-0.406	0.099	-0.510	0.197
48	2.2508	1.21396	0.646	0.099	-0.522	0.197

注：N=614，最大值均为5，最小值均为1。

二 高校英语教师职业幸福感描述性统计分析

本书中高校英语教师职业幸福感包含职业倦怠和职业投入两大维度。其中职业倦怠包含2个下属核心因子，职业投入也包含2个下属核心因子。为了解中国高校英语教师职业幸福感的现状，我们对这4个因子以及总体职业幸福感的平均值、标准差、最大值、最小值等进行了描述性统计分析，如表5—2所示。

表5—2　高校英语教师职业幸福感描述性统计分析

研究变量	最小值	最大值	平均值	标准差
情感枯竭（反向）	1.00	5.00	3.1452	0.82477
疏离（反向）	1.00	5.00	2.9393	1.10762

续表

研究变量	最小值	最大值	平均值	标准差
活力	1.00	5.00	2.9305	0.91226
奉献	1.00	5.00	2.8604	1.17449
职业幸福感	1.15	4.95	2.9259	0.80998

注：N=614。

表5—2表明中国高校英语教师职业幸福感各指标均处于中等水平到中等稍高水平，均值在2.86—3.15。总体职业幸福感均值为2.9259，再次说明高校英语教师职业幸福感处于中间水平。这一结果在访谈中得到了验证，许多老师都觉得高校英语教师这份职业总体而言还行，有利有弊，关键看怎么想。职业幸福感不算高与高校英语教师的一些特点相关：一方面，高校英语教师特别是从事大学英语教学的教师所教授的学生数量多，见面机会少，因此跟学生之间的关系并不算紧密，一学期下来甚至不能认识每一个学生，从学生处收获的幸福感有，但是不充分；另一方面，由于高校教师不用坐班，上班时间相对分散的原因，很多教师上完课都各自回家，因此同事之间的来往并不是很多，整体团队凝聚力不强。除了这两个因素以外，还有教师表示评职称的压力很大，科研压力比较大，另外有教师表示自己对工作付出了很多，但是工资跟社会中许多其他行业相比，付出回报率太低。教师职业幸福感的中度水平与教师们所感知到的资源水平和工作压力存在一定的关系。

三 高校英语教师职业环境感知描述性统计分析

本书中高校英语教师职业环境共包含认可反馈、同事支持、专业发展、设备资源、学生支持、自主性六个方面。对这6个变量以及总体高校的均值、标准差、最大值和最小值进行了描述性统计分析，如表5—3所示。

从表5—3可以看到高校英语教师对这六个方面的职业环境感知也处于比较趋中的水平，均值在2.8—3.3。其中满意度最高的是学校给予教师的反馈和认可，其次是专业发展机会，再次是教师的自主性。感知水平

表 5—3　　　　　高校英语教师职业环境感知描述性统计分析

变量	最小值	最大值	均值	标准差
认可反馈	1.00	5.00	3.2080	0.94925
同事支持	1.00	5.00	2.8224	1.14634
专业发展	1.00	5.00	3.0924	0.85068
设备资源	1.00	5.00	2.8979	0.96499
学生支持	1.00	5.00	2.8900	0.96077
自主性	1.00	5.00	3.0861	1.07608

注：N=614。

最低的是同事支持。说明高校英语教师比较认同学校职称评审制度、教务管理、评优制度、绩效考核制度等方面；同时高校英语教师们也能有一定的机会参加培训、学术会议、进修以及参加学术讲座等来提高自己的专业水平；另外高校英语教师享有一定程度的自主性，能在一定程度上决定自己的教学内容、方法、过程以及时间和精力的分配。教师对职业环境这些感知水平在访谈中得到了教师们的再次认可。

第二节　高校英语教师职业幸福感差异检验

本书通过单因子方差分析来检验人口统计学变量对高校英语教师职业幸福感是否具有显著性差异，本书所考查的人口学统计变量主要包括性别、年龄、职称三个方面。

一　高校英语教师职业幸福感的性别差异

本次研究总样本中，男性样本464，女性样本134，16人性别信息缺失，未纳入本次方差分析中。性别对高校英语教师职业幸福感的单因素方差分析结果见表5—4所示：方差齐性检验显著性水平均大于0.05，因此研究变量满足性别上的方差齐性条件，也说明接下来的单因素方差分析结果是有效的。方差检验显著性水平全部大于0.05，表明男女教师在教师职业幸福感的下属四个维度以及总体职业幸福感上均不具有显著性差异。

表 5—4 性别对高校英语教师职业幸福感的方差分析

变量	类别	均值	标准差	均值差	标准误	方差齐性检验 F	方差齐性检验 p	方差检验 F	方差检验 p
情感枯竭（反向）	男	3.1591	0.93994	0.00433	0.08104	0.508	0.411	0.053	0.957
	女	3.1548	0.79063						
疏离（反向）	男	3.1006	1.13925	0.18248	0.10816	0.506	0.477	1.687	0.092
	女	2.9181	1.09216						
活力	男	2.9502	1.01740	0.01203	0.08942	0.276	0.639	0.135	0.893
	女	2.9382	0.87906						
奉献	男	2.9552	1.18314	0.10621	0.11529	0.019	0.892	0.921	0.357
	女	2.8490	1.17344						
职业幸福感	男	3.0211	0.84773	0.10648	0.07947	0.258	0.612	1.795	0.181
	女	2.9385	0.79930						

Skaalvik & Skaalvik（2009）在其对挪威中小学教师对学校环境感知与教师职业幸福感的关系研究中同样发现，性别与学校环境的感知、教师职业倦怠感以及工作满意度没有显著的相关性。Schaufeli（2012）在对职业投入的文献综述中也支持在职业投入相关研究中没有发现很系统化的男女性别差异。然而 Aelterman et al.（2007）在对挪威中小学教师职业环境对教师职业幸福感影响的相关研究中发现，女教师的总体职业幸福感比男教师的总体职业幸福感要高，且差异达到显著性水平，女教师对同事支持和与家长关系的满意度比男教师要高。但是作者指出这个差异表面上看是性别差异，但是可能是因为女性受试者年龄普遍比男性受试者低，而且女性受试者占大多数，而年龄对总体的职业幸福感是有直接影响的（Huberman & Vandenberghe，1999），年纪大的教师通常比年轻教师的幸福感要低。本书中也同样发现 46 岁以上教师，特别是 50 岁以上教师职业投入水平要低于年轻教师。Kessler et al.（2014）则发现女教师在以教学为主的院系中工作满意度更高，而男教师在更多以研究为导向的院系中工作满意度更高，有学者认为这是因为职业喜好是有性别差异的，具体而言男性更倾向于跟物品，例如数据、计算机等打交道，相比较而

言女性则更喜欢跟人打交道,例如学生、同事等(Su et al., 2009)。因此环境感知对工作满意度的影响可能受到性别或者是教师性格的中介影响,后续研究工作环境感知以及工作满意度的关系,一方面可以将环境进一步分类,另一方面可以探讨教师性别以及性格特征的中介作用。

二 高校英语教师职业幸福感的年龄差异

本次研究总样本中排除 10 名教师未汇报年龄信息外,30 岁以下教师有 63 名,31—35 岁教师有 235 名,36—40 岁教师有 131 名,41—45 岁教师有 95 名,46—50 岁教师有 55 名,50 岁以上教师有 25 名。年龄对教师职业幸福感的单因素方差分析结果如表 5—5 所示:方差齐性检验显著性水平全部大于 0.05,因此研究变量满足年龄上的方差齐性要求,也说明接下来的单因素方差分析结果是有效的。方差检验显著性水平在活力和奉献以及总体职业幸福感上小于 0.05,说明年龄对教师在活力和奉献以及总体职业幸福感的影响上具有显著性差异,为此,我们还需要进一步采取 LSD 多重比较检验,以确认各组之间的差异情况。从表 5—5 可以看到情感枯竭(反向)现象最少的是 50 岁以上的教师,最多的是 41—45 岁的教师;疏离(反向)感最少的是 30 岁以下的教师,而疏离(反向)感最多的则是 50 岁以上的教师;最具有活力的教师群体是 41—45 岁的教师,最没有活力的则是 50 岁以上的教师;奉献维度上水平最高的是 30 岁以下的教师,最低的是 50 岁以上的教师。总体职业幸福感而言,平均水平最高的是 41—45 岁的教师,而总体幸福感水平最低的则是 46—50 岁的教师。46 岁以上的教师比年轻的教师们的总体幸福感要低。

年龄对教师职业幸福感的下属维度:活力和奉献以及总体职业幸福感的 LSD 多重比较检验结果如表 5—6 所示。由表 5—6 可知,活力维度 30 岁以下的教师比 50 岁以上的教师水平显著要高(均值差为 0.44042,$p = 0.037$)。31—35 岁教师则比 41—45 岁教师在活力水平上显著要低(均值差为 -0.34744,$p = 0.001$),36—40 岁的教师比 46—50 岁和 50 岁以上的教师在活力水平上显著要高(均值差和 p 值分别为 0.41138,$p = 0.004$;0.52896,$p = 0.007$),41—45 岁教师比 46—50 岁和 50 岁以上教师在活力水平上显著要高(均值差和 p 值分别为 0.58278,$p = 0.000$;0.70035,$p = 0.001$)。

表 5—5　　年龄对高校英语教师职业幸福感的方差分析

变量	类别	均值	标准差	方差齐性检验 Levene	p	方差检验 F	P
情感枯竭（反向）	30 岁以下	3.0635	0.73776	1.964	0.082	0.681	0.638
	31-35 岁	3.1888	0.78612				
	36-40 岁	3.1463	0.79106				
	41-45 岁	3.0623	0.85048				
	46-50 岁	3.0773	0.91144				
	50 岁以上	3.2882	1.05304				
疏离（反向）	30 岁以下	3.1310	1.17848	2.563	0.063	1.269	0.276
	31-35 岁	2.9424	1.03379				
	36-40 岁	3.0001	1.04441				
	41-45 岁	2.9790	1.07268				
	46-50 岁	2.6952	1.32863				
	50 岁以上	2.6900	1.41841				
活力	30 岁以下	2.9471	0.72638	1.353	0.105	4.919	0.000
	31-35 岁	2.8596	0.80339				
	36-40 岁	3.0356	0.86652				
	41-45 岁	3.2070	0.94803				
	46-50 岁	2.6242	1.14944				
	50 岁以上	2.5067	1.25875				
奉献	30 岁以下	3.1111	1.25152	1.508	0.185	2.332	0.041
	31-35 岁	2.8170	1.13859				
	36-40 岁	2.9385	1.10730				
	41-45 岁	3.0211	1.07827				
	46-50 岁	2.5212	1.33297				
	50 岁以上	2.5867	1.37194				
总体职业幸福感	30 岁以下	3.0458	0.83940	1.744	0.118	2.272	0.046
	31-35 岁	2.9017	0.73575				
	36-40 岁	2.9733	0.78909				
	41-45 岁	3.0618	0.77919				
	46-50 岁	2.6760	1.02117				
	50 岁以上	2.7343	1.05502				

表5—6　年龄对高校英语教师职业幸福感的LSD多重比较检验

因变量	(I) 年龄	(J) 年龄	均值差 (I-J)	标准误	p	95% 均值置信区间 下限	95% 均值置信区间 上限
活力	30岁以下	31-35岁	0.08752	0.12647	0.489	-0.1609	0.3359
		36-40岁	-0.08853	0.13667	0.517	-0.3570	0.1799
		41-45岁	-0.25993	0.14484	0.073	-0.5444	0.0245
		46-50岁	0.32285	0.16451	0.050	-0.0002	0.6459
		50岁以上	0.44042*	0.21071	0.037	0.0266	0.8543
	31-35岁	30岁以下	-0.08752	0.12647	0.489	-0.3359	0.1609
		36-40岁	-0.17605	0.09720	0.071	-0.3669	0.0148
		41-45岁	-0.34744*	0.10838	0.001	-0.5603	-0.1346
		46-50岁	0.23533	0.13353	0.079	-0.0269	0.4976
		50岁以上	0.35291	0.18753	0.060	-0.0154	0.7212
	36-40岁	30岁以下	0.08853	0.13667	0.517	-0.1799	0.3570
		31-35岁	0.17605	0.09720	0.071	-0.0148	0.3669
		41-45岁	-0.17139	0.12013	0.154	-0.4073	0.0645
		46-50岁	0.41138*	0.14323	0.004	0.1301	0.6927
		50岁以上	0.52896*	0.19456	0.007	0.1469	0.9111
	41-45岁	30岁以下	0.25993	0.14484	0.073	-0.0245	0.5444
		31-35岁	0.34744*	0.10838	0.001	0.1346	0.5603
		36-40岁	0.17139	0.12013	0.154	-0.0645	0.4073
		46-50岁	0.58278*	0.15104	0.000	0.2861	0.8794
		50岁以上	0.70035*	0.20038	0.001	0.3068	1.0939
	46-50岁	30岁以下	-0.32285	0.16451	0.050	-0.6459	0.0002
		31-35岁	-0.23533	0.13353	0.079	-0.4976	0.0269
		36-40岁	-0.41138*	0.14323	0.004	-0.6927	-0.1301
		41-45岁	-0.58278*	0.15104	0.000	-0.8794	-0.2861
		50岁以上	0.11758	0.21502	0.585	-0.3047	0.5399
	50岁以上	30岁以下	-0.44042*	0.21071	0.037	-0.8543	-0.0266
		31-35岁	-0.35291	0.18753	0.060	-0.7212	0.0154
		36-40岁	-0.52896*	0.19456	0.007	-0.9111	-0.1469
		41-45岁	-0.70035*	0.20038	0.001	-1.0939	-0.3068
		46-50岁	-0.11758	0.21502	0.585	-0.5399	0.3047

续表

因变量	(I) 年龄	(J) 年龄	均值差 (I-J)	标准误	p	95% 均值置信区间 下限	95% 均值置信区间 上限
奉献	30 岁以下	31－35 岁	0.29409	0.16515	0.075	－0.0302	0.6184
		36－40 岁	0.17261	0.17847	0.334	－0.1779	0.5231
		41－45 岁	0.09006	0.18913	0.634	－0.2814	0.4615
		46－50 岁	0.58990*	0.21481	0.006	0.1680	1.0118
		50 岁以上	0.52444	0.27515	0.057	－0.0159	1.0648
	31－35 岁	30 岁以下	－0.29409	0.16515	0.075	－0.6184	0.0302
		36－40 岁	－0.12148	0.12692	0.339	－0.3707	0.1278
		41－45 岁	－0.20403	0.14152	0.150	－0.4820	0.0739
		46－50 岁	0.29581	0.17436	0.090	－0.0466	0.6382
		50 岁以上	0.23035	0.24488	0.347	－0.2506	0.7113
	36－40 岁	30 岁以下	－0.17261	0.17847	0.334	－0.5231	0.1779
		31－35 岁	0.12148	0.12692	0.339	－0.1278	0.3707
		41－45 岁	－0.08255	0.15686	0.599	－0.3906	0.2255
		46－50 岁	0.41729*	0.18703	0.026	0.0500	0.7846
		50 岁以上	0.35183	0.25405	0.167	－0.1471	0.8508
	41－45 岁	30 岁以下	－0.09006	0.18913	0.634	－0.4615	0.2814
		31－35 岁	0.20403	0.14152	0.150	－0.0739	0.4820
		36－40 岁	0.08255	0.15686	0.599	－0.2255	0.3906
		46－50 岁	0.49984*	0.19723	0.012	0.1125	0.8872
		50 岁以上	0.43439	0.26165	0.097	－0.0795	0.9483
	46－50 岁	30 岁以下	－0.58990*	0.21481	0.006	－1.0118	－0.1680
		31－35 岁	－0.29581	0.17436	0.090	－0.6382	0.0466
		36－40 岁	－0.41729*	0.18703	0.026	－0.7846	－0.0500
		41－45 岁	－0.49984*	0.19723	0.012	－0.8872	－0.1125
		50 岁以上	－0.06545	0.28077	0.816	－0.6169	0.4860
	50 岁以上	30 岁以下	－0.52444	0.27515	0.057	－1.0648	0.0159
		31－35 岁	－0.23035	0.24488	0.347	－0.7113	0.2506
		36－40 岁	－0.35183	0.25405	0.167	－0.8508	0.1471
		41－45 岁	－0.43439	0.26165	0.097	－0.9483	0.0795
		46－50 岁	0.06545	0.28077	0.816	－0.4860	0.6169

续表

因变量	（I）年龄	（J）年龄	均值差(I-J)	标准误	p	95%均值置信区间 下限	95%均值置信区间 上限
总体幸福感	30岁以下	31-35岁	0.14404	0.11478	0.210	-0.0814	0.3695
		36-40岁	0.07243	0.12404	0.559	-0.1712	0.3160
		41-45岁	-0.01602	0.13145	0.903	-0.2742	0.2421
		46-50岁	0.36981*	0.14930	0.014	0.0766	0.6630
		50岁以上	0.31147	0.19123	0.104	-0.0641	0.6870
	31-35岁	30岁以下	-0.14404	0.11478	0.210	-0.3695	0.0814
		36-40岁	-0.07161	0.08821	0.417	-0.2449	0.1016
		41-45岁	-0.16006	0.09836	0.104	-0.3532	0.0331
		46-50岁	0.22577	0.12118	0.063	-0.0122	0.4638
		50岁以上	0.16742	0.17019	0.326	-0.1668	0.5017
	36-40岁	30岁以下	-0.07243	0.12404	0.559	-0.3160	0.1712
		31-35岁	0.07161	0.08821	0.417	-0.1016	0.2449
		41-45岁	-0.08845	0.10902	0.418	-0.3026	0.1257
		46-50岁	0.29738*	0.12999	0.022	0.0421	0.5527
		50岁以上	0.23903	0.17657	0.176	-0.1077	0.5858
	41-45岁	30岁以下	0.01602	0.13145	0.903	-0.2421	0.2742
		31-35岁	0.16006	0.09836	0.104	-0.0331	0.3532
		36-40岁	0.08845	0.10902	0.418	-0.1257	0.3026
		46-50岁	0.38583*	0.13708	0.005	0.1166	0.6550
		50岁以上	0.32748	0.18185	0.072	-0.0297	0.6846
	46-50岁	30岁以下	-0.36981*	0.14930	0.014	-0.6630	-0.0766
		31-35岁	-0.22577	0.12118	0.063	-0.4638	0.0122
		36-40岁	-0.29738*	0.12999	0.022	-0.5527	-0.0421
		41-45岁	-0.38583*	0.13708	0.005	-0.6550	-0.1166
		50岁以上	-0.05835	0.19514	0.765	-0.4416	0.3249
	50岁以上	30岁以下	-0.31147	0.19123	0.104	-0.6870	0.0641
		31-35岁	-0.16742	0.17019	0.326	-0.5017	0.1668
		36-40岁	-0.23903	0.17657	0.176	-0.5858	0.1077
		41-45岁	-0.32748	0.18185	0.072	-0.6846	0.0297
		46-50岁	0.05835	0.19514	0.765	-0.3249	0.4416

在奉献维度上，水平最高的是 30 岁以下的教师群体，比 46—50 岁的教师全体显著要高，水平最低的是 46—50 岁的教师，这一教师群体比 36—40 岁的教师和 41—45 岁的教师在奉献维度上都显著要低。

在总体职业幸福感水平上，最高的是 41—45 岁的教师，最低的是 46—50 岁的教师。46—50 岁的教师比 30 岁以下教师、36—40 岁教师以及 41—45 岁教师的总体职业幸福感水平都显著要低。

总体而言，教师们在情感枯竭（反向）和疏离（反向）维度上没有显著性差异，在活力、奉献以及总体职业幸福感上年轻教师比年长的教师水平更高，除了 41—45 岁教师在活力维度上具有突出表现，具有超凡活力，并且在奉献维度上也具有仅次于 30 岁以下教师的热情。Aelterman et al.（2007）在其研究中也发现挪威的中小学教师中年龄对教师的总体职业幸福感有显著影响，年长一些的小学教师比年轻教师的总体幸福感水平要低，还有一些学者的研究结果也支持此观点（Huberman & Vandenberghe, 1999；Lens & de Jesus, 1999）。张庆宗（2011）通过深度访谈也发现教龄越长、教学经验越丰富，职业倦怠程度越高。也有研究表明，教师的职业热情随着年限的增长呈逐渐衰退的趋势（褚远辉等，2010）。在中、老年教师身上，教学的长期性和周期循环性导致的职业倦怠表现得更典型、更突出一些。Aelterman et al.（2007）还发现年龄的影响有一部分通过对创新的态度和工作压力的感知对幸福感产生作用。至于 41—45 岁教师在活力以及奉献维度上的突出表现，我们对教师进行了访谈。访谈中，一位教师谈到，这个年龄层次的教师的孩子通常都已经高考结束，处于大学阶段或者已经大学毕业了，卸下照顾孩子这一重大负担，他们能够有更多的精力投入到工作中去，同时会努力地去在工作中充实自己，试图通过给予学生更多的爱和精力来释放自己的情感。对长时间因为照顾孩子和家庭而无暇静心学术的老师们而言，他们又迎来了另一个事业的高峰期，开始专心学术、提高专业能力以获取更高的身份资源——职称。

三 高校英语教师职业幸福感的职称差异

在本次研究总样本中，除 13 名教师未汇报职称信息外，助教 28 名，讲师 369 人，副教授 160 人，教授 44 人。职称对教师职业幸福感的单因素方差分析结果如表 5—7 所示：方差齐性检验显著性水平全部大于

0.05，因此研究变量满足职称上的方差齐性；总体职业幸福感、情感枯竭（反向）方差检验显著性水平全部小于0.05，因此职称对教师职业幸福感的影响具有显著性差异。为此，我们还需要进一步采取LSD多重比较检验，以确认各组之间的差异情况，详见表5—8。

表5—7　　职称对高校英语教师职业幸福感的方差分析

变量	类别	均值	标准差	方差齐性检验 Levene	p	方差检验 F	P
总体职业幸福感	助教	2.9321	0.88020	2.190	0.088	2.767	0.041
	讲师	2.9424	0.77320				
	副教授	2.8332	0.80208				
	教授	3.2258	1.02211				
	合计	2.9336	0.80987				
情感枯竭（反向）	助教	3.1964	0.85623	2.272	0.079	3.426	0.017
	讲师	3.1502	0.80860				
	副教授	3.0420	0.77132				
	教授	3.4830	0.96508				
	合计	3.1479	0.81838				
疏离（反向）	助教	2.9554	1.23050	1.679	0.112	1.900	0.128
	讲师	2.9455	1.07098				
	副教授	2.8521	1.07461				
	教授	3.3011	1.38575				
	合计	2.9471	1.10764				
活力	助教	2.8810	0.81253	1.457	0.235	2.486	0.060
	讲师	2.9648	0.83385				
	副教授	2.8104	0.98743				
	教授	3.2045	1.16631				
	合计	2.9373	0.90674				
奉献	助教	2.8690	1.35580	1.088	0.353	0.361	0.781
	讲师	2.8780	1.13194				
	副教授	2.8121	1.20510				
	教授	3.0152	1.24920				
	合计	2.8701	1.16950				

表 5—8　职称对高校英语教师职业幸福感的 LSD 多重比较检验

因变量	（I）职称	（J）职称	均值差（I-J）	标准误	p	95% 均值置信区间 下限	上限
总体职业幸福感	助教	讲师	-0.01028	0.15806	0.948	-0.3207	0.3001
		副教授	0.09893	0.16518	0.549	-0.2255	0.4233
		教授	-0.29361	0.19492	0.133	-0.6764	0.0892
	讲师	助教	0.01028	0.15806	0.948	-0.3001	0.3207
		副教授	0.10921	0.07632	0.153	-0.0407	0.2591
		教授	-0.28334*	0.12860	0.028	-0.5359	-0.0308
	副教授	助教	-0.09893	0.16518	0.549	-0.4233	0.2255
		讲师	-0.10921	0.07632	0.153	-0.2591	0.0407
		教授	-0.39255*	0.13726	0.004	-0.6621	-0.1230
	教授	助教	0.29361	0.19492	0.133	-0.0892	0.6764
		讲师	0.28334*	0.12860	0.028	0.0308	0.5359
		副教授	0.39255*	0.13726	0.004	0.1230	0.6621
情感枯竭（反向）	助教	讲师	0.04622	0.15946	0.772	-0.2669	0.3594
		副教授	0.15443	0.16664	0.354	-0.1728	0.4817
		教授	-0.28653	0.19665	0.146	-0.6727	0.0997
	讲师	助教	-0.04622	0.15946	0.772	-0.3594	0.2669
		副教授	0.10821	0.07700	0.160	-0.0430	0.2594
		教授	-0.33274*	0.12974	0.011	-0.5875	-0.0779
	副教授	助教	-0.15443	0.16664	0.354	-0.4817	0.1728
		讲师	-0.10821	0.07700	0.160	-0.2594	0.0430
		教授	-0.44096*	0.13847	0.002	-0.7129	-0.1690
	教授	助教	0.28653	0.19665	0.146	-0.0997	0.6727
		讲师	0.33274*	0.12974	0.011	0.0779	0.5875
		副教授	0.44096*	0.13847	0.002	0.1690	0.7129
疏离（反向）	助教	讲师	0.00990	0.21663	0.964	-0.4156	0.4354
		副教授	0.10327	0.22639	0.648	-0.3414	0.5479
		教授	-0.34578	0.26717	0.196	-0.8705	0.1789
	讲师	助教	-0.00990	0.21663	0.964	-0.4354	0.4156
		副教授	0.09337	0.10461	0.372	-0.1121	0.2988
		教授	-0.35568*	0.17626	0.044	-0.7018	-0.0095

续表

因变量	（I）职称	（J）职称	均值差（I-J）	标准误	p	95%均值置信区间 下限	95%均值置信区间 上限
疏离（反向）	副教授	助教	-0.10327	0.22639	0.648	-0.5479	0.3414
		讲师	-0.09337	0.10461	0.372	-0.2988	0.1121
		教授	-0.44905*	0.18813	0.017	-0.8185	-0.0796
	教授	助教	0.34578	0.26717	0.196	-0.1789	0.8705
		讲师	0.35568*	0.17626	0.044	0.0095	0.7018
		副教授	0.44905*	0.18813	0.017	0.0796	0.8185
活力	助教	讲师	-0.08382	0.17708	0.636	-0.4316	0.2640
		副教授	0.07054	0.18506	0.703	-0.2929	0.4340
		教授	-0.32359	0.21839	0.139	-0.7525	0.1053
	讲师	助教	0.08382	0.17708	0.636	-0.2640	0.4316
		副教授	0.15435	0.08551	0.072	-0.0136	0.3223
		教授	-0.23978	0.14408	0.097	-0.5227	0.0432
	副教授	助教	-0.07054	0.18506	0.703	-0.4340	0.2929
		讲师	-0.15435	0.08551	0.072	-0.3223	0.0136
		教授	-0.39413*	0.15378	0.011	-0.6961	-0.0921
	教授	助教	0.32359	0.21839	0.139	-0.1053	0.7525
		讲师	0.23978	0.14408	0.097	-0.0432	0.5227
		副教授	0.39413*	0.15378	0.011	0.0921	0.6961
奉献	助教	讲师	-0.00900	0.22961	0.969	-0.4600	0.4419
		副教授	0.05690	0.23996	0.813	-0.4144	0.5282
		教授	-0.14610	0.28318	0.606	-0.7022	0.4100
	讲师	助教	0.00900	0.22961	0.969	-0.4419	0.4600
		副教授	0.06590	0.11088	0.552	-0.1519	0.2837
		教授	-0.13710	0.18682	0.463	-0.5040	0.2298
	副教授	助教	-0.05690	0.23996	0.813	-0.5282	0.4144
		讲师	-0.06590	0.11088	0.552	-0.2837	0.1519
		教授	-0.20301	0.19940	0.309	-0.5946	0.1886
	教授	助教	0.14610	0.28318	0.606	-0.4100	0.7022
		讲师	0.13710	0.18682	0.463	-0.2298	0.5040
		副教授	0.20301	0.19940	0.309	-0.1886	0.5946

职称对高校英语教师职业幸福感的 LSD 多重比较检验结果如表 5—8 所示。总体职业幸福感最高的是教授职称的教师，最低的是副教授；教授的总体职业幸福感水平显著高于讲师和副教授。在情感枯竭（反向）维度上，水平最高的仍然是教授，最低的是副教授；其中教授的情感枯竭（反向）情况明显比讲师和副教授要好。疏离（反向）维度上同样是教授群体最高，副教授群体最低，其中教授在该维度上水平显著高于副教授。在活力维度上，教授水平显著高于副教授水平；在奉献维度上，不同职称教师之间没有显著性差异。

总体而言，教授群体的职业幸福感以及下属各维度水平是最高的，而职业幸福感及下属各维度水平最低的是副教授。对于这一现象几位教师谈了他们的看法。其中 D 教师指出很多副教授都处于一种"准退休"状态，特别是已经拿到副教授职称的女教师，评教授对她们而言确实是非常困难的事情，畏难情绪严重，副教授好歹也是个教授了，面子上也过得去，于是会选择换一种生活方式，将重心转移到生活上，养生、照顾子女、旅行等。F 教授谈到有一位与自己同年进校做老师的同事，每天都过得很潇洒，上完课遛遛狗、陪老婆逛逛街，现在都 50 岁了还显得特别年轻，不像自己一天到晚忙忙碌碌的，要说总体生活上的幸福感，一定是那位男老师更高。但是这位 F 教授也很享受自己忙碌的工作和生活，在没有课的时间里，总是喜欢独自一个人坐在书桌前，看期刊、写文章、读书，希望自己有三头六臂，把那些新颖的想法全都实践出来，总是一坐下去几个小时就不知不觉地过去了，偶尔甚至会把给女儿做饭的事情都忘记。这位教授在她的工作中享受到了许多乐趣，在工作中活力充沛、热情满溢。同时许多学生也给予了她很好的反馈，她认为学生给予她的认可、学生的进步是她最大的幸福。

第三节 高校英语教师职业环境对教师职业幸福感的影响研究

一 变量间相关分析

本书运用 SPSS18.0 统计软件对人口统计学变量（性别、年龄、职称）、教师职业幸福感下属变量［情感枯竭（反向）、疏离（反向）、活力、奉献]、教师职业环境感知下属变量（认可反馈、同事支持、专业发展、资源设备、学生支持、自主性）以及总体教师职业幸福感等研究变量进行 Pearson 简单相关分析，相关系数结果参见表5—9。

表5—9 显示在人口学统计变量上，性别与年龄、职称、自主性之间呈负相关（r = -0.181，p < 0.01；r = -0.196，p < 0.01；r = -0.119，p < 0.01），说明女教师比男教师享有更少的自主性，在工作中专注投入的时间相对少。年龄与职称、专业发展、资源设备呈正相关关系（r = 0.703**，p < 0.01；r = 0.151**，p < 0.01；r = 0.128**，p < 0.01），说明高校英语教师随着年龄的增长，专业发展兴趣更加浓厚，对资源设备的感知满意度也更高。职称与专业发展、资源设备之间呈正相关关系（r = 0.263**，p < 0.01；r = 0.138**，p < 0.01），说明随着职称的升高，教师的专业发展兴趣更加浓厚，对资源设备的感知更加满意。关于人口统计学变量与教师职业幸福感各维度相关关系我们已经在本章第二节进行了相关讨论，这里不再赘述。

表5—9　　　　　　　　　变量相关关系分析

变量	G	A	T	EX	CY	VI	DE	FE	CO	PR	EQ	STS	AU	OW
G	1													
A	-0.181**	1												
T	-0.196**	0.703**	1											
EX	-0.002	-0.008	0.033	1										
CY	-0.069	-0.076	0.034	0.309**	1									
VI	-0.006	-0.035	0.013	0.294**	0.616**	1								
DE	-0.038	-0.069	0.007	0.183**	0.740**	0.693**	1							
FE	-0.053	0.026	-0.008	0.274**	0.044	0.116**	-0.038	1						
CO	-0.045	-0.014	0.047	0.057	0.609**	0.531**	0.678**	-0.025	1					
PR	-0.069	0.151**	0.236**	-0.048	0.026	0.008	-0.014	-0.137**	-0.031	1				
EQ	-0.062	0.128**	0.138**	-0.012	-0.017	-0.045	-0.038	-0.200**	0.005	0.397**	1			
STS	-0.039	-0.080	-0.004	0.133**	0.499**	0.486**	0.538**	0.175**	0.535**	-0.037	-0.064	1		
AU	-0.119**	0.016	0.011	0.256**	0.000	0.051	-0.039	0.348**	-0.086*	0.059	-0.144**	0.084*	1	
OW	-0.055	-0.060	0.029	0.414**	0.877**	0.831**	0.898**	0.043	0.678**	-0.002	-0.045	0.566**	0.037	1

注：①G 表示性别，A 表示年龄，T 表示职称，EX 表示情感枯竭（反向），CY 表示疏离（反向），VI 表示活力，DE 表示奉献，FE 表示认可反馈，CO 表示同事支持，PR 表示专业发展，EQ 表示资源设备，STS 表示学生支持，AU 表示自主性，OW 表示职业幸福感。② * 表示 p < 0.05，** 表示 p < 0.01。

在教师职业幸福感内部各因素之间：情感枯竭（反向）与疏离（反

向)、活力、奉献之间均存在显著正向关系（r = 0.309**，p < 0.01；r = 0.294**，p < 0.01；r = 0.183**，p < 0.01）；疏离（反向）与活力、奉献之间均存在显著的正相关关系（r = 0.616**，p < 0.01；r = 0.740**，p < 0.01），活力与奉献之间存在显著的正相关关系（r = 0.693**，p < 0.01）。总体职业幸福感与其下属各维度之间［情感枯竭（反向）、疏离（反向）、活力、奉献］均存在高度的正相关关系（r = 0.414**，p < 0.01；r = 0.877**，p < 0.01；r = 0.831**，p < 0.01；r = 0.898**，p < 0.01）。这些相关关系再次证明了教师职业幸福感模型内部各因素是一个相互关联的整体。教师职业幸福感下属维度之间存在中度到中高度的相关关系，这一发现支持了职业倦怠与职业投入是中度到高度负相关的关系论断（Schaufeli & Bakker, 2004; Bakker et al., 2007）。再次证明职业倦怠与职业投入不是两个完全相对立、互不相容的端点，而是两种相互之间存在负相关关系的认知和情感状态。例如在工作中一周感受到一次情感枯竭（反向）的同时也有可能在这一周一次或者多次感受到工作干劲十足、精力充沛。这种中高度的相关关系，同时也再一次验证我们的 H1：高校英语教师职业幸福感是一个由教师职业倦怠［情感枯竭（反向）和疏离（反向）］和教师职业投入（活力和奉献）四个核心因素构成的一阶四因子模型。

在高校英语教师职业环境内部各因素之间：认可反馈与专业发展、资源设备呈显著负相关关系（r = −0.137**，p < 0.01；r = −0.200**，p < 0.01），与学生支持和自主性呈显著正相关关系（r = 0.175**，p < 0.01；r = 0.348**，p < 0.01）；同事支持与学生支持呈显著正相关关系（r = 0.535**，p < 0.01），与自主性存在显著负相关关系（r = −0.086*，p < 0.1）；专业兴趣与资源设备存在显著正相关关系（r = 0.397**，p < 0.01）；资源设备与自主性存在显著负相关关系（r = −0.144**，p < 0.01）；学生支持与自主性存在显著正相关关系（r = 0.084**，p < 0.01）。这些学校环境感知之间虽然存在显著性关系，但是除了同事支持与学生支持之间相关度比较高以外（r = 0.535），其他学校环境维度感知之间的相关系数并不高。Skaalvik & Skaalvik (2009) 在对挪威中小学教师对学校环境的感知与教师职业倦怠感和工作满意度之间的关系研究中发现，教师个体对教师环境不同因素的感知相关性很低，这表明教师对学校环

境变量的感知是独立的，不能代表整体学校环境的情况。学校环境各因素之间的低相关性也说明在学校环境的分析中不能把量表中的各维度叠加成为笼统的工作需求和工作资源来进行分析。因此在本书中我们将针对每一个不同的学校环境感知维度对教师的职业幸福感及其下属维度进行分析。各维度之间的相关关系也再次证明了第四章中我们所验证了的关于高校英语教师职业环境理论模型结构假设：高校英语教师职业环境由自主性、同事支持、学生支持、认可反馈、专业发展和资源设备6个维度构成，并且这些维度之间存在一定的相关关系。

在高校职业环境各下属因素与总体教师职业幸福感的关系上：同事支持、学生支持以及自主性与总体教师职业幸福感呈显著的正相关关系（$r=0.678^{**}$，$p<0.01$；$r=0.566^{**}$，$p<0.01$；$r=0.084^{*}$，$p<0.1$）。

在高校英语教师职业环境下属各因素与教师职业幸福感下属各因素之间的关系上：与情感枯竭（反向）之间存在显著正相关关系的教师职业环境因素包括认可反馈（$r=0.274^{**}$，$p<0.01$）、学生支持（$r=0.133^{**}$，$p<0.01$）和自主性（$r=0.256^{**}$，$p<0.01$）；与疏离（反向）之间存在显著正相关关系的教师职业环境因素包括同事支持（$r=0.609^{**}$，$p<0.01$）、学生支持（$r=0.499^{**}$，$p<0.01$）；与活力之间存在显著正相关关系的教师职业环境因素包括认可反馈（$r=0.116^{**}$，$p<0.01$）、同事支持（$r=0.531^{**}$，$p<0.01$）、学生支持（$r=0.486^{**}$，$p<0.01$）；与奉献之间存在显著正相关关系的教师职业环境因素包括同事支持（$r=0.678^{**}$，$p<0.01$）、学生支持（$r=0.486^{**}$，$p<0.01$）；专业兴趣和资源设备与教师职业幸福感及其下属各因素之间均不存在显著的相关关系。

基于我们第三章中的关于资源保护理论以及工作需求—资源模型理论中的动机过程阐述，我们假设所构建的教师职业环境中的工作资源（包括教师自主性、同事支持、学生支持、认可反馈、专业发展）都会对教师的职业幸福感产生积极的正向影响，相关关系分析结果表明教师的自主性、同事支持、学生支持、认可反馈4个维度均与教师职业幸福感相关维度存在显著相关关系，是否具有正向影响还有待我们后面的回归分析以及结构方程模型分析进行进一步验证。

相关研究表明，教师的专业发展与总体的教师职业幸福感以及下属的四个维度均不存在显著的相关关系。这说明整体而言高校英语教师的专业发展对他们的职业幸福感并不存在显著影响。因此我们的理论假设 H7 关于专业发展与教师总体职业幸福感的正向影响关系不成立，同时其下属分假设 H7（1）-（4）关于教师专业发展与教师职业幸福感的下属维度之间的正影响关系假设也不成立。然而曾有研究者指出教师的专业发展会对教师的职业投入、奉献具有积极正向影响，例如 Aelterman et al. (2007) 在其研究中发现对荷兰中小学教师而言，对自己专业发展的追求是教师职业幸福感的重要方面。而且在心理幸福感相关研究中，Ryff & Keys（1995）也曾指出个体能看到自己的成长和发展，有实现自己潜能的机遇，看到自己的进步是实现幸福感的重要方面。然而在我们的调查中，高校英语教师的专业发展却对教师的职业幸福感影响并不显著。国内学者秦秀白（2010）曾经指出在外语教育"工具论"思潮的影响下，眼下的外语教师实际上已经被"工具化"。不少英语教师变得麻木起来，甚至失去了自我，丧失了知识人的尊严。知识人的尊严体现在崇尚学术上，体现在对知识的毕生崇拜和追求上。没有尊严，知识人就很难具有使命感；没有使命感，人生的价值就难以实现。好的英语教师必须是有尊严的，有做人的尊严，有做知识人的尊严。张庆宗（2011）在其对教师的访谈研究中也发现高校外语教师专业发展情况不尽如人意，教师专业发展始终是高校外语教师的短板。随着高校办学规模的扩大，招生人数的增多，外语教师的教学任务日趋加重，他们常年承担着大量的教学工作。他们除了完成外语专业教学、大学外语教学任务之外，还要承担学校其他所有与外语相关的工作。他们整天忙于教学，无暇对教学活动进行反思，更没有时间和精力再学习、再充电。Afshar & Doosti（2016）在对伊朗教师的工作满意度和不满意度影响因素的调查中同样发现教师们的专业发展动机并不高，并没有很热衷于提高自己的专业知识和能力，也不太愿意在教学中展开行动研究以提高自己的教学效果。教育政策的规划者以及他们的领导所倡导的职业发展以及终身学习的理念似乎并没有深入到教师们的心中。而且经济上的压力似乎也没有给教师们留出太多的时间进行专业发展。

  针对教师的专业发展对教师职业幸福感没有显著影响这一现象，我们对教师们进行了访谈。受访者 A 教授指出："对于高校英语教师而言，其实专业归属感确实是很低的，这个也是因为这个社会的认知造成的，在中国大多数人都会认为英语只是一门工具，不能称为专业。"具有外国语言学及应用语言学专业博士学位的 C 教师也表示，"当一些朋友知道我是英语专业的博士时，95%的人都会觉得非常诧异……都会问：'英语博士研究什么啊？'一位理工科院校外语学院教师指出英语专业的学生的专业认同感同样不高："就整个学校专业的报考市场环境来看，英语专业已经跌落为最冷门的 8 大专业之一，只有 20%的学生第一志愿为英语专业，还有 80%的学生都是报考其他专业，分数不够理想被调剂到英语专业的，这批学生的专业认同感特别低。在对英语专业的学生所做的调查中发现，只有约 20%的学生觉得学习英语专业很自豪，从小就喜欢学习英语。并且英语专业全部学生中有约 50%的学生都会在学完第一学年以后申请调剂，转到其他专业去。学生对专业的不认同感也会导致教师的专业认同感降低。从这些访谈数据来看，无论是社会还是学校，大多数的教师和学生对英语这个专业的认可度都不算高，更不用说一部分高校外国语学院中还有部分教师就是把自己的工作当作一份工作。这一现象必须引起教师、学校以及相关部门的注意。教师的专业发展是提高教学能力的关键性步骤（Knapp，2003），而且教师作为外语教学改革的实践者，直接决定了外语教学改革的成败。因此提高教师专业发展意识，并从内部因素和外部因素两方面促进教师专业发展是当前形势下的重要任务。

在本书中，除了教师的专业发展对教师的职业幸福感没有产生显著影响外，资源设备也对教师职业幸福感没有产生显著影响，这一发现验证了我们在第三章提出的假设 H8：高校英语教师环境中的资源设备对总体职业幸福感及其下属维度不具有正向影响。H8 下属四个关于设备资源对高校英语教师职业幸福感下属维度没有显著正向影响的假设也一并得到支持。设备资源属于学校提供的为教师顺利开展工作的一项实物资源，随着社会的进步和经济的发展，各学校也在不断提高教师工作的物理环境、电子资源环境以及休息环境，在没有明显变化的情况下，学校为教师工作所提供的各种设备资源可能并不能引起教师感知的变化，也不能带来职业幸福感的提高，关于行政和技术人员的支持方面，可能由于变化不大，所以也没有对教师的幸福感产生显著影响；相反如果一名教师从一个资源设备丰富的学校转移到一所资源设备匮乏的学校工作，在组织教学工作或者需要开展科研工作过程中，感受到诸如教室中没有多媒体、没有网络、学校图书馆没有足够的电子资源时，很有可能强烈感受到资源匮乏对工作带来的各种阻碍，在资源保护理论中，资源损失首要地位原则指出，在损失或者获取相同资源量的情况下，人们遭受资源损失，与其获取资源相比较，会对他们产生更大的影响（Hobfull，1989）。对这些感知到资源设备流失的教师则可能因为教学、科研工作中相关资源设备的缺乏而出现遇到困难力不从心、疲惫等状态，或者工作中活力消减、对工作热情降低。

二 高校英语教师职业环境对总体职业幸福感的影响

本书着重考察教师对学校环境的感知对教师职业幸福感的影响，在本书中教师职业幸福感的下属指标教师职业倦怠和工作投入分别包含两个核心维度。

Skaalvik & Skaalvik（2009）在其研究中指出，教师职业倦怠感的三个维度之间相关系数不高，不能把三个方面叠加成一个变量。本书中教师职业倦怠与其他维度相关系数也不高。而且在第四章已经验证了关于高校英语教师职业幸福感和高校英语教师职业环境的结构假设，分别由具有相关关系的不同维度构成。为了更为深入地了解教师对职业环境的感知对教师职业幸福感的影响，我们对总体职业幸福感的影响分析之后，分别对教师职业幸福感的四个下属维度进行分析，考察对各个维度产生影响的教师职业环境感知及其各维度对情感枯竭（反向）、疏离（反向）、活力和奉献的不同影响。

从第三节第一小节中的相关关系分析结果可见，与总体职业幸福感存在显著正相关关系的职业环境维度包括：同事支持、学生支持和自主性。本书在理论假设部分提出积极的高校英语教师职业环境会对总体职业幸福感产生积极正向影响。我们通过回归分析和结构方程模型来检验这一积极正向关系。我们将性别、年龄、职称以及 4 个高校英语教师职业环境维度一同纳入总体职业幸福感回归方程中，采用逐步回归法对数据进行回归分析，表 5—10 分析结果表明：进入回归方程的显著预测变量有三个，依次为同事支持、学生支持和自主性。回归模型 3 中，$F = 216.519$，$p < 0.001$，回归方程有效。R Square $= 0.526$，说明这 3 个变量

解释了因变量总体职业幸福感52.6%的方差。Adjusted R Square = 0.524，说明排除自变量数目的影响后，3个预测变量因素解释了因变量总体职业幸福感52.4%的方差。包含3个变量的总体职业幸福感模型回归系数见表5—11。

表5—10　　　　　总体职业幸福感逐步多元回归分析摘要

模型	R	R平方	调整后R平方	估计的标准误	F	F变化值	P
1	0.676[a]	0.457	0.456	0.59725	494.865	494.865	0.000[a]
2	0.722[b]	0.521	0.520	0.56138	319.266	78.408	0.000[b]
3	0.725[c]	0.526	0.524	0.55910	216.519	5.798	0.000[c]

a. 预测变量：（常量），同事支持
b. 预测变量：（常量），同事支持，学生支持
c. 预测变量：（常量），同事支持，学生支持，自主性

容忍度的取值为0—1，容忍度越接近1说明共线性越弱，方差膨胀因子（VIF）大于1，如果VIF值大于10说明回归方程有严重的共线性问题，从表5—11中3个变量的容忍度和VIF中可以看到，回归模型不存在共线性问题。三个变量中同事支持对高校英语教师总体职业幸福感具有显著正向影响（$\beta = 0.532$，$p < 0.01$），学生支持也对高校英语教师总体职业幸福感具有显著正向影响（$\beta = 0.286$，$p < 0.01$），自主性同样对高校英语教师总体职业幸福感具有显著正向影响（$\beta = 0.016$，$p < 0.1$）。

表5—11　　　　　　总体职业幸福感回归系数表

自变量	标准系数Beta	t	Sig.	容忍度	VIF
同事支持	0.532	15.555	0.000	0.693	1.443
学生支持	0.286	8.399	0.000	0.698	1.432
自主性	0.070	2.408	0.016	0.962	1.039

另外，我们采用结构方程模型进一步检验教师职业环境感知对教师职业幸福感的影响。采用结构方程模型检验不仅可以得到回归分析的结果，而且还能综合考虑误差项目造成的影响（侯杰泰、温忠麟和成子娟，

2004; Allen, Shore & Griffith, 2003)。本书使用 Amos16.0 统计软件，基于理论假设以及相关关系和回归分析结果，构建了高校英语教师职业环境感知对教师总体职业幸福感的影响关系模型（如图 5—1 所示），其中包括 4 个潜变量、16 个显变量，1 个潜变量残差变量和 16 个显变量残差变量，在教师职业环境测量模型的验证性因子分析中，我们根据需要增列了部分显变量的误差变量间的共变关系，以提高模型的拟合度，在接下来的结构方程模型中，由于直接引用了测量模型，因此我们直接代入验证性因子分析结果中包含了误差变量共变关系的测量模型（下同）。

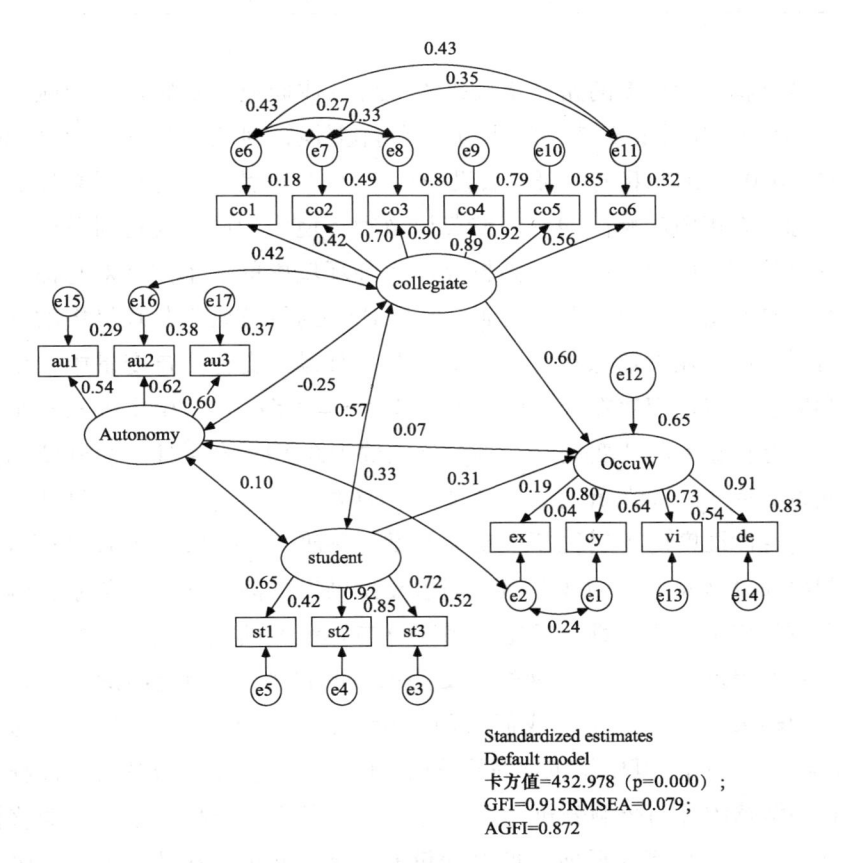

图 5—1　高校英语教师职业环境与总体职业幸福感关系的结构模型

结构模型经过 3 次数据的调整（见表 5—12），得到拟合模型（见

图5—1）。

表5—12　高校英语教师职业环境与总体职业幸福感关系的结构模型拟合数据

调整步骤	χ^2/df	p	GFI	AGFI	CFI	TLI	IFI	RMSEA
原始模型	588.763/93	0.000	0.892	0.915	0.890	0.915	0.890	0.093
e16↔co	509.565/92	0.000	0.902	0.855	0.928	0.906	0.928	0.086
e2↔au	465.146/91	0.000	0.910	0.866	0.936	0.915	0.936	0.082
e1↔e2	432.978/90	0.000	0.915	0.872	0.941	0.921	0.941	0.079

从结构方程模型的路径系数来看，对总体职业幸福感产生影响力从大到小依次为同事支持、学生支持和自主性，回归系数依次为 0.60、0.31、0.07。因此我们的研究假设 H3：高校英语教师自主性对总体职业幸福感具有正向影响；H4：高校英语教师环境中的同事支持对总体职业幸福感具有正向影响；H5：高校英语教师环境中的学生支持对总体职业幸福感具有正向影响均得到验证。但是 H6：高校英语教师环境中的反馈认可对总体职业幸福感具有正向影响并没有得到支持。自变量中学生支持和同事支持之间存在很高的共变关系（r=0.57），学生支持和自主性之间也存在显著的共变关系，协方差系数为 0.10，自主性与教师感知到的同事支持之间存在负向的共变关系，协方差系数为 -0.25。另外我们发现自主性维度的下属题项"我在教学、科研及社会服务中时间和精力分配由我自己决定"的残差值与同事支持维度之间存在共变关系，协方差系数为 0.42。自主性与情感枯竭（反向）维度的残差之间存在共变关系，协方差系数为 0.33，这种共变关系说明自主性对情感枯竭（反向）的影响较大，在下一小节我们专门讨论教师职业环境维度对情感枯竭（反向）的影响，其中将包含高校英语教师职业环境中的教师自主性维度对教师情感倦怠的影响分析，详细讨论见本章第三节第三小节。情感枯竭（反向）与疏离（反向）两个变量的残差之间也存在共变关系，协方差系数为 0.24，情感枯竭（反向）和疏离（反向）作为教师职业倦怠的两个下属维度，已经被许多研究者证明是职业倦怠下属相互关联的两个核心维度（e.g. Schaufeli, *et al.* 2002；Xanthopoulou *et al.*, 2007；Qiao &

Schaufeli，2011），并且在第四章问卷验证性因子分析部分也已经得出相关结论。

　　同事支持和学生支持对教师总体职业幸福感存在显著的预测力，这一结果再一次证明了归属需求作为人类一种基本心理需求而存在（Deci & Ryan，2000）。大量研究表明，积极的人际关系对个人幸福感的影响重大，工作环境中的积极人际关系对专业幸福感产生重要影响（Karasek & Theorell，1990；Quick et al.，2003）。对于新教师而言，同事的支持更是对他们的幸福感具有重要影响（Uusiautti，et al.，2014）。Kinman et al.（2011）在对英国教师的调查研究中发现，社会支持在缓解情感需求对个人成就感、工作满意度的消极作用中扮演重要角色。Loscocco & Spitze（1990）指出，当工作中人际关系良好时，他们会感受到更少的工作困顿，并且社会支持帮助个体应对工作需求，从而提高幸福感并降低工作压力（Quick et al.，2003）。Hall-Kenyon et al.（2014）在对幼儿园教师的研究综述中也指出对教师工作满意度产生影响的最关键因素是和学生的互动，其次是和同事的互动。对于高校英语教师而言，他们在工作中最主要的人际交往对象，或者说最重要的社会关系即来自同事和学生，积极、良好的同事支持和学生支持能缓解教师感受到的工作压力，给予教师归属感。

　　Walker（1999）在对高幸福感教师的描述中也强调了享有高幸福的教师通常也享有很好的同事支持，并且也非常愿意热心的帮助同事。Aelterman et al.（2007）在其对挪威中小学教师职业幸福感研究中也发现同事支持对教师职业幸福感具有显著的直接积极影响。访谈中也有教师说道："同事里面有几个关系不错的，经常一起聊聊天、吃吃饭，感觉挺好的。有时候万一自己有点紧急的事情，这些朋友都会鼎力支持，提供帮助。大家上同一门课程的时候，也可以资源共享，分享自己的课堂活动设计等，对工作和对生活都是挺有帮助的，能帮助我处于一种比较好的工作状态。"

　　关于学生支持对教师职业幸福感的正向影响关系对每一位有过教学体验的人都是不言而喻了。研究者们发现，教师幸福感与教师和学生间关系具有正相关关系（Shann，1998）。教师越信任学生，他们对工作的满意度会越高（Van Houtte，2007）。Walker（1999）也指出高职业幸福感的高校教师乐于与学生分享知识的意义与价值，当学生遇到问题时会及时提供帮助，自然学生也会更加积极的投入到学习中，更认真地配合教师的教学工作。在我们的后续访谈中，多位教师都谈道："高校英语教师的职业幸福感在很大程度上来自比较单纯的社会关系，同事之间没有太多的利益冲突，学生也都是思想单纯的孩子。"

教师自主性在回归分析中对教师总体职业幸福感具有显著的预测力，这也再次支持了自主性作为一种基本心理需求而存在（Deci & Ryan, 2000）。有研究者指出，缺乏自主性意味着压力和疲惫的存在（Peeters & Rutte, 2005），而体验到自主性会意味着工作满意度的存在（Crosso & Cosigan, 2007）。然而，在结构方程模型中，当教师自主性与同事支持和学生支持的共变关系一起考虑时，教师自主性对教师总体职业幸福感的预测力失去显著性。H3：教师自主性对教师总体职业幸福感不成立。说明对高校英语教师而言，自主性对他们的职业幸福感的影响可能并不稳定。Mattern & Bauer（2014）在对德国的中学数学老师的调查研究中发现，自主性高的教师情感枯竭水平会低。教师自我调节策略的使用会帮助教师形成更好的工作风格，从而更有效地处理工作任务。但是在该研究中，作者对教师自主的界定更多地主要从教师个人认知层面出发，是指教师在工作环境中通过采用各种自主策略来达到工作目标并克服工作中的困难。典型的自主策略包括计划、设定目标、监控、时间管理、毅力以及自我反思（Sitzmann & Ely, 2011）。在该研究对教师自主的界定中对职业环境给予教师的自主性的考虑相对少了一些。

访谈中教师D特别提出自己在学校所开设的公共选修课"中国文化概论"，给自己带来了极大的幸福感、成就感，她谈到，"上学期所开设的中国文化概论是一个全新的课程，课程的表达形式，上课之前要了解学生需要什么，教学大纲的设计、课时、课程内容的安排以及教材的选定，课堂活动的设计，全部都是通过自己的专业知识来进行自主选择。我对这门课程特别用心，觉得是自己全心全意创作的一件艺术品。课堂中自己设计的课堂活动让学生学得很开心，自己也看到学生学得很高兴，我也很开心，下课后就觉得很幸福。如果一堂课上完了，学生没有什么反应，课程过程中不断有学生流失，就会很失落，觉得自己很失败"。在这位教师的阐述中，前半部分体现了教师在自己的工作中自主性给自己带来的幸福感，但是这种幸福感同时需要以自己的付出得到学生的认可，学生学得开心为条件。只有自己的付出得到学生的认可，学生有所收获，并积极参与的条件下，教师的幸福感才能持续。这在一定程度上解释了为什么当教师自主性与学生支持存在共变关系后，自主性对教师职业幸福感的总体影响力变得不显著。

关于教师自主性与同事支持之间的负向共变关系，我们也许可以以 Karasek *et al.* （1982）的压力—转移缓冲理论来解释，具有良好同事支持的教师在与同事的频繁接触和交流中，压力较轻的教师会受到部分压力较重教师的影响，也可能受到同事关于教学方式、方法、内容、评估等方面的影响，从而自主决定的范围变得更小。还有一种可能性解释为在一个社会关系紧密的群体中，教师们通常非常努力地应对和顺应集体的行事方式，避免自己的表现过于另类，避免给同事和自己带来不好的影响。而"我在教学、科研及社会服务中时间和精力分配由我自己决定"这一题项与同事支持之间的正相关关系，说明教师在拥有更多对自己时间和精力自由支配的条件下，教师们之间更有可能给予同事更多支持、帮助，与同事可以有更多自由的时间和方式进行交流和相处。

三 高校英语教师职业环境对教师情感枯竭（反向）的影响

下面我们将教师职业幸福感下属维度职业倦怠的情感枯竭（反向）作为因变量，分析高校英语教师职业环境对教师情感枯竭（反向）的影响。从本章第三节第一小节中的相关关系结果可知，与情感枯竭（反向）存在显著相关关系的职业环境维度包括：反馈认可、设备资源、学生支持以及自主性。本书在理论假设部分提出积极的高校英语教师职业环境会对教师职业幸福感产生积极正向影响，即对情感枯竭具有负向影响，在计算中我们对情感枯竭下属题项进行了反向计分，因此结构方程模型中依照假设应该为正向影响关系，我们通过回归分析和结构方程模型来检验这一积极正向关系。我们将性别、年龄、职称以及4个高校英语教师职业环境维度一同分别纳入情感枯竭（反向）的回归方程中，采用逐步回归法对数据进行回归分析，表5—13分析结果表明：进入情感枯竭（反向）回归方程的职业环境维度依次为认可反馈、自主性和学生支持。回归模型3中，$F = 25.446$，$p < 0.001$，回归方程有效。R Square $= 0.111$，

说明这 3 个变量解释了因变量情感枯竭（反向）的 11.1% 的方差。Adjusted R Square = 0.107，说明排除自变量数目的影响后，3 个预测变量因素解释了因变量情感枯竭（反向）的 10.7% 的方差。包含 3 个变量的情感枯竭（反向）模型回归系数见表 5—14。

表 5—13　　　　情感枯竭（反向）逐步多元回归分析摘要

模型	R	R 平方	调整后 R 平方	估计的标准误	F	F 变化值	P
1	0.274[a]	0.075	0.074	0.79379	49.794	49.794	0.000[a]
2	0.323[b]	0.104	0.101	0.78180	35.623	19.914	0.000[b]
3	0.334[c]	0.111	0.107	0.77946	25.446	4.665	0.000[c]

a. 预测变量：(常量)，认可反馈
b. 预测变量：(常量)，认可反馈，自主性
c. 预测变量：(常量)，认可反馈，自主性，学生支持

表 5—14　　　　情感枯竭（反向）回归系数表

自变量	标准系数 Beta	t	Sig.	容忍度	VIF
认可反馈	0.197	4.778	0.000	0.857	1.166
自主性	0.180	4.420	0.000	0.878	1.139
学生支持	0.084	2.160	0.031	0.969	1.032

容忍度的取值为 0—1，容忍度越接近 1 说明共线性越弱，方差膨胀因子（VIF）大于 1，如果 VIF 值大于 10 说明回归方程有严重的共线性问题，从表 5—14 中 3 个变量的容忍度和 VIF 可以看到回归模型不存在共线性问题。3 个变量中反馈认可对教师情感枯竭（反向）具有显著正向影响（$\beta = 0.197$，$p < 0.01$），自主性对教师情感枯竭（反向）具有显著正向影响（$\beta = 0.180$，$p < 0.01$），学生支持对教师情感枯竭（反向）具有显著正向影响（$\beta = 0.084$，$p < 0.05$）。

另外我们采用结构方程模型进一步检验教师职业环境感知对教师的情感枯竭（反向）的影响。本书使用 Amos16.0 统计软件，基于理论假设以及相关关系和回归分析结果构建了高校英语教师职业环境感知对教师情感枯竭（反向）的影响关系模型（如图 5—2 所示），其中包括 4 个潜

变量、18 个显变量，1 个潜变量残差变量和 18 个显变量残差变量。结构模型拟合指数见表 5—15，拟合模型见图 5—2。

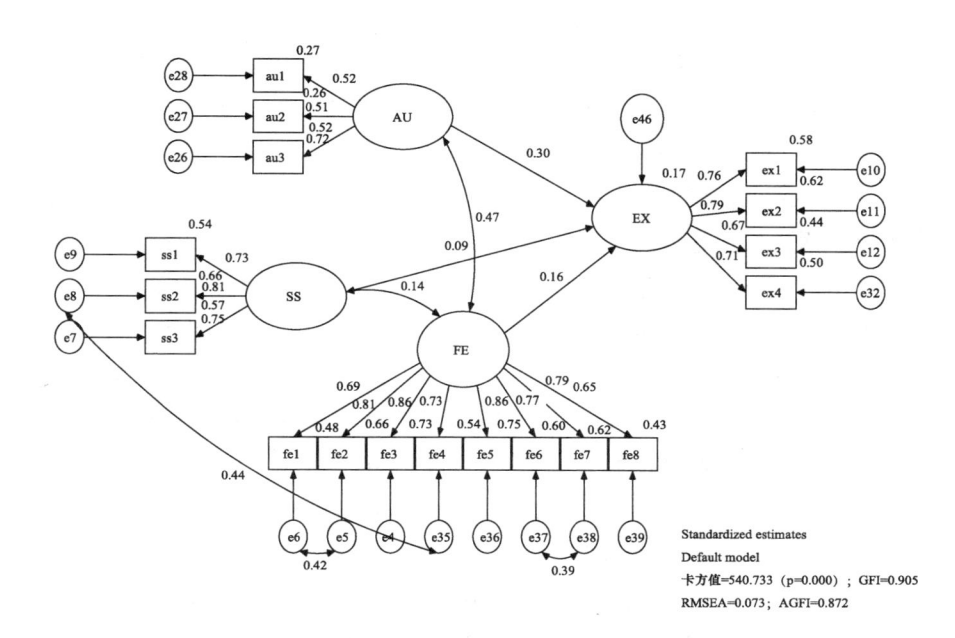

图 5—2　高校英语教师职业环境与情感枯竭（反向）的结构模型

表 5—15　　高校英语教师职业环境与情感枯竭（反向）关系的
结构模型拟合数据

调整步骤	χ^2/df	p	GFI	AGFI	CFI	TLI	IFI	RMSEA
原始模型	608.065/127	0.000	0.892	0.854	0.914	0.897	0.915	0.079
删 SS↔AU	609.687/128	0.000	0.893	0.857	0.914	0.897	0.914	0.078
e8↔e35	540.733/	0.000	0.905	0.972	0.926	0.911	0.927	0.073

模型具有较好的拟合度，但是我们发现学生支持与教师自主性之间的相关关系在结构方程模型中不具有显著性（r = 0.08，p > 0.05），因此我们删除学生支持与教师自主性之间的双箭头连接线，拟合数据见表 5—15 第二行。从模型修正指数中我们发现，学生支持第 2 题项残差与认可反馈第 4 题项残差产生共变关系后，能对模型拟合度有较大的提高，修正值为 59.090，我们建立两项残差之间的共变关系后，得出最终模型。

从结构方程模型的路径系数来看，对教师情感枯竭（反向）产生影响力从大到小依次为自主性、认可反馈和学生支持，回归系数依次为0.30、0.16、0.09。这一发现分别支持了我们的理论假设H3－(1)、H6－(1)、H5－(1)。关于同事支持对教师情感枯竭（反向）的显著影响的假设H4－(1)没有得到支持。自变量中自主性与认可回报之间存在较高的共变关系(r=0.47)，学生支持和自主性之间也存在显著的共变关系，协方差系数为0.14，另外我们发现学生支持维度的下属题项"大多数学生都非常愿意配合英语教师"的残差值与认可反馈维度下属题项第4项"我的付出能得到学院和学校认可"的残差之间存在共变关系，协方差系数为0.44。

在对教师职业环境对总体职业幸福感的影响分析中我们发现，自主性与教师的职业倦怠存在较高的共变关系，这种关系在职业环境对教师情感枯竭（反向）影响分析中再次得到了验证。在这些教师职业环境维度中，自主性对教师情感枯竭（反向）的影响是最显著的，这一发现再次验证了自主性作为一种基本心理需求的事实（Deci & Ryan, 2000）。情感枯竭具体表现为遇到困难觉得力不从心、精疲力竭、情绪资源丧失、疲劳、烦躁、紧张和易怒。教学中教师是需要高度的自主性来应对不同学生的不同需求，以及许多需要采取及时措施的多种多样错综复杂的情景的（e.g. Crosso & Costigan, 2007）。对于受过高等教育的教师而言，自主性与工作满意度积极相关（Koustelios, Karabatzaki & Kouisteliou, 2004），那么对于从事高等教育的高校英语教师更是如此。一旦教师缺乏了工作时间、内容、方式上的自主性，可能还意味着一些教师必须使用某种教学方法或者朝着某种自己不认可的或者不是自己主要目标的工作目标努力，从而导致教师在情感上出现不满，进而会采用消极应对的方式。缺乏自主性能预测教师的工作压力和疲惫感（Peeters & Rutte, 2005）以及工作满意度的缺失（Crosso & Cosigan, 2007）。Skaalvik & Skaalvik (2007) 也发现教师必须按照自己不认同的方式组织教学的感知与职业倦怠的三个维度均具有积极相关关系，而且教师对自主性的渴望与他们做好工作的渴望紧密相关，同时教师的自主性也是满足各种学生需求的前提条件。然而有学者指出，教师的自主性存在不断降低的国际性趋势（Ballet et al., 2006），这值得引起我们的注意。麻省理工学院Irving Singer教授一生著书立说，成果丰厚，深入研究了关于爱情、电影、性等哲学，他曾在西方世界的爱情哲学课堂上谈到，麻省理工学院让教师们纯粹地追求自己喜欢的学术研究，不用为了生活而去讲授自己完全没有兴趣的课程，自己所讲授的课程都是自己所做的研究，因此上课从来不用讲义，非常享受自己的职业生涯。这位教师充分享有自主性的现实在一定程度上映射了麻省理工许多教师可以享受充分的自主性，这可能也是麻省理工学院能成为世界一流大学的重要原因之一。访谈中我们有一位教师谈到，"自己的课堂就像是自己的一个小王国，教师作为这个小小的王国中的主导者还是拥有很大的自主权的，上课的方式、课堂活动的设计、教学方法的选择等，在自己的小王国内通过不断地实践，找到最适合自己和学生的方式，这样我就不会觉得疲惫，每当看到自己和学生的进步，都会很开心，发现问题也会仔细分析，很轻松、很自由也很快乐"。

认可反馈对教师的情感枯竭（反向）的显著预测力仅次于教师自主性。说明高校英语教师职业评定、教学评价、教务管理、评优、工资考核等制度的合理性以及教师对自己付出是否得到相应回报的感知和对所在工作单位各方面公正性感知，直接与他们是否会容易出现力不从心、身心疲惫紧密相关。这一研究发现可以使用公平理论（Blau，1964）来解释，该理论认为个体与组织之间实际上是一种社会交换关系，即个体为组织付出一定的代价，并从组织获得一定的报酬作为收益。个体的工作动机或激励水平，取决于付出的代价与获得的收益之间的关系是否公平。若付出与收益之间的关系是公平的，则个体处于认知平衡状态，并产生工作满意感，从而有利于激发工作动机；否则，公平感的缺失会演化为一种持续的状态，个体不断地付出，但却收益甚微，由此可能导致个体情感资源的大幅度减少，最后发展成为工作倦怠。Hyvonen *et al.*（2010）在其对管理者的工作环境与目标定向及职业幸福感相关研究中发现，管理者所感知到的自己的付出与回报平衡关系对他们的幸福感具有显著影响，有益的工作环境（低付出—回报比率）不仅能提高管理者的职业幸福感（Kinnunen *et al.*，2008），而且会导致管理者更多地启用对组织发展有利的目标取向，给予高回报的工作环境能促进员工形成有利于组织发展和职业幸福感的目标取向。因此我们认为合理的教师评价体系、考核机制会使得教师形成更积极的成就目标定向，从而促进教师的工作表现、学生学业成绩以及教师的职业幸福感。

学生支持对教师的情感枯竭也有积极的缓解作用。对高校英语教师而言，与学生的关系是教师在工作中的一种重要社会关系，对教师总体职业幸福感具有重要影响，学生支持在一定程度上满足了教师的归属需求。访谈中多位教师都表达了来自学生的一些信息会让自己觉得再累都值得。例如教师 F 谈到，"学生给自己带来了巨大的职业幸福感，看到他们进步真的很开心，看到学生的来信，那些简单而又真挚的话语，真的会让自己的疲劳、不愉快瞬间烟消云散"。相反，与学生关系中的一些消极因素会对教师的职业幸福感下属维度情感枯竭（反向）产生消极影响，例如已有许多研究表明教师跟学生和同事之间没能解决的一些长期性问题（chronic problems）与教师的情感枯竭和疏离（反向）存在显著的正相关关系（Cano-Garcia et al., 2005；Dorman，2003；Leung & Lee，2006；Schaufeli & Bakker，2004）。

教师的自主性与教师所获取的反馈也存在积极共变关系（r = 0.47）。说明学校所规定的教师评价体系、教务管理、薪酬评定制度等各种制度本身在一定程度上会对教师能在多大程度上享受教学时间、地点、教学方式、内容、方法等方面的自主性产生影响，并且教师对诸如教学方式的选择可能也会受到学校反馈体系中诸如学生评价等的影响。同时教师对自己工作内容以及工作量上的分配在很大程度上是受到学校对教师工作的考核以及职称评定的导向，因此教师自主性与反馈认可存在较高的相关关系。在访谈中有一位教师谈到，"现在评职称就是看科研，年底算绩效也是科研的比重更高，所以现在不得不多花一些时间和精力在科研上。希望自己能早点评上职称"。

H4 -（1）在本书中没有得到支持，同事支持对教师情感枯竭（反向）不存在显著正向影响。虽然在有些研究中发现了同事支持与情感枯竭的消极相关关系（Schaufeli & Bakker，2004；Hakanen et al., 2006；Leung & Lee，2006），但是同时也有研究者发现同事支持对教师的情感枯竭（反向）存在积极相关关系，例如 Der Doef & Maes（2002）在对 454 名中等职业学校教师的研究中发现，高同事支持与教师的职业倦怠之间存在负相关关系，这一结果与研究者的预期相反。同时这一研究结果在 De Jonge & Schaufeli（1998）以康复中心工作人员为研究对象的研究中同样存在。同事支持对教师职业倦怠的影响研究结论存在不一致性。其实在访谈中，教师们关于同事支持对自己情感认知状态影响的看法也存在一些矛盾。一方面，不少教师觉得学校里同事之间的关系相对于社会上其他事业单位或者公司企业内的同事之间的关系要更加单纯，关系比较好的同事，彼此可以相互帮助，互为朋友；另一方面，老师们又表示作为高校教师，平时来学校上完课就回家，同事之间其实也很少见面，关系并不密切。除了上述原因以外，还有一种可能性的原因在于，由于情感枯竭与职业投入一样具有"传染性"的属性（Bakker, Van Emmerik & Euwema, 2006），同事之间可能有良性的循环，也可能存在恶性的循环，如果大多数教师均具备较高的职业幸福感，情感枯竭水平低，职业投入水平高，那么工作团队之间教师自然彼此受到积极影响；但是相反，当教师们均存在比较高水平的情感枯竭，对工作和同事没有热情，那么相处之中的同事也可能受到消极影响。

学生支持与自主性之间也存在一定的相关关系，可能是因为教师教学的对象就是学生，来自学生的反馈、学习积极与否、喜欢自己的教学方式与否都会影响到教师对教学内容、方式方法的选择。另外，在学生给予足够积极支持的情况下，教师也会更加愿意在对学生和教学设计上倾注更多的精力和时间。相应地教师为学生付出了更多，学生给予的积极支持可能也就相应的会增加一些。

学生支持维度的下属题项"大多数学生都非常愿意配合英语教师"与认可反馈维度下属题项"我的付出能得到学院和学校认可"之间存在共变关系，说明广大教师将学生积极主动配合自己的教学看作自己的付出所获得的一种重要回报，是对自己的一种认可，而且在很多学校对教师的教学评估体系中也把学生的评价看得很重要。

四 高校英语教师职业环境对教师疏离（反向）态度的影响

下面我们将教师职业幸福感下属维度职业倦怠的疏离（反向）态度作为因变量，分析高校英语教师职业环境对教师疏离（反向）态度的影响。从本章第三节第一小节中的相关关系结果可知，与疏离（反向）存在显著相关关系的教师职业环境维度包括：同事支持和学生支持。本书在理论假设部分提出积极的高校英语教师职业环境会对教师职业幸福感产生积极正向影响，即对教师疏离（反向）态度具有负向影响，在计算中我们对疏离（反向）下属题项进行了反向计分，因此结构方程模型中依照假设应该为正向影响关系，我们通过回归分析和结构方程模型来检验这一积极正向关系。我们将性别、年龄、职称以及4个高校英语教师职业环境维度一同分别纳入疏离（反向）的回归方程中，采用逐步回归法对数据进行回归分析，表5—16回归分析结果表明：进入教师疏离（反向）态度回归方程的职业环境维度依次为同事支持和学生支持。回归模型2中，F=214.813，p<0.001，回归方程有效。R Square=0.413，说明这三个变量解释了因变量疏离（反向）的41.3%的方差。Adjusted R Square=0.411，说明排除自变量数目的影响后，2个预测变量因素解释了因变量疏离（反向）态度的41.1%的方差。包含2个变量的疏离（反向）态度模型回归系数见表5—17。

表5—16　　　　　疏离（反向）态度逐步多元回归分析摘要

模型	R	R平方	调整后R平方	估计的标准误	F	F变化值	P
1	0.609[a]	0.371	0.370	0.87928	360.723	360.723	0.000[a]
2	0.643[b]	0.413	0.411	0.85010	214.813	43.722	0.000[b]

a. 预测变量：（常量），同事支持
b. 预测变量：（常量），同事支持，学生支持

表5—17　　　　　疏离（反向）态度回归系数表

自变量	标准系数Beta	t	Sig.	容忍度	VIF
同事支持	0.479	13.053	0.000	0.713	1.402
学生支持	0.243	6.612	0.000	0.713	1.402

容忍度的取值为0—1，容忍度越接近1说明共线性越弱，方差膨胀因子（VIF）大于1，如果VIF值大于10，说明回归方程有严重的共线性问题，从表5—19中3个变量的容忍度和VIF可以看到回归模型不存在共线性问题。两个变量中，反馈认可对教师疏离态度（反向）具有显著正向影响（β=0.479，p<0.01），自主性对教师疏离态度（反向）具有显著正向影响（β=0.243，p<0.01）。

另外我们采用结构方程模型进一步检验教师职业环境感知对教师的

疏离（反向）态度的影响。本书使用 Amos16.0 统计软件，基于理论假设以及相关关系和回归分析结果构建了高校英语教师职业环境感知对教师疏离（反向）态度的影响关系模型（如图 5—3 所示），其中包括 3 个潜变量、13 个显变量以及 1 个潜变量残差变量和 13 个显变量残差变量，在教师职业环境测量模型的验证性因子分析中，我们根据需要增列了部分显变量的误差变量间的共变关系，以提高模型的拟合度，在接下来的结构方程模型中，由于直接引用了测量模型，因此我们直接代入验证性因子分析结果中包含了误差变量共变关系的测量模型。结构模型拟合指数见表 5—18，拟合模型见图 5—3。

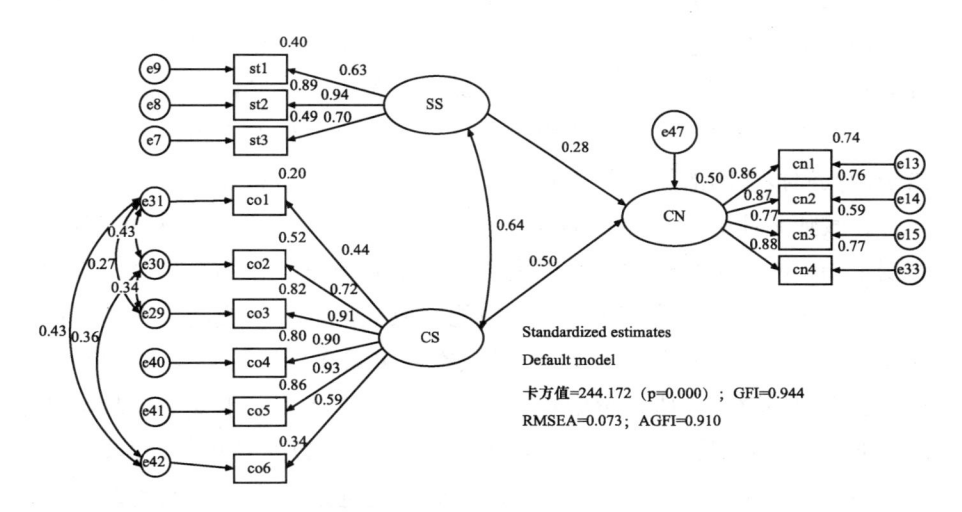

图 5—3　高校英语教师职业环境与疏离（反向）态度的结构模型

表 5—18　高校英语教师职业环境与疏离（反向）态度关系的结构模型拟合数据

模型	χ^2/df	p	GFI	AGFI	CFI	TLI	IFI	RMSEA
原始模型	244.172/57	0.000	0.944	0.910	0.968	0.956	0.966	0.073

从结构模型路径系数来看，对教师疏离（反向）态度产生显著影响的只有同事支持和学生支持两个维度，回归系数分别为 0.50 和 0.28。这一结果分别支持了我们理论假设中的 H4－（3）、H5－（3）。关于认可

反馈和自主性对教师活力影响的相关假设 H3 - (3)、H6 - (3) 均没有得到支持。同事支持和学生支持之间存在显著的共变关系。学生支持和同事支持都是属于人类基本需求中的归属需求。教师职业幸福感的下属维度：疏离（反向）代表着教师个体对自己教学工作以及对同事的冷淡、疏离（反向）的态度，与来自工作对象和同事的支持必然紧密相关。积极向上的学生、乐于助人的同事也会让教师对自己的工作充满热情、积极参与，反之冷漠、疏远的同事关系和师生关系，则导致教师个体的疏离态度。Pyhalto *et al.*（2011）在其对教师职业环境与教师职业幸福感定性研究中发现，大多数教师的职业倦怠表现方式为对工作和同事变得更加冷漠和疏远，而教师们认为长期不能解决的与学生、家长以及专业社区中的社会关系问题是导致他们对工作的各个方面，包括教学、科研以及同事和学生冷淡、漠不关心的主要原因。张庆宗（2011）在其对高校英语教师职业倦怠的定性分析中也发现，教师对学生的高付出和学生所给予的低回报之间的矛盾是教师出现情感枯竭和疏离态度的主要原因之一。在教师倾注大量心血到教学工作中的前提下，学生学习动机不高、态度不端正的问题会让教师慢慢失去对学生和教学工作的热情。人际关系交往是相互的，教师个体在工作中能获取较多的同事支持，在同事中拥有数个好朋友，那么相应地也自然会在同事需要帮助的时候义无反顾，在同事之间的教学科研讨论中积极热情。同事支持和学生支持在教师疏离态度缓解中的积极作用在访谈中也得到了证实。教师 C 指出，"我进校工作的时候，我们一起有 10 多个新老师一起进来，平时大家关系都不错，也能相互帮助。大家都在共同积极的工作，快速地前进，自己也是从来不会怠慢。同时从大一带起来的学生，感觉也非常不错，我和他们不仅是师生关系更是朋友关系，私下里他们都会亲切地叫我姐姐。这些可爱的孩子，还有这些关心我的同事们让我没有办法对这份工作冷淡，我必须要以满腔的热情去回报他们"。从这位教师的陈述中可以看出，她对自身社会关系的积极评价，是让自己保持工作热情的原动力。

　　同事支持与学生支持之间的这种共变关系说明，对同一个教师个体而言，他们对自己工作中不同来源的社会支持感知度是相近的、有相关关系的，这可能与教师的个性特征有关。人格理论中的特质论代表人物之一奥尔波特认为人格是一种动力组织，这种动力组织内隐于个体的身心系统中，决定个体的思想和行为，人格作为一种稳定且持久的品质使得个体在各种情况下的行为具有一致性（格里格、津巴多，2003）。与学生和与同事之间的交往均属于人际交往范畴，具有诸多相似之处。Zellar et al.（2001）在考察人格特征中的神经质、外向性和宜人性三个特征后指出，人格特征会对个体对情绪性社会支持的感知产生影响，从而影响个体的职业状态。关于人类性格相关研究，例如在五大人格的研究中也有不少研究者指出，教师个体的人格特征会影响个体对环境以及社会关系的感知，进而影响个体的职业状态以及教师的心理健康水平（王玉花等，2012）。

五　高校英语教师职业环境对教师活力的影响

下面我们将教师职业幸福感下属维度职业投入的活力作为因变量，分析高校英语教师职业环境对教师活力的影响。从第三节第一小节的相关关系可知，与活力存在显著相关关系的教师职业环境维度包括：认可反馈、同事支持和学生支持。本书在理论假设部分提出积极的高校英语教师职业环境会对教师职业幸福感产生积极正向影响，即对教师活力具有正向影响，我们通过回归分析和结构方程模型来检验这一积极正向关系。我们将性别、年龄、职称以及4个高校英语教师职业环境维度一同分别纳入活力的回归方程中，采用逐步回归法对数据进行回归分析，表5—19回归分析结果表明：进入教师活力回归方程的职业环境维度依次为同事支持、学生支持和认可反馈。回归模型3中，F = 107.376，p < 0.001，回归方程有效。R Square = 0.346，说明这3个变量解释了因变量

表5—19　　　　　　　教师活力逐步多元回归分析摘要

模型	R	R 平方	调整后 R 平方	估计的标准误	F	F 变化值	P
1	0.531[a]	0.282	0.281	0.77348	240.697	240.697	0.000[a]
2	0.583[b]	0.339	0.337	0.74266	156.976	52.858	0.000[b]
3	0.588[c]	0.346	0.342	0.73979	107.376	5.741	0.000[c]

a. 预测变量：(常量)，同事支持
b. 预测变量：(常量)，同事支持，学生支持
c. 预测变量：(常量)，同事支持，学生支持，认可反馈

活力的34.6%的方差。Adjusted R Square = 0.342，说明排除自变量数目的影响后，3个预测变量因素解释了因变量活力的34.2%的方差。包含3个变量的教师活力模型回归系数见表5—20。

表5—20　　　　　　　　　教师活力回归系数表

自变量	标准系数 Beta	t	Sig.	容忍度	VIF
同事支持1	0.393	10.036	0.000	0.699	1.431
学生支持1	0.262	6.580	0.000	0.678	1.475
认可反馈1	0.081	2.396	0.017	0.950	1.053

容忍度的取值为0—1，容忍度越接近1说明共线性越弱，方差膨胀因子（VIF）大于1，如果VIF值大于10，说明回归方程有严重的共线性问题，从表5—25中3个变量的容忍度和VIF可以看出回归模型不存在共线性问题。3个变量中，同事支持对教师活力具有显著正向影响（β = 0.393，p < 0.01），学生支持对教师活力有显著正向影响（β = 0.262，p < 0.01），认可反馈对教师活力有显著正向影响（β = 0.081，p < 0.05）。

另外我们采用结构方程模型进一步检验教师职业环境感知对教师活力的影响。本书使用Amos16.0统计软件，基于理论假设以及相关关系和回归分析结果构建了高校英语教师职业环境感知对教师活力的影响关系模型（如图5—4所示），其中包括4个潜变量，20个显变量，1个潜变量残差变量和20个显变量残差变量。结构模型经过1次数据的调整（见表5—21），得到拟合模型（图5—4）。

表5—21　　　　高校英语教师职业环境与教师活力关系的结构
模型拟合数据

调整步骤	χ^2/df	p	GFI	AGFI	CFI	TLI	IFI	RMSEA
原始模型	798.452/159	0.000	0.877	0.838	0.873	0.854	0.873	0.081
E8↔e35	759.635/157	0.000	882	0.843	0.931	0.916	0.931	0.079

注：P = 0.000。

从模型拟合结果看，模型拟合度稍稍欠佳，接近合格水平，查看模

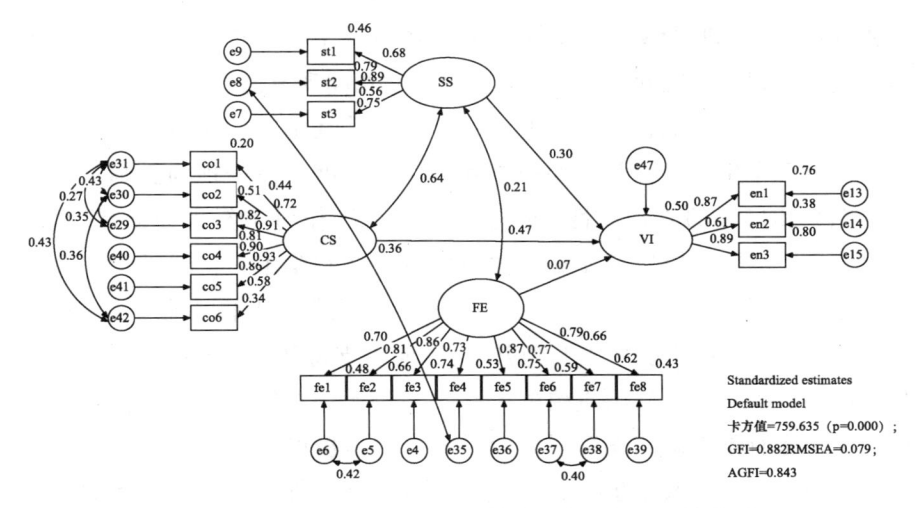

图 5—4　高校英语教师职业环境与教师活力的结构模型

型修正指数我们发现，学生支持第二题项的残差与认可反馈第四个题项的残差产生共变关系后，能对模型拟合度有较大的提高，修正值为26.569，建立两项残差之间的共变关系后得出最终模型。

从回归方程分析结果来看，对教师职业幸福感下属维度——活力产生显著影响的教师职业环境维度从强到弱依次为同事支持、学生支持和认可反馈，然而在结构方程模型中，当考虑了认可反馈与学生支持之间的共变关系时，认可反馈对教师活力的显著影响消失。这一研究结果支持了我们理论假设 H4-(3)、H5-(3)。关于反馈认可对教师活力的正向影响假设 H6-(3)，因为显著影响消失，从而没有得到支持。H3-(3) 关于自主性对教师活力的显著影响假设也没有得到支持。从结构方程模型的路径系数看，同事支持对活力影响的回归系数为 0.47，学生支持的回归系数为 0.30，达到显著性水平，认可反馈对教师职业活力的回归系数为 0.07，$p=0.066>0.05$，不具有显著性。自变量学生支持与同事支持以及学生支持和认可反馈之间的共变关系在该结构模型中再次体现。另外学生支持维度的下属题项"大多数学生都非常愿意配合英语教师"的残差值与认可反馈维度下属题项第四项"我的付出能得到学院和学校认可"的残差之间的共变关系在本结构方程模型中也再次出现。关于自变量之间的共变关系以及变量下属题项残差之间的共变关系，我们已经分别在教师总体职业幸福感和教师职业倦怠的结构方程模型中相同关系进行过详细讨论，因此在本小节不再针对此相同现象进行赘述。

  对教师职业幸福感下属维度活力产生显著性影响的职业环境维度为同事支持和学生支持。教师职业投入的活力维度具体表现为教师具有充沛的精力和良好的心理韧性，自愿为自己的工作付出努力而不易疲倦，并且在困难面前能够坚持不懈。关于同事支持和学生支持对教师职业幸福感的显著影响，我们在对总体教师职业幸福感及其下属维度——疏离（反向）的影响因素分析中已经讨论过，同事支持和学生支持满足教师工作中的归属需要，是教师重要的人际关系资源。在针对职业投入的相关研究中，也有不少研究发现对职业投入产生积极影响的工作资源中包括来自同事、领导以及学生的支持，同时也受到教师个人因素，诸如自我效能感、期望、乐观态度以及基于组织的自尊以及对情感的感知和调节能力等（Christian, Garza & Slaughter, 2011；Halbesleben, 2010；Mauno, Kinnunen, Mäkikangas & Feldt, 2010）。工作需求—资源模型理论作为最常用来解释职业投入的模型之一（Bakker & Demerouti, 2008；Schaufeli & Taris, 2012），在模型中也指出了社会支持对职业投入的重要积极影响。

  相对而言，同事支持比学生支持对教师职业投入包括活力和奉献的影响更大。研究者指出，"职业投入"具有"传染性"的属性（Bakker, Van Emmerik & Euwema, 2006），因此当一位教师个体具有较高水平的活力和奉献水平时，他的这种活力可能通过一种"情绪感染"过程传递给身边其他的同事（Schaufeli, 2012），相应的当周围同事都在具有较高的职业投入水平的环境下工作，教师个体也会受到积极影响，提高自己的职业投入水平。学生支持对教师活力的积极影响在访谈中被多次提及，例如一名教师谈到，"通常我上课之前都会调整好自己的状态再进入课堂，让自己在讲台上充满活力，因为总是想带给学生正面的积极的影响，每次上完课我也总是会通过学生在课堂上的表现来评估自己这堂课的成功之处或者不足之处，对我的教学进行评估的不仅仅是学生的课堂感受，学校对我的教学能力也给予了认可，我获得了教学优秀奖，参加比赛也拿回了奖杯，学校还配套给了我一些奖金，曾让我在那一瞬间充满喜悦。但是对于我而言，最重要的是教会学生学习、思考方法，以言传身教的方式教导他们，对他们的人生产生积极影响。看到学生积极向上，看到毕业生有所成就是我作为教师最大的乐趣。"从这位具有优秀教学能力的教师的谈话中能看到，学校给予的反馈认可对教师的职业幸福感是有积极影响的，但是这种积极影响可能不一定具有稳定性，在和学生支持共同考虑的时候，更能对教师教学中的活力产生持久影响的是学生支持。

六　高校英语教师职业环境对教师奉献的影响

下面我们将教师职业幸福感下属维度职业投入中的奉献作为因变量，分析高校英语教师职业环境对教师奉献的影响。从第三节第一小节的相关关系结果可知，与奉献存在显著相关关系的教师职业环境维度包括：同事支持和学生支持。本书在理论假设部分提出积极的高校英语教师职业环境会对教师职业幸福感产生积极正向影响，即对教师奉献具有正向影响，我们通过回归分析和结构方程模型来检验这一积极正向关系。我们将性别、年龄、职称以及4个高校英语教师职业环境维度一同分别纳入奉献的回归方程中，采用逐步回归法对数据进行回归分析，表5—22回归分析结果表明：进入教师奉献回归方程的职业环境维度依次为同事支持、学生支持和认可反馈。回归模型3中，F=209.400，p<0.001，回归方程有效。R Square=0.507，说明这三个变量解释了因变量教师奉献的50.7%的方差。Adjusted R Square=0.505，说明排除自变量数目的影响后，3个预测变量因素解释了因变量教师奉献态度的50.5%的方差。包含3个变量的教师奉献模型回归系数见表5—23。

表5—22　　　　　　　　教师奉献逐步多元回归分析摘要

模型	R	R平方	调整后R平方	估计的标准误	F	F变化值	P
1	0.678[a]	0.460	0.459	0.86398	520.806	520.806	0.000[a]
2	0.709[b]	0.503	0.501	0.82964	308.749	52.698	0.000[b]
3	0.712[c]	0.507	0.505	0.82639	209.400	5.825	0.000[c]

a. 预测变量：(常量)，同事支持
b. 预测变量：(常量)，同事支持，学生支持
c. 预测变量：(常量)，同事支持，学生支持，认可反馈

表 5—23　　　　　　　　　　教师奉献回归系数表

自变量	标准系数 Beta	t	Sig.	容忍度	VIF
同事支持	0.535	15.739	0.000	0.699	1.431
学生支持	0.264	7.643	0.000	0.678	1.475
认可反馈	-0.070	-2.413	0.016	0.950	1.053

容忍度的取值为 0—1，容忍度越接近 1 说明共线性越弱，方差膨胀因子（VIF）大于 1，如果 VIF 值大于 10，说明回归方程有严重的共线性问题，从表 5—28 中 3 个变量的容忍度和 VIF 可以看出回归模型不存在共线性问题。3 个变量中同事支持对教师活力具有显著正向影响（β=0.535，p<0.01），学生支持对教师活力有显著正向影响（β=0.264，p<0.01），认可反馈对教师活力有显著负向影响（β=-0.07，p<0.05）。

另外我们采用结构方程模型进一步检验教师职业环境感知对教师奉献的影响。本书使用 Amos16.0 统计软件，基于理论假设以及相关关系和回归分析结果构建了高校英语教师职业环境感知对教师奉献的影响关系模型，其中包括 4 个潜变量、20 个显变量以及 1 个潜变量残差变量和 20 个显变量残差变量。拟合模型见图 5—5，结构模型拟合数据见表 5—24。

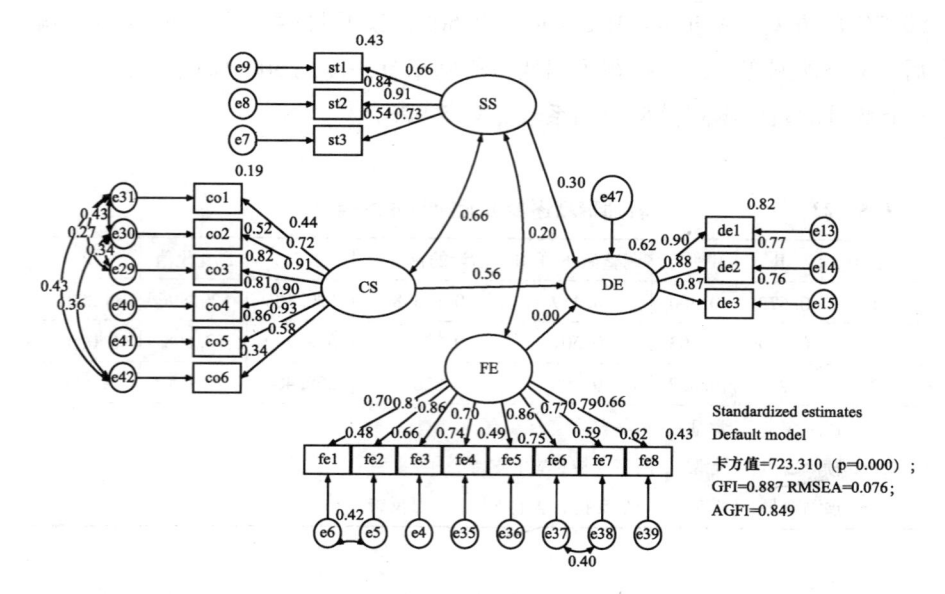

图 5—5　高校英语教师职业环境与教师奉献的结构模型

表 5—24　　高校英语教师职业环境与教师奉献关系的结构模型
拟合数据

模型	χ^2/df	p	GFI	AGFI	CFI	TLI	IFI	RMSEA
奉献模型	723.334/159	0.000	0.887	0.850	0.939	0.927	0.939	0.076

从表 5—24 模型拟合各项指标来看，模型不需要经过任何修正就具备比较理想的数据拟合度。从回归方程分析结果来看，对教师职业幸福感下属维度奉献产生显著影响的教师职业环境维度从强到弱依次为同事支持、学生支持和认知反馈，然而在结构方程模型中，当考虑了认可反馈与学生支持的共变关系时，认可反馈对教师奉献的显著影响消失。这一研究结果支持了我们的理论假设 H4-（4）、H5-（4）。H6(4) 由于认可反馈对教师奉献的显著影响在结构方程模型中消失，因此该假设不能得到支持。H3-（4）自主性对教师奉献的显著影响也没有得到支持。自变量学生支持与教师支持之间具有较高的共变关系，学生支持与认可反馈之间也存在一定的共变关系，这两组共变关系已经在教师总体职业幸福感、疏离（反向）以及活力的影响因素模型中多次体现并已经进行讨论，因此不再赘述。

鉴于奉献影响因素模型与活力以及疏离（反向）影响因素的极度相似性，并且活力与疏离两个下属因素的影响因素与教师投入作为因变量的影响因素模型极其相似，见图 5—6，我们将活力、奉献以及教师职业投入 3 个因子分别作为因变量时的模型拟合度数据对比后（表 5—25）发现，模型拟合度是教师投入作为因变量时最高。

表 5—25　　职业环境与奉献、活力以及职业投入关系的结构模型
拟合数据对比

模型	χ^2/df	p	GFI	AGFI	CFI	TLI	IFI	RMSEA
奉献模型	723.334/159	0.000	0.887	0.850	0.939	0.927	0.939	0.076
活力模型	798.452/159	0.000	0.877	0.838	0.873	0.854	0.873	0.081
投入模型	626.728/159	0.000	0.899	0.863	0.942	0.929	0.942	0.075

在本小节我们首先讨论一下关于疏离与奉献的结构关系以及疏离与

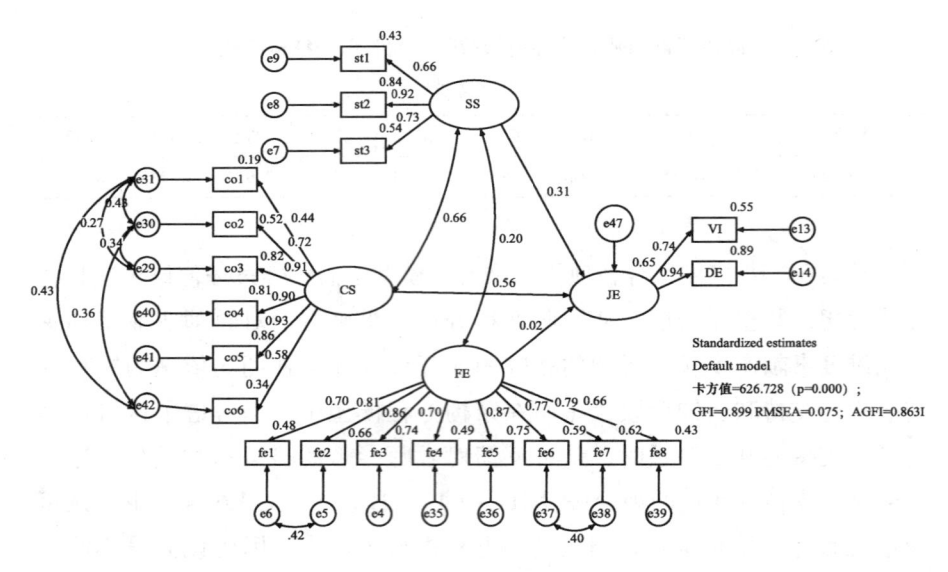

图5—6　高校英语教师职业环境与教师职业投入的结构模型

活力在职业投入中的结构关系。

从第三节第一小节变量间相关分析结果可以看到教师职业幸福感的下属维度：疏离（反向）、奉献和活力3个变量之间的相关系数非常高，均在0.6以上，特别是疏离（反向）与奉献之间以及奉献与活力之间。从3个因变量的回归分析和结构方程模型分析结果来看，对这3个变量产生显著影响的教师职业环境维度也一样，都是同事支持、学生支持以及在共变关系下失去显著性的认可反馈维度。关于疏离（反向）与奉献之间的结构关系，有研究者对其进行了阐述以及论证。他们认为情感枯竭与活力，疏离与奉献分别是能量（activation）和认同（identification）两个变量轴承上的两端（Schaufeli & Bakker, 2004；Gonza'lez-Roma', Schaufeli, Bakker & Lloret, 2006）。Demerouti, Mostert & Bakker（2010）通过验证性因子分析以及分析职业倦怠和职业投入下属维度与工作压力、自主性、组织承诺、心理健康等方面的相关关系来检验两个构念（能量和认同）的结构关系。研究结果验证了认同构念中疏离和奉献确实是两个处于该构念两端的维度，但是激活构念中的情感枯竭和活力则仅仅代表着两种高度相关但是并不对立的两个概念。这一结果在验证性因子分析和与其他概念的相关分析中得到验证。从本书针对教师职业幸福感的四个下属维度：情感枯竭（反向）、疏离（反向）、活力和奉献的影响因素分析结果来看，对疏离（反向）和奉献产生显著影响的教师职业环境维度相同，均受到教师支持和学生支持的显著影响。这一发现支持了研究者关于疏离和奉献作为"认同"两个端点的论证。但是本书情感枯竭（反向）的影响因素为自主性、认可反馈和学生支持，而对活力产生显著影响的则是同事支持、学生支持，两个维度受影响的因素不同，无法支持学者关于这两个维度是"激活"这个构念的两个端点。

Schaufeli, Bakker & Salanova（2006）构建了 9 个题项的简短版 UWES，并提供了跨国效度检验结果。职业投入的 3 个维度之间相关关系较高并且与总的职业投入水平积极相关，因此 3 个维度可以叠加起来作为一个整体的职业投入指标（Schaufeli, 2012）。本书中教师职业环境对教师职业投入的两个核心维度：活力和奉献的影响机制相同：对教师奉献产生显著影响的是同事支持，其次是学生支持，再次是反馈认可，当考虑学生支持和反馈认可之间的共变关系，反馈认可对教师奉献的影响不再显著。也说明了教师职业投入的两个核心维度：活力和奉献是可以叠加为一个因素进行分析的。我们将活力与奉献叠加为一个因素——教师职业投入，将其作为因变量进行了结构方程模型分析（见图5—6），结果发现，自变量同事支持和学生支持以及认可反馈对整体教师职业投入影响的结构方程模型的数据拟合度比分别以活力和奉献为因变量的结构方程模型拟合度都要好（见表5—26）。这一结果进一步证明了职业投入的两个核心维度：活力和奉献可以叠加作为同一个变量进行职业环境与职业投入关系分析。

关于同事支持和学生支持以及学校给予的反馈认可对教师奉献的影响，除了我们前面讨论过的满足人类基本归属需求、为教师提供人际关系资源相关理论来解释以外，还可以通过社会交换理论来解释。根据社会交换理论，人们在他们对一段关系的"投入"（例如时间、经历、技术、努力等）和他们所获取的回报（地位、认可、感激、薪水）之间寻求一种平衡。这种平衡一旦被破坏就会导致个体感受到不平等、压力，并影响幸福感。Adams（1965）指出社会交换过程"存在于任何有交换发生的社会情境中"（p. 422）。人们会倾向于期望自己的付出得到相应的回报。许多研究证明，社会交换过程的相关性不仅存在于教师和学生之间

(Van Horn et al., 1999),也存在教师和同事之间(Taris et al., 2001),以及教师和学校之间(Van Horn et al., 1999)。教师需要有被珍惜的感受,需要得到例如学生的学习兴趣、学习动机等不同形式的积极反馈才会觉得自己的付出没有白费,才会有职业幸福感(Van Horn, Schaufeli & Taris, 2001)。高校英语教师在工作中对学生、对同事以及对学校的这种付出,都是倾向于希望得到相应的回报的,只是从总体问卷调查结果来看,对他们更具有影响力的是人际关系中的同事支持和学生支持,而不是来自组织机构学校的支持。访谈中有一位教师对于这个问题提出了自己的看法,其实每一位教师辛勤的劳动,都是希望自己的努力能得到认可,能拿到更高的工资当然更好,能早点评上职称也是最好不过,但是如果国家、社会、学校不能提供更好的物质上或者职称上的待遇,我们做老师的也觉得没有关系,只要工作中开心,学生学得好,同事关系处得好,自己能尽职尽责,安心工作也挺好。这位教师的谈话也体现了资源保护理论中的首要原则,即资源的损失比资源的获取对人们产生的影响更大。教师会通过重新评估身份资源(职称)、物质资源(相应的工资水平)的价值,珍视社会资源或情感资源(学生支持和同事支持),从而削弱资源损失所引起的心理压力,提高自己的职业幸福感。

教师自主性对高校英语教师总体职业幸福感存在不稳定的影响,并且对教师的疏离(反向)、活力以及奉献均不存在显著影响。关于自主性对职业幸福感的相关假设:H3、H3(2)、H3(3)、H3(4)均没有得到支持,说明中国高校英语教师的自主性存在一定的问题。在我们最初的高校英语教师职业环境问卷中,教师自主性维度下包含了教师的行政决策权相关题项,但是在初次因子分析中被剔除。一方面是因为教师,特别是没有任何行政职务的教师通常是完全没有任何决策权的。有教师在访谈中指出,"学院开会传达上级会议精神,很多会议都是参加不参加都不会有太大影响的。不关系到自己切身利益的事情,通常也不想去关心,真正关系到切身利益的事情,也只能是被动接受,了解情况而已,根本就不可能有什么所谓的决策权"。因此自主性对教师职业幸福感微弱的关系可能也是因为在中国高校英语教师群体中,这种自主性的内涵有些名存实亡,所以并不能对教师总体职业幸福感产生显著影响。要从提高教师自主性的角度来提高教师的职业幸福感,首先要做的是让教师享有更多真正意义上的自主性，赋予他们更多参与决策、发表意见的权利。除此之外，我们认为在提高教师自主性的同时，需要清晰化教师自主性的外延和限制。一方面，我们相信清晰化教师自主性本身会导致教师对自主性感知的加深。清晰化教师自主性的内涵和外延将会减少教师的焦虑、不安全感并提高教师做决策的自信心（Skaalvik & Skaalvik, 2009），从而提高教师在限定范围内可以做出一些自由的选择、采用不同的策略来应对某种特定的情景。另一方面，当教师清晰的认识到大学教师职业所特有的职业自主性，并能充分享受和利用这种自主性时，他们的幸福感会得到相应的提高。

认可反馈在本书中对教师职业幸福感中对教师疏离（反向）不存在显著影响，对教师活力和教师奉献的影响也在考虑了认可反馈与学生支持之间的共变关系之后消失。相关理论假设：H6-（2）、H6-（3）、H6-（4）均没有得到支持。认可反馈作为人类的基本需求之一：胜任力的一种满足方式，却对教师的职业幸福感的大多数方面都不具有稳定的显著影响，也说明中国高校的教师考核制度还存在一系列问题。有研究者指出中国高校中年度考核、科研和教学考核主要是基于教师的工作业绩开展，是一种总结性的、行政性的评价，存在重数量轻质量、重定性轻定量、重科研轻教学的现象，而且评价的内容主要是教师外在显性成果为主，忽略了更多内在的、精神层面的价值体现；从考核实效上看，高校教师考核方法的信度、准确性、一致性、稳定性及可靠性方面都有待提高。并且考核结果还经常与奖惩、晋升、聘任直接挂钩，被不当使用，存在教师考核的目的与功能导向的偏差，不利于教师队伍建设，也不利于激发教师从事教学科研活动的积极性（朱雪波等，2011），从而也不利于高校英语教师职业幸福感的培养。这个可能是教师职业幸福感总体水平不高的重要原因之一。

许信胜和张志红（2009）也指出，近年来高校开始普遍奉行所谓"技术理性"的绩效主义量化考核，将绩效量化为教学工作、科研工作、社会工作等几个模块，每个模块下又包含有一些复杂的小项。这些绩效量表不仅是学校评估和排名的依据，也是教师获得津贴和奖励的条件。在绩效主义导向下，教师的职业取向已经发生了变化：更多教师把主要精力放在申报课题和撰写学术论文上，教学工作只保证勉强完成任务了事；教学研究和有组织备课被淡化，教研室（系所）这一重要的教学研究组织已名存实亡；要获得一定的学术地位和职称等级，只能靠发表论著篇数及其获奖级别来衡量。然而这种职业取向的变化在很多教师看来并不是一种很好的转变。许多高校教师因为没有时间做科研而觉得痛苦（Chalmers，1998），Taris et al.（2001）指出科研和教学任务之间的冲突会时不时引起紧张，进而导致情感枯竭。Guerrero & Vicente（1999）也指出，协调教学和科研任务是紧张、疲劳的来源之一，会导致职业倦怠。在研究者对教师的职业兴趣调查显示，除了有3.9%教师的主要职业兴趣信息缺失外，32.2%的教师主要兴趣在于教学，48.5%的教师倾向于教学，只有2.3%的教师主要兴趣在科研上，还有13%的教师主要兴趣为教学和科研但倾向于科研。这一组数据明确地告诉我们对当前中国大多数高校英语教师而言，一视同仁的绩效主义量化考核，单纯地通过科研成果来确立学术地位的制度环境是会带来消极影响的。

访谈中也有数位教师探讨了学校给予的各种反馈对自己的认知和情感状态的影响。教师D指出，国内各院校的评职称制度不一样，自己所在学校标准高、压力大，而自己的同龄同学朋友早都轻松评上了职称，心理很不平衡，长期评不上职称，慢慢就疲惫了，无论怎么努力都上不去，干脆算了，每次见朋友谈到自己的职称还没有上去，觉得特别没有面子。教师E也指出，"科研是最头痛的事情，从毕业到现在一直都没有科研意识，也没有受过专门训练，现在科研又这么重要，一把年纪了，重新开始学觉得好难啊，真想转岗"。但同时这位教师E对自己的教学能力非常自信，因为曾经获得过讲课比赛的一等奖，并且一直以来学生的教学评价都还不错，所以这也是还坚守在教师岗位上的重要原因。同时，教师D表达了积极反馈对她的情感枯竭状况的缓解有积极影响的观点：获得了教学质量奖、教学竞赛奖以后，会觉得自己被认可了，付出没有白费，自己的追求达到了，会觉得很幸福，对教学能力也会更加自信，工作会更有干劲。

七　理论假设检验汇总及构思模型的修订

本章在理论分析以及第四章对高校英语教师职业幸福感和高校英语教师职业环境理论模型检验的基础之上，探讨了高校英语教师职业环境各维度对教师职业幸福感及其下属各维度的影响作用，对相关理论假设进行验证和讨论。对教师职业幸福感和教师职环境感知的现状进行了统计分析，并讨论了人口统计变量对教师职业幸福感及教师职业环境感知的差异性影响。对本书提出的研究假设的验证情况进行了整理，具体情况见表5—26。

表5—26　　　　　　　　　本书理论假设检验结果汇总

研究假设	检验结果
H1：高校英语教师职业幸福感是一个由教师职业倦怠感（情感枯竭和疏离）和教师职业投入（活力和奉献）四个核心因素构成的一介四因子模型	√
H2：高校英语教师职业环境由教师自主性、同事支持、学生支持、反馈认可、专业发展和资源设备6个维度构成	√
H3：高校英语教师自主性对总体职业幸福感具有正向影响	×
（1）高校英语教师自主性对教师职业幸福感的情感枯竭维度（反向）有正向影响	√
（2）高校英语教师自主性对教师职业幸福感的疏离（反向）维度有正向影响	×
（3）高校英语教师自主性对教师职业幸福感的活力维度有正向影响	×
（4）高校英语教师自主性对教师职业幸福感的奉献维度有正向影响	×
H4：高校英语教师环境中的同事支持对总体职业幸福感具有正向影响	√
（1）高校英语教师环境中的同事支持对教师职业幸福感的情感枯竭（反向）维度具有正向影响	×
（2）高校英语教师环境中的同事支持对教师职业幸福感的疏离（反向）具有正向影响	√
（3）高校英语教师环境中的同事支持对教师职业幸福感的活力维度具有正向影响	√
（4）高校英语教师环境中的同事支持对教师职业幸福感的奉献维度具有正向影响	√
H5：高校英语教师环境中的学生支持对总体职业幸福感具有正向影响	√
（1）高校英语教师环境中的学生支持对教师职业幸福感的情感枯竭（反向）维度具有正向影响	√
（2）高校英语教师环境中的学生支持对教师职业幸福感的疏离（反向）具有正向影响	√
（3）高校英语教师环境中的学生支持对教师职业幸褔感的活力维度具有正向影响	√
（4）高校英语教师环境中的学生支持对教师职业幸福感的奉献维度具有正向影响	√

续表

研究假设	检验结果
H6：高校英语教师环境中的反馈认可对总体职业幸福感具有正向影响	×
（1）高校英语教师环境中的反馈认可对教师职业幸福感的情感枯竭（反向）维度具有正向影响	√
（2）高校英语教师环境中的反馈认可对教师职业幸福感的疏离（反向）具有正向影响	×
（3）高校英语教师环境中的反馈认可对教师职业幸福感的活力维度具有正向影响	×
（4）高校英语教师环境中的反馈认可对教师职业幸福感的奉献维度具有正向影响	×
H7：高校英语教师环境中的专业发展对总体职业幸福感具有正向影响	×
（1）高校英语教师环境中的专业发展对教师职业幸福感的情感枯竭（反向）维度具有正向影响	×
（2）高校英语教师环境中的专业发展对教师职业幸福感的疏离（反向）具有正向影响	×
（3）高校英语教师环境中的专业发展对教师职业幸福感的活力维度具有正向影响	×
（4）高校英语教师环境中的专业发展对教师职业幸福感的奉献维度具有正向影响	×
H8：高校英语教师环境中的设备资源对总体职业幸福感不具有正向影响	√
（1）高校英语教师环境中的设备资源对教师职业幸福感的情感枯竭（反向）维度不具有正向影响	√
（2）高校英语教师环境中的设备资源对教师职业幸福感的疏离（反向）不具有正向影响	√
（3）高校英语教师环境中的设备资源对教师职业幸福感的活力维度不具有正向影响	√
（4）高校英语教师环境中的设备资源对教师职业幸福感的奉献维度不具有正向影响	√

通过定量和定性的研究方法，经过预调查和正式调查两个步骤的研究，本书验证了最初的理论模型，同时也对先前的构思模型进行了部分修改，根据总体研究结果修正后的模型如图5—7所示，图中实线箭头表示高校职业环境中各维度对教师职业幸福感因变量及其下属各维度的预测作用，虚线表示在考虑自变量之间共变关系之后消失了的对因变量的预测作用。各变量维度之间的作用关系已经在上文有详细的描述，这里不再赘述。

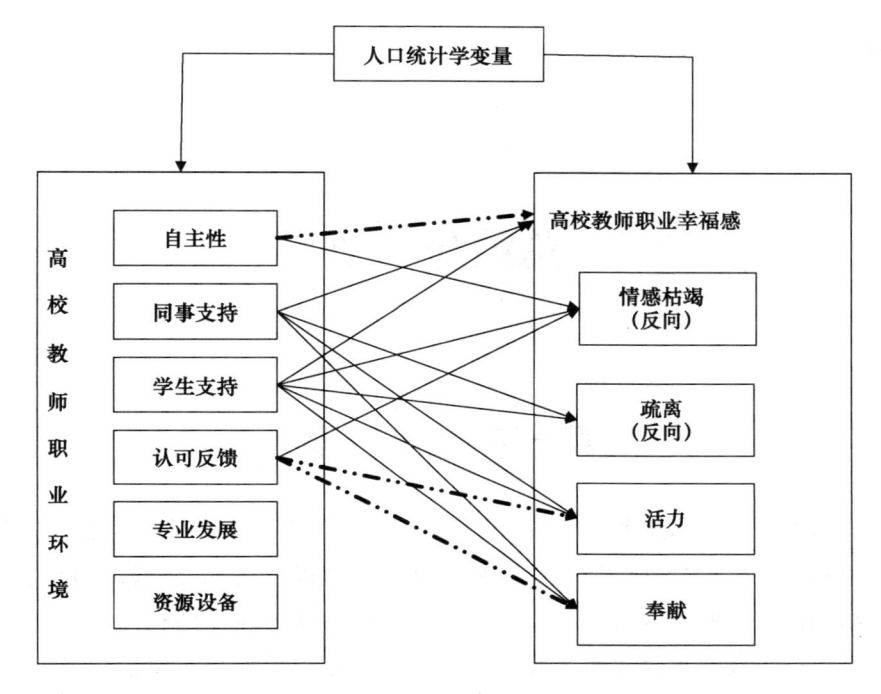

图 5—7　修正后理论模型

注：虚箭头表明职业环境维度在回归模型中对相应教师职业幸福感维度有显著影响，但在结构方程模型中显著性消失。

第六章

总结与展望

第一节 研究发现

本书以中国湖北省高校 614 名英语教师为调查对象,通过实证研究的方法验证了高校英语教师职业幸福感结构模型以及高校英语教师职业环境结构模型,形成本书的正式调查工具,随后通过问卷调查和访谈揭示了高校英语教师职业环境下属各维度与高校英语教师职业幸福感及其下属维度之间的关系,对本书提出的一系列相关理论假设进行了验证,并进行了一些描述性统计分析和人口统计学对比差异分析,本书主要得出以下主要结论:

一 本书参照职业心理健康研究领域对职业幸福感的界定方式(如 Hyvonen et al., 2010; Hakanen et al., 2006; Vera et al., 2010; Parker et al., 2012 etc.),通过教师职业倦怠和教师职业投入两个概念对教师职业幸福感进行界定,验证了由教师职业倦怠量表 MBI-GS(MBI-General Survey)(Maslach & Schaufeli, 1996)和简短版职业投入量表 UWES(Schaufeli et al., 2006)所构成的教师职业幸福感量表在中国高校英语教师群体中的适应性,以及教师职业幸福感的结构特征。预调查研究中的探索性因子分析和验证性因子分析结果表明,高校英语教师职业幸福感量表具有较好的信度和效度,结果还表明高校英语教师职业幸福感是一个包含职业倦怠和职业投入核心维度(情感枯竭、疏离、活力和奉献)的四因子模型,在本书中的数据拟合度很好,所形成的最终高校英语教师职业幸福感包含情感枯竭、疏离、活力和奉献 4 个维度,共 14 个题项。

二 本书在参考心理幸福感相关理论模型(Ryff1989; Schultz, 2008;

Walker, 1999 etc.）以及大学（Dorman, 1999 etc.）及中学（Moos, 1979, 1986; Fisher & Fraser, 1991; Huang, 2003, 2006; Skaalvik & Skaalvik, 2009; Aelterman et al., 2007etc.）学校环境的相关研究基础上，通过访谈研究，构建了高校英语教师职业环境理论模型，并编制了高校英语教师职业环境量表。高校英语教师职业环境量表最终量表由自主性、同事支持、学生支持、认可反馈、专业发展和设备资源六个维度构成，共33个题项。通过本书的预调查研究，我们对问卷进行了探索性因子分析、验证性因子分析以及信度分析，问卷表现有良好的心理测量特性，从而得到调查研究的正式教师职业环境问卷。

三　本书对高校英语教师职业幸福感状况进行了描述性统计分析，并对性别、年龄和职称等人口统计学变量上的差异进行了单因素方差分析，研究结果表明：总体而言，中国高校英语教师的职业幸福感处于中等至稍稍偏上的水平，这一现状与高校英语教师这一职业环境中资源的有限水平、教师付出后所获取的有限回报以及教师们感受到的工作压力，例如获取身份资源—职称的困难有重要关系。在人口学变量差异分析中，在性别层面上，男女教师的职业幸福感的感知差异没有显著性差异；在年龄层面上，各年龄阶层的教师在职业倦怠的下属两个维度上的差异不具有显著性，但是在活力和奉献的维度上以及总体职业幸福感上年轻教师比年长的教师水平更高。除了41—45岁教师在活力维度上具有突出表现和超凡活力，并且在奉献维度上也仅次于刚入职不久的30岁以下的教师；在职称层面上，总体而言教授群体的总体职业幸福感以及下属各维度上水平是最高的，显著高于副教授。这与国内的职称评审制度有关，从副教授到教授的跨越很大，许多教师选择终身"副教授"，放弃了对事业的追求，从而与通过努力并在教学、科研中享受乐趣的教授之间幸福感水平差距甚远。

四　本书同样对高校英语教师职业环境感知状况进行了描述性统计分析，研究结果表明：高校英语教师对这六个方面的职业环境感知也处于比较趋中的水平，其中满意度最高的是学校给予教师的反馈和认可，其次是专业发展机会，再次是自主性。感知水平最低的是同事支持。

五　本书通过问卷调查和访谈的方式揭示了高校英语教师职业环境各维度对高校英语教师职业幸福感及其各维度的影响。研究表明：在高校英语教师职业环境与教师职业幸福感及其下属维度的影响上,专业发展和设备资源两个维度对教师职业总体幸福感及其下属维度均不存在显著影响;专业发展对教师职业幸福感没有直接影响的主要原因是在当前外语教育"工具化"思潮的影响下,英语教师逐渐麻木,专业归属感不强,追求专业发展意识不强,学校、社会相关政策也需要进一步完善。设备资源对教师职业幸福感及其下属维度没有显著影响在我们的预料之中。主要原因在于物质资源随社会发展在不断丰富完善,根据资源损失首要地位原则,人们损失或者获取相同资源量的情况下,人们遭受资源损失会比获取资源产生更大的影响(Hobfull,1989)。教师们不容易觉察设备资源充足性的积极作用及其带来的幸福感。

六 本书验证了工作需求—资源模型理论中的动机过程,研究结果表明,高校英语教师职业环境中的自主性、同事支持、学生支持和认可反馈四个维度分别在不同程度上对高校英语教师职业幸福感及其下属维度产生不同的影响,具体关系如下:对高校英语教师总体幸福感产生显著影响的教师职业环境维度从强到弱依次为同事支持、学生支持和自主性。其中自主性对总体职业幸福感的影响不具有稳定性,在考虑了自主性与学生支持之间的共变关系以后消失。对教师情感枯竭(反向)产生显著正向影响的教师职业环境维度从强到弱依次为自主性、认可反馈和学生支持。对教师疏离(反向)产生显著正向影响的教师职业环境维度包括同事支持和学生支持。对教师活力以及奉献产生显著正向影响的教师职业环境维度主要包括同事支持和学生支持,认可反馈对其产生的正向影响在考虑了认可反馈与学生支持之间的共变关系以后消失。

七 本书支持了研究者关于疏离和奉献作为"认同"两个端点的论证(Schaufeli & Bakker,2004;Gonza'lez-Roma',Schaufeli,Bakker & Lloret,2006)。但是无法支持学者关于情感枯竭和活力这两个维度是"能量"的两个端点的观点。

八 本书还支持了职业投入的两个核心维度奉献和活力可以叠加起来作为一个整体的职业投入指标(Schaufeli,2012)的观点。教师职业环境对教师职业投入的两个核心维度:活力和奉献的影响机制相同:对教师奉献产生显著影响的是同事支持,其次是学生支持,再次是反馈认可,当考虑学生支持和反馈认可之间的共变关系,反馈认可对教师奉献的影响不再显著。并且职业投入当作一个因子时,模型的数据拟合度更好。

第二节 实践启示

本书的研究结果表明,高校英语教师的总体职业幸福感处于中等水平,对高校英语教师职业环境的感知也处于中等水平,对教师职业幸福感产生显著影响的教师职业环境维度不同,根据我们的研究结果,目前能对高校英语教师职业幸福感产生显著影响的主要是同事支持和学生支持,认可反馈和教师自主性的影响作用不具有稳定性,体现了这两个方面存在的一些问题,另外教师专业发展没有对教师职业幸福感产生影响。这一意外发现更是凸显英语教师专业意识薄弱、专业发展任重道远。根据以上几个方面,我们分别针对教师团队建设、认知反馈体系及师生关系、教师自主权的赋予、专业发展规划等几个方面提出研究启示。

第一,加强教师团队建设,提高教师团队合作意识,创造和谐友好的工作氛围。

本书表明同事支持对总体职业幸福感、疏离(反向)态度、教师活力以及奉献等方面具有显著影响,在教师对学校环境各维度的感知上,同事支持的感知水平是最低的。这说明提高高校英语教师之间的协同合作、友好支持显得格外重要。一方面在教学和科研中可以采取各种策略加强教师之间的合作,在同事之间营造一种良性的合作环境,避免过于激烈的竞争。另一方面,可以借鉴国外"教师中心机构",为教师学术和情感交流创造一个平台,协助教师建立良好的支持系统,促进同事之间的友好关系,同时高校校长以及学院院长等领导也可以完善领导风格,扮演好人际角色,重视构建学校和谐的互动网络环境。同事也可以通过这个"人际关系"体系及时了解教师工作中的认知情感状态,化解教师职业倦怠、加大教师职业投入,提高教师职业幸福感。

第二,建立灵活多样的评价体系,协助教师树立正确的职业观,促进师生关系良性循环。

当前高校教师角色已经发生改变,不再是学生的知识来源、学术权威,受尊敬的程度也不如以前。一方面由于付费教育在一定程度上颠覆了传统的师生关系,使得许多教师抱有教师是学生雇佣的打工者观念,另一方面，学校在管理制度上实行"学生评教""考教分离制度""末位淘汰制度"，这些在很大程度上消减了教师的权威。在对教师的评估上可以参考学生评价，但是不能过于依赖于学生评价，否则使得教师在教学过程中花费大量注意力在取悦学生和娱乐学生上，扭曲其职业价值观以及教学目标。高校英语教师都各有所长，有些更喜欢自己潜心做研究，另一些则更享受在课堂上跟学生互动的过程，整体划一的教师评价制度总是会使部分教师产生挫败感。朱雪波等（2011）指出对高校教师的考核应该尊崇公开、公平、公正的原则，定量与定性相结合的原则，分类分层考核的原则以及激励原则。其中分类分层原则就提倡要从人发展的角度，分类评价，允许教师选择不同的专业发展道路，调动教师积极性和创造性，让有学术研究特长的教师大胆创新实践，开展科研工作，让乐于教学的教师潜心于学生培养，也让奉献于教学和科研双岗位的教师积极创新教学并致力于科学研究，应该对具有不同工作重点的教师有不同的考核重点和标准，这样才可能最大限度地推进尽量多的教师积极地投入工作中。

在合理的教师评价体系下，才能促使教师树立更加端正的职业价值观。当教师为了尊重和追求自己内心真正呼唤、动机和兴趣、宣泄内心深处涌动着的激情而做的事业，超越对物质、职位的晋升以及他人尊敬的获取，自觉激发出对工作的创造性（柳海民，林丹，2008），爱岗敬业、爱生执业，才能在工作中洋溢出教育生命的活力与激情，才能真切体会到做一名教师的快乐、幸福与尊严，才可以获取持续不断的教师职业幸福感。只有当教师对自身的工作有了正确的认知之后，才能关爱学生、快乐从教，才能将教师职业倦怠降到最低程度，把教师职业投入水平上升到最高，享受最高的职业幸福感水平。英语教师肩负着中西文化交流的重任，是先进文明的传播者，理应为自己的职业感到骄傲和自豪（张庆宗，2011）。同时，在要求教师树立正确的职业价值观的同时也需要加强学生的学风建设，要在学生中倡导勤学、会学、乐学的风尚。教导他们尊敬师长，学会感恩，关心同学，互助互爱，有效地进行师生互动和生生互动。教师也应该帮助学生在英语学习过程中增强对不同文化的鉴别能力，使学生能够健康成长，成为国家和社会建设需要的栋梁之材。在此条件下，学生才能够更好地体会在校学习的意义，更能珍惜教师在教学过程中台上十分钟，台下十年功的辛苦。拥有来自学校、学院的积极认可反馈，树立了正确的职业价值观，看到了学生们良好的学风，教师会在工作中具有更高的积极性，随之而来的持续上升的教师职业幸福感，反过来又会作用于教师更高的积极工作状态、学生的学习动机以及学业成绩和学生的幸福感。

第三，放权让利，让高校英语教师享受更多的真正的自主权。

"放权让利"曾经是国家在推进体制改革中化解改革阻力的重要手段，但教育改革从重点到非重点院校的划分，"211"工程，"985"计划的推进和本科教学水平的评估等，无不都在增强主管部门的行政权力。国家教育主管部门行政权力的膨胀以同样的模式向省区教育行政部门渗透，高校对应或复制的管理体制使教师在学校重大决策和发展问题上的话语权减少（许信胜、张志红，2009）。想要调动教师工作积极性，提高他们的职业幸福感，有必要给予教师参与决策的权利，以及对自己的工作内容、形式等方面的自主权。有研究表明，职业投入的员工会在需要的时候积极改变自己的工作环境，这种改变可以通过调整自己工作的内容及设计，例如通过选择特定的工作任务，协商工作内容或者赋予自己的工作任务更多的意义。这个积极调整工作的过程被称为 job crafting（Wrzesniewski & Dutton, 2001）。职业投入的员工更有可能采用这种方法来改进他们的工作（Bakker, 2011），从而才能更有效地提高个人—工作的合适度（person-job fit），但是如果教师不具备调整自己工作内容、赋予自己工作特殊意义等自主权，就无法使用这些策略，从而无法感受到工作意义，无法有效提高自己的职业投入水平。

第四，搭建英语教师专业发展平台，提高教师专业发展意识。

本书发现，高校英语教师对自己专业发展机会的感知对他们的职业幸福感的影响并不大，一方面，在国内英语工具化思潮影响下，教师的专业归属感不强；另一方面，英语教师的专业发展意识不够。有研究者指出，随着中国新课程改革的不断推进，中国高校英语教师专业素质的缺陷逐步暴露出来，已经成为新一轮课程改革延续发展的瓶颈，研究者指出，中国高校英语教师中存在诸多方面的专业素质不足问题，例如教学理念陈旧、科研能力偏弱、知识面不宽、缺乏现代教育技能等问题（张卫红、孙成贵，2010）。因此有必要针对这些问题对教师的专业发展进行规划。

吴一安（2008）在对中国优秀外语教师所具备的专业素质研究基础上，通过问卷调查和半结构式访谈的方式，分析了外语教师专业发展的一般性规律、阶段性特征和发展成因。研究发现，教师专业发展是一个长期的、逐步进步的过程，是在探索性、反思性教学实践中成就的。具有阶段性特征，对一个新老师而言需要约5年时间的课堂教学实践才能打下持续发展的基础。同时促进优秀教师专业成长的因素有内因和外因的共同影响，主要包括热爱外语教师职业、自我专业发展意识、教师自身因素等内因，以及宽松、积极向上、良性互动的教学环境，专家教师的典范或家庭影响，进修和学术研讨，国家整体大环境等外部因素共同促进外语教师的专业发展。同时，Freeman & Richards（2002）认为外语教师的专业发展是一个以教师自我发展需要为动力，在教学实践中通过不断学习、反思提升专业素质和完善信念系统的动态过程。教师的专业发展是教师自我反思、自我更新的过程（Doyle，1990）。因此一方面，需要从国家整体环境、学校环境方面着手，为教师专业化发展塑造有利、宽松、积极的环境和氛围，另一方面也需要针对不同的教师个体进行个性化专业发展规划设计，提高教师专业发展意识，让教师们在不断的自我反思、自我更新过程中，充分感受自己在英语水平、教育学、心理学、应用语言学等领域得到持续发展时所带给自己的职业幸福感。

第五，针对学校环境各维度的干预需要多管齐下。

本书发现，教师对学校环境不同维度的感知相关性不高，Skaalvik & Skaalvik（2009）有同样的研究发现。学校环境变量之间低相关性的实践启示在于在努力提高教师工作条件和工作满意度时，需要把学校环境当作一个多维度的变量来构建，而且仅仅改进学校环境的某一个方面对教师对学校环境其他方面感知的影响非常小。而且学校环境不同因素对教师职业幸福感不同纬度的影响也不同，因此需要对学校环境各维度同时干预提高，才能更好地提高高校英语教师职业幸福感。

第六，工作资源的调整需要注重适宜性。

单纯无节制的提高工作资源并不一定能保证教师职业倦怠症状的缓解或者职业投入水平的提高。Warr（1987）曾经指出工作资源，例如自主性、社会支持和认可反馈可能像维生素一样对幸福感的影响是非线性的。就像过量的维生素会导致身体中毒损害健康一样，过多的工作资源也有可能对教师的职业幸福感产生负面影响。例如工作中的自主性被认为对员工的幸福感的影响呈倒 U 形：非常高的工作自主性可能会对员工的幸福感存在潜在的害处，因为过多的自主性意味着不确定性、决策的困难以及对工作的高度责任（Warr，1987）。确实也有研究证明工作资源与员工幸福感之间的曲线关系（curvilinear relationship）（De Jonge & Schaufeli，1998；Warr，1990）。因此在对教师工作资源进行干预提高时，也需要找到工作需求和工作资源之间的一个平衡点。需要给予教师合适的工作需求来激发他们的工作潜力，但同时不能损坏了教师的身体健康、破坏他们的职业幸福感。如果有些工作需求不可以避免，例如对教师认知上的需求、情感上的需求，那么应该给予教师足够的工作资源，在这种情况下，充足的信息资源、积极的合作团队以及同事给予的积极情感支持可能会帮助教师缓解这些需求带来的辛苦感受。

第七，积极开发和保护教师本身所拥有的个人资源。

在我们的文献综述以及访谈之中了解到，除了学校环境中的这些积极资源环境对教师职业幸福感产生重要影响外，教师个体本身也拥有许多宝贵的个人资源和无限的潜力，因此我们在提高学校环境资源的同时，应该注意保护和开发教师的个体资源。例如有研究者指出，对提高员工职业投入水平的培训项目应该着重加强员工自我效能感的培养。高水平的自我效能感能启动一个向上的螺旋式上升循环，职业投入水平以及相应的工作表现相应提高，反过来会增加自我效能感水平的提高（Salanova et al.，2010）。只要个体能够保持在自己的事业中持续发展，他们就可能保持较高的职业投入水平。除了教师的自我效能感之外，教师自尊、外向、积极向上的性格特征等都应该得到学院和学校组织的关注，在充分了解教师个体的基础上，给予相应的自主性，配套合理的教师评价体系，保障所有的教师个体都能在一个和谐平衡的工作环境中有效的保护和开发个人资源，最大限度地享受高校英语教师所带来的教师职业幸福感。

第三节　研究局限和未来研究的方向

一　研究局限

虽然本书发现了各种积极的工作资源环境对教师的职业幸福感的不

同维度具有不同程度的影响，并且各因变量的方差解释力较高，但是本书还存在一些局限性。首先最明显的一个局限在于本书采用的是横断面研究而不是历时研究，这就意味着共同方法变异（common-method variance）可能对研究结果产生影响，因此不能得出定论这些变量之间一定是这些因果关系。不过前人已经有许多研究证明了本书中所运用的教师职业环境中的各种维度是教师职业幸福感（教师职业倦怠和教师职业投入）的预测因素而不是结果（e. g. Schaufeli & Enzmann, 1998; Bakker, Demerouti & Euwema, 2005）。

第二个局限在于本书所有的数据都是采用自我汇报的形式，具有一定的主观性因素。其实观察法已经被成功的运用于职业研究领域中来考察员工的工作条件及其与员工职业倦怠之间的关系（Demerouti et al., 2001）。因此未来研究也可以将观察法运用到对高校英语教师的工作资源以及工作需求的相关研究中来，在本书的基础之上，通过观察的方式，更为客观的检验工作资源与教师职业幸福感及其各维度之间的关系。

第三，本书主要探讨了高校英语教师职业环境中的积极资源环境对教师职业幸福感的影响。提高教师职业环境、丰富教师工作资源固然重要，但是仅仅从教师工作资源着手可能还不会全面提高教师职业幸福感。Der Doef & Maes（2002）在其对中职教师的相关研究中指出，在调整教师职业资源的同时还必须要降低教师的工作需求，例如工作和时间压力、角色模糊性以及学生的破坏行为等。对高校英语教师职业幸福感产生影响的工作需求因素在本书中没有展开讨论，后续研究中需要对高校英语教师工作资源和工作需求进行全面分析，双管齐下，以更加有效的全面提高教师职业幸福感。

二 研究展望

目前，国内外对高校教师职业幸福感以及职业环境相关研究存在诸多不足，未来研究可以尝试从以下几个角度深入开展：

第一，加强高校英语教师职业幸福感本土化量表的开发。量表的设计开发是对一个研究话题相关研究的重点和难点。本文借用职业健康心理学领域中最常用的两个概念——工作倦怠和职业投入对教师职业幸福感进行界定和测量，两份问卷均源自西方背景，专门针对中国高校英语教师职业幸福感的测量工具尚不多见。目前只有王传金（2008）对小学教师职业幸福感维度及测量工具进行尝试性研究，但是缺乏后续性的量表信度和效度检验。高校英语教师具备与其他专业以及中小学教师不同的职业特点。因此对高校英语教师职业幸福感本土化量表的构建是一片非常值得开拓的处女地。

第二，加强高校英语教师职业环境量表的本土化开发。本书虽然在借鉴国外各类学校环境以及心理幸福感相关客观标准的基础上构建了高校英语教师职业环境模型和量表，并进行了相关信度和效度的验证，但是本书的侧重点在于高校环境中的积极资源上，没有考虑学校环境中对教师职业产生负面影响的消极学校环境因素。国内目前还未见比较全面的针对高校英语教师职业环境感知量表，因此相关本土化量表的开发对高校英语教师职业环境、专业发展、幸福感研究等具有重要意义。

第三，幸福感是一个复杂的心理现象，受到一系列因素的共同影响（Devos et al., 2006），除了本书所设计的积极职业资源环境以外，教师个人所具有的特质，很有可能成为其在工作中面对工作压力时，产生工作倦怠和职业投入分化的原因。教师的个体特质，例如耐久力（hardiness）、韧性（resilience）、自我效能感、性格特征、控制力、自尊、积极或消极情感等都有可能与教师的工作倦怠和职业投入存在密切联系。教师职业环境中的工作需求也会对教师职业幸福感产生积极或消极影响。同时也会受到家庭环境以及社会环境的影响，因此要想对教师职业幸福感有一个更为全面的了解，在后续研究中可以更加综合地考虑教师个人因素、学校环境以及家庭因素，考察各种因素对教师职业幸福感的工作作用机制。

第四，虽然已经有一些颇有成就的关于职业幸福感（职业投入和职业倦怠）的前因后果研究，但是这些研究通常都是跟本书一样是横截面式的研究。在职业发展领域也有少许的一些历时研究，这种研究需求很大，特别是能有三次以上数据收集的历时研究，这样就能分析职业投入的中介效应，并且能使用更加先进的数据分析方法（e.g. latent growth curve modeling, stability and change modeling）。另外，与工作无关的职业幸福感前因或后果因素被研究者们忽略。只有一项研究包含了家庭需求和家庭资源（Hakanen, Schaufeli & Ahola, 2008）对教师职业幸福感的影响,但是该研究却没有发现相关因素的显著性效应。这些家庭因素对职业幸福感影响的相关研究也是未来研究努力的方向。

第五,关于教师幸福感提高的一种特别重要的结果就是好的工作表现,有一系列的研究表明职业投入与高水平的工作表现相关(综述见Christian et al., 2011),但是为什么职业投入能带来好的工作表现的原因并不是很清楚。Schaufeli(2012)推断可能有以下六种原因(cf. Bakker, 2011; Reiseger, Schaufeli, Peeters & Taris, in press2012) 1. 职业投入的个体会经常体验到积极的情感,例如快乐、开心、激情四射,这些积极情感会开拓个体的思想和行为体系,这就意味着更多新知识和技巧的习得,从而提高他们的工作表现。2. 职业投入的个体通常健康水平更高,这就意味着他们很少缺勤,能更加专心工作,所以他们更加多产。3. 职业投入的个体会调整自己的工作,如此一来他们的工作就能更好地满足个人需求和价值观,从而激发内在动机,进而提高工作表现。4. 职业投入可能培养认知上开放的态度和行为上更完善的准备。思想上的开放性提高信息处理能力,行为上的准备充分性体现在个人主动性上,这两个方面都能很好地提高工作表现。5. 职业投入的个体通常会表现出更多的亲社会行为(prosocial behavior)(例如帮助他人、为人善良、愿意合作),这些也会得到同事们的回应。所以亲社会行为可能帮助营造一种积极的社会环境,这种环境有助于合作、信息共享、相互帮助,因此整个团队的工作表现都会提高。6. 投入的员工通常把自己的投入状态通过一个情绪感染过程(emotion)传递给自己身边的同事,即团队中团员与团员之间的情绪交叉感染(crossover of emotions)。在大多数组织中,良好的团队表现是协同合作的结果,个体的职业投入可能会转移到他人身上,从而间接地提高团队表现。但所有这些都只是推测,需要未来研究来评估他们的可行性,而且针对教师职业幸福感提高后对教师工作表现提高的相关研究还是空白,有待未来研究深入开展。

参考文献

[1] Abel, M. H., Sewell, J., "Stress and burnout in rural and urban secondary school teachers", *The Journal of Educational Research*, 1999, 92 (5): 287–293.

[2] Aelterman, A., Engels, N. & Van Petegem, K. *et al.*, "The well-being of teachers in Flanders: the importance of a supportive school culture", *Educational Studies*, 2007, 33 (3): 285–297.

[3] Aelterman, A., Engels, N., Verhaeghe, J. P., Sys, H., Van Petegem, K. & Panagiotou, K., Development of an instrument to measure well-being among primary and secondary schoolteachers, Report for Flemish department of education, 2002.

[4] Aldridge, J. M., R. C. Laugksch & B. J. Fraser, "School-level environment and outcomes-based education in South Africa", *Learning Environments Research*, 2006, 9 (2): 123–147.

[5] Allen, D. G., L. M. Shore & R. W. Griffeth, "The role of perceived organizational support and supportive human resource practices in the turnover process", *Journal of management*, 2003, 29 (1): 99–118.

[6] Allport, G. W., *Pattern and growth in personality*, New York: Holt, Rinehart & Winston, 1965.

[7] Arnold B. Bakker, Evangelia Demerouti, "Towards a model of work engagement", *Career DevelopmentInternational*, 2008, 13 (3): 209–223.

[8] Backhouse, J. K., G. L. Dickins, S. E. Rayner & M. J., *Choice of Mathematics for 'A' Level*, Oxford: University of Oxford, Department of Educational Studies, 1982.

[9] Bakker, A. B. , Demerouti, E. & Euwema, M. C. , "Job resources buffer the impact of job demands on burnout", *Journal of Occupational Health Psychology*, 2005, 10 (2): 170 – 180.

[10] Bakker, A. B. & Demerouti, E. , "The Job Demands-Resources model: State of the art", *Journal of Managerial Psychology*, 2007, 22: 309 – 328.

[11] Bakker, A. B. , J. J. Hakanen, E. Demerouti & D. Xanthopoulou. , "Job resources boost work engagement, particularly when job demands are high", *Journal of Educational Psychology*, 2007, 99 (2): 274 – 284.

[12] Bakker, A. B. & Schaufeli, W. B. , "Positive organizational behavior: Engaged employees in flourishing organizations", *Journal of Organizational Behavior*, 2008, 29: 147 – 154.

[13] Baldwin, R. G. , "Faculty vitality beyond the research university", *Journal of Higher Education*, 1990, 61 (2): 160 – 180.

[14] Bandura, A. , *Self-efficacy: The exercise of control*. New York, NY: Freeman, 1997.

[15] Bandura, A. , "Social cognitive theory: An agentic perspective". *Annual Review of Psychology*, 2001, 52: 1 – 26.

[16] Bandura, A. , *Social foundations of thought and action: A social cognitive theory*, Englewood Cliffs, NJ: Prentice-Hall, 1986.

[17] Bartunek, J. M. , Rynes, S. L. & Ireland, R. D. "What makes research interesting, and why does it matter?" *Academy of Management Jounal*, 2006, 49: 9 – 15.

[18] Baumeister, R. F. & M. R. Leary, "The need to belong: desire for interpersonal attachments as a fundamental human motivation", *Psychological bulletin*, 1995, 117 (3): 497.

[19] Becker, L. C. "Good lives: Prolegomena", Social Philosophy and Policy, 1992, 9: 15 – 37.

[20] Begat, I. , Ellefsen, B. & Severinsson, E. , "Nurses' satisfaction with their work environment and the outcomes of clinical nursing supervision

on nurses' experiences of well-being—a Norwegian study", *Journal of Nursing Management*, 2005, 13: 221 – 230.

[21] Blau, P., *Exchange and Power in Social Life*, New York: Wiley, 1964.

[22] Borg, M. G. & Riding, R. J., "Occupational stress and satisfaction in teaching", *British Educational Research Journal*, 1991, 17: 263 – 281.

[23] Brenninkmeijer, V. & Van Yperen, N., "How to conduct research on burnout: Advantages and disadvantages of a unidimensional approach to burnout", *Occupational and Environmental Medicine*, 2003, 60 (Suppl. 1): 16 – 21.

[24] Bretones, F. D. & Gonzalez, M. J., "Subjective and occupational well-being in a sample of Mexican workers", *Social indicators research*, 2011, 100 (2): 273 – 285.

[25] Brief, A. P. & Weiss, H. M., "Organizational behavior: Affect in the workplace", *Annual Review of Psychology*, 2002, 53: 279 – 307.

[26] Brief, A. P., Butcher, A. H., George, J. M. & Link, K. E., "Integrating bottom-up and top-down theories of subjective well-being: The case of health", *Journal of Personality and Social Psychology*, 1993, 64: 646 – 653.

[27] Broadbent, D. E., Cooper, P. F., FitzGerald, P. & Parkes, K. R., "The Cognitive FailuresQuestionnaire (CFQ) and its correlates", *British Journal of Clinical Psychology*, 1982, 21: 1 – 16.

[28] Bromme, R., "Teacher expertise", In N. J. Smelser & P. B. Baltes (Eds.), *International encyclopedia of the social and behavioral sciences*, Oxford, England: Elsevier, 2001, pp. 15459 – 15465.

[29] Browers, A. & Tomic, W., "A longitudinal study of teacher burnout and perceived self-efficacy in classroom management", *Teaching and Teacher Education*, 2000, 16: 239 – 253.

[30] Brown, S. P & Leigh, T. W., "A new look at psychological climate and its relationship tojob involvement, effort, and performance", *Journal of Applied Psychology*, 1996, 81: 458 – 368.

[31] Brown, T. A., *Confirmatory factor analysis for applied research*, New

York: The guilgord Press, 2006.
[32] Buela-Casal, G. & Sierra, J. C. , "Criteria, indicators and standards for the accreditation of university faculty and professors", *Psicothema*, 2007, 19: 537 –551.
[33] Buhler, C. "The curve of life as studies in biographies", *Journal of Applied Psychology*, 1935, 43: 653 –673.
[34] Burden, R. & Fraser, B. J. , "Examining teachers' perceptions of their working environments: Introducing the School Level Environment Questionnaire", *Educational Psychology in Practice*, 1994, 10 (2): 67 – 73.
[35] Burden, R. & Fraser, B. J. , "Examining teachers' perceptions of their working environments: Introducing the School Level Environment Questionnaire", *Educational Psychology in Practice*, 1994, 10 (2): 67 – 73.
[36] Byrne, B. M. , "The Maslach burnout inventory: validating factorial structure and invariance across intermediate, secondary and university educators", *Multivariate BehavioralResearch*, 1991, 26: 583 –605.
[37] C. Maslach. , "Burnout: a multidimensional perspective", In W. B. Schaufeli, C. Maslach, T. Marek (Eds.), *Professional Burnout Developments in Theory and Research*, Taylor & Francis, Washington, D. C. , 1993, 15 –32.
[38] Cacioppo, J. T. , Gardner, W. L. & Berntson, G. G. , "Beyond bipolar conceptualizations and measures: The case of attitudes and evaluative space", *Personality and Social Psychology Review*, 1997, 1: 3 –25.
[39] Cartwright, S. & Cooper, G. L. , "The psychological impact of merger and acquisition on the individual: A study of building society managers", *Human Relations*, 1993, 43: 327 –347.
[40] Clark, A. E. , "What really matters in a job? Hedonic measurement using quit data", *Labour Economics*, 2001, 8: 223 –242.
[41] Clark, S. M. & Corcoran, M. , "Individual and organizational contributions to faculty vitality: An institutional case study", In S. M. Clark &

R, D. Lewis (Eds.), *Faculty vitality and institutional productivity: Critical perspectives for higher education*, 1985, 14 (2): 123 –130.

[42] Clegg, C. W. & Wall, T. D. , "A note on some new scales for measuring aspects of psychological well-being at work", *Journal of Occupational Psychology*, 1981, 54: 221 –225.

[43] Cobb, S. , "Social support as a moderator of life stress", *Psychosomatic Medicine*, 1976, 38: 300 –314.

[44] Cohen, S. & Wills, T. A. , "Stress, social support, and the buffering hypothesis", *Psychological Bulletin*, 1985, 98: 310 –357.

[45] Cordes, C. L. & Dougherty, T. W. "A review and an integration of research on job burnout", *Academy of Management Review*, 1993, 18: 621 –656.

[46] Cortina, J. M. , "What is Coefficient Alpha? An Examination of Theory and Applications", *Journal of Applied Psychology*, 1993, 78 (1): 98 –104.

[47] Court, S. "*Long hours, little thanks: a survey of the use of time by full-time academic and related staff in the traditional UK universities* C", London: Association of University Faculty, 1994.

[48] Creemers, Creemers B. P. M. , "School effectiveness, effective instruction and school improvement in the Netherlands", School effectiveness: Research, policy and practice, 1992: 48 –70.

[49] Cropanzano, R. & Wright, T. A. , "When a 'happy' worker is really a 'productive' worker: A review and further refinement of the happy-productive worker thesis", *Consulting Psychology Journal: Practice andResearch*, 2001, 53 (3): 182 –199.

[50] Crosso, M. S. & Costigan, A. T. , The narrowing of curriculum and pedagogy in the age of accountability, *Urban educators speak out. Urban Education*, 2007, 42: 512 –535.

[51] Csikszentmihalyi, Mihaly, *Flow: The Psychology of Optimal Experience*, New York: Harper & Row, 1990.

[52] Currie, J. , The effects of globalisation on 1990s: Overworked, stressed

out and demoralised, *Melbourne Studies in Education*, 1996, 37: 101 – 128.

[53] Daniels, K., Measures of five aspects of affective well-being at work, *Human Relations*, 2000, 53: 275 – 294.

[54] Danna, K. & Griffin, R. W., Health and well-being in the workplace: A review and synthesis of the literature, *Journal of Management*, 1999, 25: 357 – 384.

[55] Day, C., Fried, R. L., Patrick, B. C., Hisley, J., Kempler, T. & College, G., "What's everybody so excited about? The effects of teacher enthusiasm on student intrinsic motivation and vitality", *Journal of Experimental Education*, 2000, 68: 217 – 236.

[56] De Charms, R., *Personal causation*, New York: Academic Press, 1968.

[57] De Jonge, J. & Schaufeli, W. B., "Job characteristics and employee well-being: A test of Warr's vitamin model in health care workers using structural equation modeling", *Journal of Organizational Behavior*, 1998, 19: 387 – 407.

[58] De Lang, A., Taris, T., Kompier, M., Houtman, I., Bongers, P., "The very best of the millenium: Longitudinal research and the demand-control – (support) model", *Journal of Occcupatoinal Health Psychology*, 2003, 8: 282 – 305.

[59] De Lourdes Machado-Taylor, M., *et al.*, "Academic job satisfaction and motivation: findings from a nationwide study in Portuguese higher education", 2016. 41 (3): 541 – 559.

[60] Deci, E. L. & Ryan, R. M., *Intrinsic motivation and self-determination in human behavior*, New York: Plenum, 1985.

[61] Demerouti, E. & Bakker, A. B., "The Oldenburg Burnout Inventory: a good alternative tomeasure burnout (and engagement)", In Halbesleben, J. (Ed.), *Handbook of Stress and Burnout in Health Care*, Hauppauge, NY: Nova Science, 2008.

[62] Demerouti, E., Bakker, A. B. & Nachreiner, F. & SchaufeliW. B., "The job demands-resources model of burnout", *Journal of Applied psy-

chology, 2001, 86 (3): 499 – 512

[63] Demerouti, E., Bakker, A. B., Nachreiner, F. & Shaufeli, W. B., "The job demands-resources model of burnout", *Journal of Applied Psychology*, 2001, 86: 499 – 512.

[64] Demerouti, E., Bakker, A. B., De Jonge, J., Janssen, P. P. M. and Schaufeli, W. B., "Burnout and engagement at work as a function of demands and control", *Scandinavian Journal of Work, Environment and Health*, 2001, 27: 279 – 86.

[65] Demerouti, E., Bakker, A. B., Nachreiner, F. and Ebbinghaus, M., "From mental strain to burnout", *European Journal of Work and Organizational Psychology*, 2002, 11: 423 – 41.

[66] Demerouti, E., Bakker, A. B., Vardakou, I. and Kantas, A., "The convergent validity of twoburnout instruments: a multitrait-multi method analysis", *European Journal of Psychological Assessment*, 2003, 18: 296 – 307.

[67] DeVellis, R. F., *Scale Development Theory and Applications*, London: SAGE, 1991.

[68] Devos, G., Dave, B. & N, E. S. et al., *The well-being of flemish primary school principles*, Vlerick Leuven Gent Working Paper Series/27, 2006.

[69] Dewitte, H. and De Cuyper, N., "Towards a positive perspective on well-being: Investigating the positive engagement of the Flemish employee", In Herremans, W. (Ed.), *The Flemish Labour Market: Report Flemish Labour Market Day*, Leuven University Press, Leuven, 2003.

[70] Dick, R., Wagner, U., "Stress and strain in teaching: a structural equation approach", *British Journal of Educational Psychology*, 2001, 71: 243 – 59.

[71] Diener, E. "Subjective well-being", *Psychological Bulletin*, 1984, 95: 542 – 575.

[72] Diener, E., Suh, E. M., Lucas, R. E. & Smith, H. L., "Subjective well-being: Three decades of progress", *Psychological Bulletin*, 1999,

125: 272 - 302.

[73] Docker, J. G., Fraser, B. J. & Fisher, D. L., "Differences in psychosocial work environment of different types of schools", *Journal of Research in Childhood Education*, 1989, 4: 5 - 7.

[74] Dollard, M. F. & Bakker, A. B., "Psychosocial safety climate as a precursor to conducive work environments, psychological health problems, and employee engagement", *Journal of Occupational and Organizational Psychology*, 2010, 83: 579 - 599.

[75] Dollard, M. F., LaMontagne, A. D., Caulfield, N., Blewett, V. & Shaw, A., "Job stress in the Australian and international health and community services sector: A review of the literature", *International Journal of StressManagement*, 2007, (14): 417 - 445.

[76] Dorman, J. P., "The development and validation of an instrument to assess institutional-level environment in universities", *Learning Environments Research*, 1998, 1 (3): 333 - 352.

[77] Dorman, J. P., "The evolution, validation and use of a personal form of the Catholic School Classroom Environment Questionnaire", *Catholic Education*, 1999, 3: 141 - 157.

[78] Dorman, J. P. & Fraser, B. J., "Teacher perceptions of school environment in Australian Catholic and government secondary schools", *International Studies in Educational Administration*, 1996, 24 (1): 78 - 87.

[79] Dorman, J. P., Fraser, B. J. & McRobbie, C. J., "Associations between school-level environment and science classroom environment in secondary schools", *Research in Science Education*, 1995, 25: 333 - 351.

[80] Dorman, J. P., Fraser, B. J. & McRobbie, C. J., "Relationship between school-level and classroom-level environment in secondary schools", *Journal of Educational Administration*, 1997, 35: 74 - 91.

[81] Dornyei, Z. *Research methods in applied linguistics: Quantitative, qualitative, and mixed methodologies*, Oxford University Press, 2007.

[82] Edwards, J. R. & Cable, D. M., "The value of value congruence",

The Journal of Applied Psychology, 2009, 94: 654 –677.

[83] Erickson, E. "Identity and the life cycle", *Psychological Issues*, 1959, 1: 18 –164.

[84] Evans, L., "Understanding teacher morale and job satisfaction", *Teaching and Teacher Education*, 1997, 13: 831 –845.

[85] Evers, A., Frese, M. and Cooper, C. L., "Revisions and further developments of the Occupational Stress Indicator: LISREL results from four dutch studies", *Journal of Occupational and Organizational Psychology*, 2000, 73: 221 –40.

[86] Farber, B. A., *Crisis in education: Stress and burnout in the American teacher*, San Francisco: Jossey-Bass, 1991.

[87] Fernet, C., Guay, F. & Sen E Cal, C. et al., "Predicting intra-individual changes in teacher burnout: The role of perceived school environment and motivational factors", *Teaching and Teacher Education*, 2012, 28: 514 –525.

[88] Fisher, D. L. & Fraser, B. J., "School Climate and Teacher Professional Development", *South Pacific Journal of Teacher Education*, 1991, 19 (1): 17 –32.

[89] Fisher, D. L. & Cresswell, J., "Actual and ideal principal interpersonal behavior", *Learning Environments Research*, 1998, 1: 231 –247.

[90] Fisher, D. L. & Fraser, B. J., "Use of WES to assess science teachers' perceptions of school environment", *European Journal of Science Education*, 1983, 5: 231 –233.

[91] Fisher, D. L., Docker, J. G. & Fraser, B. J., "Use of school climate assessments in improving school-level environment", In: H. C. Waxman & C. D. Ellett (Eds.), *The study of learning environments*, Perth, Western Australia: Curtin University of Technology. 1990, 4: 48 –57.

[92] Fisher, D. L., Grady, N. & Fraser, B. J., "Associations between school-level and classroom-level environment", *International Studies in Educational Administration*, 1995, 23: 1 –15.

[93] Fisher, D. L. & Fraser, B. J., *School climate: Assessing and improving*

school environments (*SET Research Information for Teachers*), Auckland, New Zealand: New Zealand Council for Educational Research, 1990.

[94] FrankC, Worrell, Robert L Hale, "The relationship of hope in the future and perceived school climate to school completion", *School Psychology Quarterly*. 2001, 16 (4): 370 – 388.

[95] Fraser, B. J., "Research on classroom and school climate", In D. L. Gabel (Ed.), *Handbook of research on science teaching and learning: a project of the National science teachers association*, New York: Macmillan, 1994, pp. 493 – 541.

[96] Fraser, B. J., Science learning environments: Assessment, effects and determinants, In B. J. Fraser & K. G. Tobin (Eds.), *The international handbook of science education*, Dordrecht, The Netherlands: Kluwer, 1998, 527 – 564.

[97] Fraser, B. J. & Walberg, H. (Eds.). *Educational environments: Evaluation, antecedents and consequences*, Oxford: Pergamon Press, 1991.

[98] Fraser, B. J., "Using learning environment assessments to improve classroom and school climates", In H. J. Freiberg (Ed.), *School climate: Measuring, improving and sustaining healthy learning environments*, London: Falmer Press, 1999, pp. 65 – 83.

[99] Fraser, B. J. & Rentoul, A. J., "Relationships between school-level and classroom-level environment", *Alberta Journal of Educational Research*, 1982, 28: 212 – 225.

[100] Fraser, B. J., D. F. Treagust, and N. C. Dennis, "Development of an instrument for assessing classroom psychosocial environment at universities and colleges", *Studies in Higher Education*, 1986, 11 (1): 43 – 54.

[101] Fraser, B. J., Docker, J. D. & Fisher, D. L., "Assessing and improving school climate", *Evaluation and Research in Education*, 1988, 2: 109 – 122.

[102] Fraser, B. J., Williamson, J. & Tobin, K., "Use of classroom and school climate scales in evaluating alternative schools", *Teaching and*

Teacher Education, 1987, 3: 219 – 231.

[103] Fredrickson, B. L., "The role of positive emotions in positive psychology: The broaden-and-build theory of positive emotions", American Psychologist, 2001, 56: 218 – 226.

[104] Freiberg, H. J. (Ed.). School climate: Measuring, improving and sustaining healthy learning environments, Philadelphia: Falmer Press, 1999.

[105] Freudenberger H J. "Staff Burnout", Journal of Social Issues, 1974, 30 (1): 59 – 65.

[106] Fritz, C. & Sonnentag, S., "Recovery, well-being, and performance-related outcomes: The role of workload and vacation experiences", Journal of Applied Psychology, 2006, 91: 936 – 945.

[107] Frone, M. R., Russell, M. & Barnes, G. M., "Work-family conflict, gender, health-related outcomes: A study of employed parents in two community samples", Journal of Occupational Health Psychology, 1997, 1: 57 – 69.

[108] Ganster, D. C., Fusilier, M. R. & Mayes, B. T., "Role of social support in the experienceof stress at work", Journal of Applied Psychology, 1986, 71: 102 – 110.

[109] George, D. & P. Mallery., SPSS for Windows: Step by Step, Needham Heights, MA: A Pearson Education Company, 2000.

[110] Goldberg, D., General health questionnaire manual, Windsor, UK: National Foundation for Educational Research, 1982.

[111] Goldberg, D. Manual of the general health questionnaire, London: Oxford UniversityPress, 1978.

[112] Goldberg, D., The detection of mental illness by questionnaire, Oxford: Oxford University Press, 1972.

[113] Gonza'lez-Roma', V., Schaufeli, W. B., Bakker, A. B. and Lloret, S, "Burnout and workengagement: independent factors or opposite poles?", Journal of Vocational Behavior, 2006, 62: 165 – 74.

[114] González Gutiérrez, J. L., B. M. Jiménez, et al., "Personality and

subjective well-being: Big five correlates and demographic variables", *Personality and Individual Differences*, 2005, 38 (7): 1561 – 1569.

[115] Gottschalk, M., "Positive psychology and happiness at work". (March 1st 2013) http://www.linkedin.com/today/post/article/20130222155338 – 128811924 – positive-psychology-and-the-workplace.

[116] Grebner, S., Semmer, N. K. & Elfering, A., "Working conditions and three types of well-being: A longitudinal study with self-report and rating data", *Journal of Occupational Health Psychology*, 2005, 10: 31 – 43.

[117] Green, D. E., Walkey, F. H. & Taylor, A. J., "The three-factor structure of the Maslach Burnout Inventory. A multicultural, multinational, confirmatory study", *Journal of Social Behavior and Personality*, 1991, 6: 453 – 472.

[118] Griffith, J., "School climate as group evaluation and group consensus: Student and parent perceptions of the elementary school environment", *The Elementary School Journal*, 2000, pp. 35 – 61.

[119] Griva, K., Joekes, K., "UK teachers under stress: can we predict wellness on the basis of characteristics of the teaching job", *Psychology and Health*, 2003, 18 (4): 457 – 471.

[120] Guieford, J. P., *Fundamental Statistics in Psychology and Education*, New York: McGram-Hill, 1965.

[121] Hackman JR, Oldham G. R., *Work redesign*, MA: Addison-Wesley, 1980.

[122] Hackman, J. & Oldham, G. R., "Development of the Job Diagnostic Survey", *Journal of Applied Psychology*, 1975. 60: 159 – 170.

[123] Hagger, H. & Malmberg, L. E., "Pre-service teachers' goals and future-time extension, concerns, and well-being", *Teaching and Teacher Education*, 2011, 27 (3): 598 – 608.

[124] Hakanen, J., "Fromburnout to job engagement—validation of the Finnish version of an instrument formeasuring job engagement (UWES) in

an educational organization", *Tyo jaIhminen*, 2002, 16: 42 - 58.

[125] Hakanen, J. J., Bakker, A. B. & Schaufeli, W. B., "Burnout and work engagement among teachers", *Journal of School Psychology*, 2006, 43 (6): 495 - 513.

[126] Hakanen, J. J., W. B. Schaufeli, and K. Ahola, "The Job Demands-Resources model: A three-year cross-lagged study of burnout, depression, commitment, and work engagement", *Work & Stress*, 2008, 22 (3): 224 - 241.

[127] Halbesleben, J. R. B., "A meta-analysis of work engagement: Relationships with burnout, demands, resources and consequences", In A. B. Bakker & M. P. Leiter, (Eds.), *Work engagement: A handbook of essential theory and research*, New York: Psychology Press, 2010, pp. 118 - 131.

[128] Halbesleben, J. R. B. & Demerouti, E., "The construct validity of an alternative measure of burnout: Investigating the English translation of the Oldenburg Burnout Inventory", *Work & Stress*, 2005, 19: 208 - 220.

[129] Hall-Kenyon, K. M., et al., "Preschool Teacher Well-Being: A Review of the Literature", Early Childhood Education Journal, 2014, 42 (3): 153 - 162.

[130] Hallinger, P., "Leading educational change: Reflections on the practice ofinstructional and transformational leadership", *Cambridge Journal of Education*, 2003, 33: 329 - 51.

[131] Hallsten, L., "Burning out: A framework", In W. Schaufeli, C. Maslach & T. Marek, (Eds.), *Professional burnout, Recent developments in theory and research*, Washington: Taylor & Francis, 1993, pp. 95 - 113.

[132] Halpin, A. W. & Croft, D. B., *Organizational climate of schools*, Chicago: Midwest Administration Center, University of Chicago, 1963.

[133] Harden RM., "Stress, pressure and burnout in teachers: Is the swan exhausted?", *Medical Teacher*, 1999, 21 (3): 245 - 247.

[134] Harter, J. K., F. L. Schmidt & T. L. Hayes., "Business-unit-level re-

lationship between employee satisfaction, employee engagement and business outcomes: A meta-analysis", *Journal of Applied Psychology*, 2002, 87 (2): 268 –279.

[135] Heady, B., Veenhoven, R. & Wearing, A., "Top-down versus bottom-up theories of subjective wellbeing", *Social Indicators Research*, 1991, 24: 81 –100.

[136] Ho, J. T. S., "Stress, health and leisure satisfaction: the case of teachers", *International Journal of Educational Management*, 1996, 10 (1): 41 –48.

[137] Hobfoll, S. E. & Shirom, A., "Conservation of resources theory: Applications to stress and management in the workplace", In R. T. Golembiewski (Ed.), *Hand book of organization behavior* (2nd edn.), New York: Marcel Dekker, 2000, pp. 57 –81.

[138] Hobfull Stevan E., "The Influence of Culture, Community, and the Nested-self in the Stress Process: Advancing Conservation of Resources Theory", *Applied Psychology: An International Review*, 2001, 50 (3): 337 –369.

[139] Hobfull Steven E., "Conservation of Resources: A New Attempt at Conceptualizing Stress", *American Psychologist*, 1989, 44 (3): 513 –524.

[140] House, J. S., Landis, K. R. & Umberson, D., "Social relationships and health", *Science*, 1988, 241: 540 –545.

[141] Hoy, W., "Organizational climate and culture: A conceptual analysis of the school workplace", *Journal of Educational and Psychological Consultation*, 1990, 1: 149 –168.

[142] Hoy, W. K. & Miskel. C. G., *Educational administration: Theory, research & practice*, New York, Mc. Graw-Hill, 1996.

[143] Hoy, W. K., Tarter, C. J. & Kottkamp, R. B., *On schools/healthy schools: Measuring organizational climate*, Newbury Park, CA: Sage, 1991.

[144] Huang, S. L. & Waxman, H. C., "The association of school environment to student teachers' satisfaction and teaching commitment", *Teach-*

ing and Teacher Education, 2009, 25 (2): 235 –243.

[145] Huang, S. L. , "The development of an instrument assessing science teachers' school-level environment", Paper presented at the annual meeting of the American Educational Research Association, Chicago, (2003, April).

[146] Huang, S. L. , "An assessment of science teachers' perceptions of school environments in secondary schools in Taiwan", *International Journal of Science Education*, 2006, 28: 25 –44.

[147] Huberman, A. M. & Vandenberghe, R. , "Introduction: Burnout and the teaching profession", In Vandenberghe, R. and Huberman, A. M. , *Understanding and preventing teacher burnout*, Cambridge UniversityPress, 1999.

[148] Hughes, L. W. , Avey, J. B & Norman, S. M. , "A study of supportive climate, trust, engagement and organizational commitment", *Journal of Business & Leadership: Research, Practice & Teaching*, 2008, 4: 51 –59.

[149] Hyvonen, K. , Feldt, T. & Tolvanen, A. *et al.* , "The role of goal pursuit in the interaction between psychosocial work environment and occupational well-being", *Journal of Vocational Behavior*, 2010, 76 (3): 406 –418.

[150] Hyvonen, K. , Feldt, T. , Salmela-Aro, K. , Kinnunen, U. & Makikangas, A. , "Young managers' drive to thrive: A personal work goal approach to burnout and work engagement", *Journal of Vocational Behavior*, 2009, 75: 183 –196.

[151] Jamal, M. and Baba, V. , "Type A behavior, components, and outcomes: A study of Canadian employees", *Journal of International Stress Management*, 2003, 10: 39 –50.

[152] James, Griffth. , "School climate as group evaluation and group consensus: student and parent perceptions of the elementary school environment", *The Elementary School Journal*, 2000, 101 (1): 35 –61.

[153] Johnson, B. & Stevens, J. J. , "Student achievement and elementary

teachers' perceptions of school climate", *Learning Environments Research*, 2006, 2: 111-122.

[154] Johnson, J. V., Control, collectivity and the psychosocial work environment, In Sauter, S. L., Hurrell, J. J. and Cooper, C. L. (Eds), *Job Control and Worker Health*, Wiley, Chichester, 1989, pp. 55-74.

[155] Johnsrud, L. K., "Faculty Work: Making Our Research Matter More", *The Review of Higher Education*, 2008, 31: 489-504.

[156] Judge, T. A., Thoresen, C. J., Bono, J. E. & Patton, G. K. The job satisfaction-job performance relationship: A qualitative and quantitative review, *Psychological Bulletin*, 2001, 127: 376-407.

[157] Judge, T. A. & Bono, J. E., "Relationship of core self-evaluations traits-self-esteem, generalized self-efficacy, locus of control, and emotional stability-with job satisfaction and job performance: a meta-analysis", *Journal of Applied Psychology*, 2001, 86: 80-92.

[158] Jung, C. G. *Psychological Types*, Princeton: Princeton University Press, 1921.

[159] Kahn, W. A., "Psychological conditions of personal engagement and disengagement at work", *Academy of Management Journal*, 1990, 33: 692-724.

[160] Kahn, W. A., "Psychological conditions of personal engagement and disengagement at work", *The Academy of Management Journal*, 1990, 33 (4): 692-724.

[161] Kahneman, Daniel, and Amos Tversky, Prospect Theory: An Analysis of Decision under Risk, *Econometrica*, 1979, 47 (2): 263-291.

[162] Kanungo, R. N., "Measurement of job and work involvement", *Journal of Applied Psychology*, 1982, 67: 341-349.

[163] Karasek, R. A., Triantis, K. P. and Chaudhry, S. S., "Coworker and supervisor support as moderators of associations between task characteristics and mental strain", *Journal of occupational Behavior*, 1982, 3: 181-200.

[164] Karasek, R., Theorell, T., *Healthy Work: Stress, Productivity and the*

Reconstruction of Working Life, Basic Books, New York, NY, 1990.

[165] Kessler, S. R., P. E. Spector and M. B. Gavin, "A Critical Look at Ourselves: Do Male and Female Professors Respond the Same to Environment Characteristics?" *Research in Higher Education*, 2014, 55 (4): 351–369.

[166] Keyes, C., "Promoting and Protecting Mental Health as Flourishing: A Complementary Strategyfor Improving National Mental Health", *American Psychologist*, 2007, 62 (2): 95–108.

[167] Keyes, L. M., Shmotkin, D. & Ryff, C. D., "Optimizing well-being: The empirical encounter of two Traditions", *Journal of Personality and Social Psychology*, 2002, 8 (6): 1007–1022.

[168] Kinicki, A. J., McKee, F. M. & Wade, K. J., "Annual review, 1991–1995: Occupational health", *Journal of Vocational Behavior*, 1996, 49: 190–220.

[169] Kinman, G., Wray, S. & Strange, K., "Emotional labour, burnout and job satisfaction in UK teachers: The role of workplace social support", *Educational Psychology*, 2011, 31: 843–856.

[170] Kinnunen, U., Feldt, T. & Makikangas, A., "Testing the effort-reward imbalance model among Finnish managers: The role of perceived organizational support", *Journal of Occupational Health Psychology*, 2008, 13: 114–127.

[171] Kinunnen, U., Parkatti, T. & Rasku, A., "Occupational well-being among teachers in Finland", *Scandinavian Journal of Educational Research*, 1994, 38: 315–332.

[172] Kline, R. B., *Principles and practice of structural equation modeling* [M] (2nd ed.). New York: Guilford Press, 2005.

[173] Klusmann, U., Kunter, M., Trautwein, U., Ludtke, O. & Baumert, J., "Teachers' occupational wellbeing and quality of instruction: The important role of self-regulatory patterns", *Journal of Educational Psychology*, 2008, 100: 702–715.

[174] Klusmann, U. & Richter, D., "Teachers' experience of stress and

student performance: an analysis of the comparison between the German Laender on the level of primary education carried out by the IQB (Institute for Educational Quality Improvement)", Zeitschrift für Padagogik, 2014, 60: 202 – 224.

[175] Knapp, M., "Professional development as a policy pathway", *Review of Research in Education*, 2003, 27: 109 – 157.

[176] Kokkinos, C. M., "Job stressors, personality and burnout in primary school teachers", *British Journal of Educational Psychology*, 2007, 77: 229 – 243.

[177] Kristof, A. L., Person-Organization fit: An integrative review of its conceptualizations, measurement, and implications, *Personnel Psychology*, 1996, 49 (1): 1 – 49.

[178] Kruger, M. L., Witziers, B. & Sleegers, P., "The impact of school leadership on school level factors: Validation of a causal model", *School Effectiveness and School Improvement*, 2007, 18: 1 – 20.

[179] Kruse, S. D. & Seashore Louise, K., *Building strong school cultures: A guide to leading change*, Thousand Oaks, CA: Corwin Press, 2009.

[180] Kunnan, A. J., "An introduction to structural equation modeling for language assessment research", *Language Testing*, 1998, 15 (3): 295 – 332.

[181] Kyriacou, C., "Teacher stress: Directions for future research", *Educational Review*, 2001, 53: 27 – 35.

[182] Lackritz, J. R., "Exploring burnout among university faculty: incident, performance, and demographic issues", *Teaching and Teacher Education*, 2004, 20: 713 – 729.

[183] Gallay, L. & Pong, S., "School Climate and Students' Intervention Strategies". Paper Presented at the society for Prevention Research Annual Meeting, Quebec city, May 2004.

[184] Lee, R. T. & Ashforth, B. E., "A meta-analytic examination of the correlates of the three dimensions of job burnout", *Journal of Applied Psychology*, 1996, 81: 123 – 133.

[185] Leiter, M. P. & Maslach, C. , "A mediation model of job burnout", In A. S. G. Antoniou & C. L. Cooper (Eds.), *Research companion to organizational health psychology*, Cheltenham, United Kingdom: Edward Elgar, 2005, pp. 544 – 564.

[186] Leiter, M. P. & Maslach, C. , "Areas of worklife: a structured approach to organizational predictors of job burnout", In P. L. Perrewe & D. C. Ganster (Eds.), *Research in occupational stress and well-being*, Oxford: Elsevier Sciences Ltd. 2004, 3: 91 – 134.

[187] Leiter, M. P. , "Burnout as a crisis in self-efficacy: Conceptual and practical implications", *Work & Stress*, 1992, 6: 107 – 115.

[188] Lens, W. , De Jesus, S. N. , "A psychosocial interpretation of teacher stress and burnout", In Vandenberghe, R. and Huberman, A. M. (eds.), *Understanding and preventing teacher burnout*, Cambridge University Press, 1999.

[189] Lewin, K. , *Principles of Topological Psychology*, McGraw, New York, 1936.

[190] Llorens, S. , A. B. Bakker, W. Schaufeli & M. Salanova, Testing the robustness of the job demands-resources model, *International Journal of Stress Management*, 2006, 13 (3): 378 – 391.

[191] Llorens, S. , Bakker, A. B. , Schaufeli, W. B. and Salanova, M. , "Testing the robustness of the job demands-resources model", *International Journal of Stress Management*, 2006, 13: 378 – 91.

[192] Long, J. S. , *Confirmatory factor analysis: A preface to LISREL*, Sage Publications, Incorporated, 1983.

[193] Loscocco, K. A. & Spitze, G. , Working conditions, social support, and the well-being of female and male factory workers, *Journal of Health and Social Behavior*, 1990, 31: 313 – 327.

[194] Lu, L. , " 'Cultural fit': Individual and societal discrepancies in values, beliefs and subjective wellbeing", *The Journal of Social Psychology*, 2006, 146 (2): 203 – 211.

[195] Luthans F. , "The need for and meaning of positive organizational behav-

ior", *Journal of Organizational Behavior*, 2002, 23 (6): 695 -706.

[196] Maier, G. W. & Brunstein, J. C., "The role of personal work goals in newcomers' job satisfaction and organizational commitment: A longitudinal analysis", *Journal of Applied Psychology*, 2001, 86: 1034 -1042.

[197] Martin, A. J., "Examining a multidimensional model of student motivation and engagement using a construct validation approach", *British Journal of Educational Psychology*, 2007, 77: 413 -440.

[198] Maslach C & Jackson S E., *MBI: Maslach Burnout Inventory Manual Research Edition*, Palo Alto, CA: Consulting Psychologist Press, 1986.

[199] Maslach, C. & Jackson, S. E., "The measurement of experienced burnout", *Journal of Occupational Behavior*, 1981, 2: 99 -115.

[200] Maslach, C. & Leiter, M. P., "Teacher burnout: A research agenda", In R. Vandenberghe & M. A. Huberman (Eds.), *Understanding and preventing teacher burnout: A sourcebook of international research and practice*, Cambridge, England: Cambridge UniversityPress, 1999, pp. 295 -303.

[201] Maslach, C., Jackson, S. E. & Leiter, M. P., *Maslach burnout inventory manual* (3rd ed.), Palo Alto Consulting Psychologists Press, 1996.

[202] Maslach, C., Schaufeli, W. B. & Leiter, M. P., "Job burnout", *Annual Review of Psychology*, 2001, 52: 397 -422.

[203] Maslow, A. H., *Toward a psychology of being* (2nd ed.), New York: Van Nostrand, 1968.

[204] Mattern, J. and J. Bauer, "Does teachers' cognitive self-regulation increase their occupational well-being? The structure and role of self-regulation in the teaching context", *Teaching and Teacher Education*, 2014, 43: 58 -68.

[205] Mauno, S., Kinnunen, U. and Ruokolainen, M., "Job demands and resources as antecedentsof work engagement: a longitudinal study", *Journal of Organizational Behavior*, 2007, 70: 149 -171.

[206] May, D. R., Gilson, R. L. and Harter, L. M., The psychological conditions of meaningfulness, safety and availability and the engagement of the human spirit at work, *Journal of Occupational and Organizational Psychology*, 2004, 77: 11 – 37.

[207] McNally, J., Cope, P., Inglis, B. & Stronach, I., "The student teacher in school: conditions for development", *Teaching and Teacher Education*, 1997, 13: 485 – 498.

[208] Meijman, T. F. & Mulder, G., "Psychological aspects of workload", In P. J. D. Drenth & H. Thierry, (Eds.), *Handbook of work and organizational psychology: Work psychology*, Hove, U. K.: Psychology Press, 1998, 2: 5 – 33.

[209] Meijman, T. F., et al., "Psychological aspects of workload", *Handbook of work and organizational psychology*, 1998, 2.

[210] Melamed, S., Shirom, A., Toker, S., Berliner, S. & Shapira, I., "Burnout and risk of cardiovascular disease: Evidence, possible causal paths, and promising research directions", *Psychological Bulletin*, 2006, 132: 327 – 353.

[211] Meliá, J. L. & Peiró, J. M., "The measurement of job satisfaction in organizational settings: The S20/23 Job Satisfaction Questionnaire", *Psicologemas*, 1989, 5: 59 – 74.

[212] Montgomery, C. & Rupp, A. A., "A meta-analysis for exploring the diverse causes and effects of stress in teachers", *Canadian Journal of Education*, 2005, 28: 458 – 486.

[213] Moos, R. H., "*The social Climate Scales: An overview*", CA: Consulting Psychologies, Palo Alto, 1974.

[214] Moos, R. H., *Evaluating educational environment: Procedures, measures, findings, and policy implications*, San Francisco: Jossey-Bass, 1979.

[215] Moos, R. H., *Manual for Work Environment Scale*, (2nd ed.), Palo Alto, CA: Consulting Psychologists Press, 1986.

[216] Moriana, J. A. & Herruzo, J., "Estrés y burnout en profesores [Stress

and burnout in teachers]", *International Journal of Clinical and Health Psychology*, 2004, 4: 597 – 621.

[217] Morrison, A. A., University staff research time-what gets in the way? Different Approaches: Theory and Practice in Higher Education. HERDSA Annual International Conference, Perth, Western Australia, 1996, 8 – 12 July. (Feb. 5, 2013), http://www.herdsa.org.au/confs/1996/morrison.html.

[218] Mowday, R. T., R. M. Steers, and L. W. Porter, "The measurement of organizational commitment", *Journal of Vocational Behavior*, 1979, 14 (2): 224 – 247.

[219] Muijs, D. & Reynolds, D., *Effective teaching. Evidence and practice*, London: Sage Publications, 2005

[220] Murray, H. A., *Explorations in Personality*, Oxford University Press, New York. 1938.

[221] Myers, D. G., "The funds, friends, and faith of happy people", *American Psychologist*, 2000, 55: 56 – 67.

[222] Neugarten, B. L., "The awareness of middle age", In B. L. Neugarten (Ed.), *Middleage and aging*, Chicago: University of Chicago Press, 1968, pp. 93 – 98.

[223] Noblet, A., "Building health promoting work settings: identifying the relationship between work characteristics and occupational stress in Australia", *Health Promotion International*, 2003, 18 (4): 351 – 359.

[224] Nunnally, J. C., *Psychometric Theory*, New York: McGraw-Hill, 1978.

[225] Oishi, S., Diener, E., Suh, E. & Lucas, R., "Value as a moderator in subject well-being", *Journal of Personality*, 1999, 67: 157 – 184.

[226] Oshagbemi, T., "Job satisfaction and dissatisfaction in higher education", *Education Training*, 1997, 9: 354 – 359.

[227] Pace, C. Robert & Stern, Georgeg, "An approach to the measurement of psychological characteristics of college environments", *Journal of Educational Psychology*, 1958, 49: 269 – 277.

[228] Pace, C. Robert. *College and University Environment Scales (Second E-*

dition): *Technical manual*, Princeton, N. J.: Educational Testing Service, 1969.

[229] Pace, C. Robert. *Preliminary technical manual: College and University Scales*, Princeton, N. J.: Educational Testing Service, 1963.

[230] Parasuraman, S. & Alutto, J. A., "Sources and outcomes of stress in organizational settings: Toward the development of a structural model", *Academy of Management Journal*, 1984, 27: 330 – 350.

[231] Parker, C. P., Baltes, B. B., Young, S. A., Huff, J. W., Altmann, R. A., Lacost, H. A. & Roberts, J. E., "Relationships between psychological climate perceptions and work outcomes: Ameta-analytic review", *Journal of Organizational Behavior*, 2003, 24: 389 – 416.

[232] Parker, P. D. & Martin, A. J., "Coping and buoyancy in the workplace: Understanding their effects on teachers' work-related well-being and engagement", *Teaching and Teacher Education*, 2009, 25 (1): 68 – 75.

[233] Parkes. K. R., Mendham, C. A. & von Rabenau, "Social support and the demand-discretion model of job stress: tests of additive and interactive effects in two samples", *Journal of Vocational Behavior*, 1994, 44: 91 – 113.

[234] Peeters, M. A. G. & Rutte, C. G., "Time management behaviour as a moderator for the job demand-control interaction", *Journal of Occupational Health Psychology*, 2005, 10: 64 – 75.

[235] Peterson, C. *A Primer in Positive Psychology*, Beijing: China Machine Press, 2010.

[236] Peterson, C. *Is the Thrill Gone: An Investigation of Faculty Vitality Within the Context of the Community College*, Ph. D. Dissertation, University of Kansas, 2003.

[237] Peterson, R. E., Centra, J. A., Hartnett, R. T. and Linn, R. L., *Institutional Functioning Inventory: preliminary technical manual*, Princeton, NJ: Educational Testing Service, 1983.

[238] Peterson, C., *A Primer in Positive Psychology*, Beijing: China Machine

Press, 2010.

[239] Petterson, I. L., Arnetz, B. B., "Measuring psychosocial work quality and health: Development of health care measures of measurement", *Journal of Occupational Psychology*, 1997, 2: 229 – 241.

[240] Philip D. Parker, A. J. M. S., "Teachers' workplace well-being exploring a process model of goal orientation coping behaviors, engagement and burnout", *Teaching and Teacher Education*, 2012 (28): 503 – 513.

[241] Pietarinen, J., et al., "Reducing teacher burnout: A socio-contextual approach", *Teaching and Teacher Education*, 2013, 35: 62 – 72.

[242] Pines, A. & Aronson, E., *Career burnout: Causes and cures* (2nd edn.), New York: Free Press, 1988, pp. 80 – 96.

[243] Pyhalto, K., Pietarinen, J. & Salmela-Aro, K., "Teacher—working-environment fit as a framework for burnout experienced by Finnish teachers", *Teaching and Teacher Education*, 2011, 27 (7): 1101 – 1110.

[244] Qiao, H. & Schaufeli, W. B., "The Convergent Validity of Four Burnout Measures in a Chinese Sample: A Confirmatory Factor-Analytic Approach", *Applied Psychology*, 2011, 60 (1): 87 – 111.

[245] Quick, J. C., Quick, J. D., Nelson, D. L. & Hurrell, J. J., *Preventive stressmanagement in organizations*, Washington, DC: American Psychological Association, 2003.

[246] Raubenheimer, J. E., "An item selection procedure to maximize scale reliability and validity", *South African Journal of Industrial Psychology*, 2004, 30 (4): 59 – 64.

[247] Rentoul, A. J. & Fraser, B. J., "Development of a school-level environment questionnaire", *Journal of Educational Administration*, 1983, 21 (1): 21 – 39.

[248] Rogers, C. R. *On becoming a person*, Boston: Houghton Mifflin, 1961.

[249] Rosenberg, M., *Society and the adolescent self-image*, Princeton, NJ: PrincetonUniversity Press, 1965.

[250] Rothmann, S., "Job satisfaction, occupational stress, burnout and

work engagement as components of work-related wellbeing", *SA Journal of Industrial Psychology*, 2008, 34 (3): 11 – 16.

[251] Ryan, R. M. and C. Frederick, "On energy, personality, and health: Subjective vitality as a dynamic reflection of well-being", *Journal of personality*, 1997. 65 (3): 529 – 565.

[252] Ryan, R. M., "Psychological needs and the facilitation of inte-grative processes", *Journal of Personality*, 1995, 63: 397 – 427.

[253] Ryan, R. M. & Deci, E. L., "Self-determination theory and the facilitation of intrinsic motivation, social development, and well-being", *American Psychologist*, 2000, 55: 68 – 78.

[254] Ryan, R. M., Deci, E. L., "To be happy or to be self-fulfilled: a review of research on hedonic and eudemonic well-being", In S. Fiske (Ed), *Annual Review of Psychology*, Palo Alto, CA: Annual Review, Inc., 2001, 52: 141 – 166.

[255] Ryff C D, Keyes C L M., "The structure of psychological well – being revisited", *Journal of Personality and Social Psychology*, 1995, 69: 719 – 727.

[256] Ryff C D, Singer B., "The contours of positive human health", *Psychological Inquiry*, 1998, 9 (1): 1 – 28.

[257] Ryff C D., "Happiness is everything, or is it? Explorations on the meaning of psychological well-being", *Journal of Personality and Social Psychology*, 1989, 57 (6): 1069 – 1081.

[258] Ryff, Carol D., and Burton Singer, "Psychological Well-Being: Meaning, Measurement, and Implications for Psychotherapy Research", *Psychotherapy and Psychosomatics*, 1996, 65: 14 – 23.

[259] Saaranen, T., Tossavainen, K. & Turunen, H. *et al.*, "Development of occupational wellbeing in the Finnish European network of health promoting schools", *Health Education*, 2006, 106 (2): 133 – 154.

[260] Sagiv, L. & Schwartz, S., "Value priorities and subjective well-being: Direct relations and congruity effects", *European Journal of Social Psychology*, 2000, 30: 177 – 198.

[261] Salanova, M. , Martínez, I. & Lorente, L. , "How is the relationship between organizational obstacles and facilitators and teacher burnout? A longitudinal study", *Revista de Psicología del Trabajo ylas Organizaciones*, 2005, 21: 37-54.

[262] Sanford, N. *Learning after college*, Orinda, CA: Montaigne, 1980.

[263] Schaubroeck, J. , Lam, S. & Xie, J. L. , "Collective efficacy versus self-efficacy in copingresponses to stressors and control: A cross cultural study", *Journal of Applied Psychology*, 2000, 85: 512-525.

[264] Schaufeli W B, Salanova M, González-RomáV, et al. , "The measurement of engagement and burnout: A confirmative analytic approach", *Journal of Happiness Studies*, 2002, 3: 71-92.

[265] Schaufeli, W. B. and Greenglass, E. R. , "Introduction to special issue on burnout and health", *Psychology and Health*, 2001, 16: 501-510.

[266] Schaufeli, W. B. , "Work Engagement. What Do We Know and Where Do We Go?", *Romanian Journal of Applied Psychology*, 2012, 14 (1): 3-10.

[267] Schaufeli, W. B. & Bakker, A. B. , "Job demands, job resources, and their relationship with burnout and engagement: A multi-sample study", *Journal of organizational Behavior*, 2004, 25 (3): 293-315.

[268] Schaufeli, W. B. & Salanova, M. , "Work engagement: An emerging psychological concept and its implications for organizations", In S. W. Gilliland, D. D. Steiner & D. P. Skarlicki (Eds.), *Research in social issues in management: Managingsocial and ethical issues in organizations*, Greenwich, CT: InformationAge Publishers, 2007, p. 5.

[269] Schaufeli, W. B. , Bakker, A. B. & Salanova, M. , "The measurement of work engagement with a short questionnaire. A cross-national study", *Educational and Psychological Measurement*, 2006, 66: 701-716.

[270] Schaufeli, W. & Enzmann, D. , *The burnout companion to studyand*

practice: A critical analysis, London: Taylor & Francis, 1998.

[271] Schaufeli, W. B. and Bakker, A. B. , "UWES-utrecht work engagement scale: test manual", Department of Psychology, Utrecht University, Utrecht, 2003. available at: www. schaufeli. com.

[272] Schaufeli, W. B. & Taris, T. W. , "The conceptualization and measurement of burnout: Common ground and worlds apart", *Work & Stress*, 2005, 19: 356 –262.

[273] Schaufeli, W. B. & Van Dierendonck, D. , "The construct validity of two burnout measures", *Journal of Organizational Behavior*, 1993, 14: 631 –647.

[274] Schaufeli, W. B. , A. B. Bakker, and W. Van Rhenen, "How changes in job demands and resources predict burnout, work engagement, and sickness absenteeism", *Journal of Organizational Behavior*, 2009, 30 (7): 893 –917.

[275] Schaufeli, W. B. , Daamen, J. & Van Mierlo, H. , "Burnout among Dutch teachers: An MBI-validity study", *Educational and Psychological Measurement*, 1994, 54: 803 –812.

[276] Schaufeli, W. B. , et al. , "The measurement of engagement and burnout: A two sample confirmatory factor analytic approach", *Journal of Happiness studies*, 2002, 3 (1): 71 –92.

[277] Schaufeli, W. B. , Salanova, M. , Gonza'lez-Roma', V. and Bakker, A. B. , "The measurement of engagement and burnout and: a confirmative analytic approach", *Journal of Happiness Studies*, 2002, 3: 71 –92.

[278] Schaufeli, W. & Enzmann, D. , *The burnout companion to study and practice: A critical analysis*, London: Taylor & Francis, 1998.

[279] Schultz, D. & Schultz, S. E. , *Psychology & work today*, Upper Saddle River, NJ: Prentice Hall, 2006.

[280] Schultz, M. L. , *Occupational well-being: The development of a theory and a measure*, P. h. D. Dissertation, Kansas State University, Manhattan, Kansas, 2008.

[281] Schwarzer, R. & Hallum, S., "Perceived teacher self-efficacy as a predictor of job stress and burnout: Mediation analyses", *Applied Psychology*, 2008, 57 (1): 152 – 171.

[282] Scott, T. M., "Teacher Well-Being and the Implementation of School-Wide Positive Behavior Interventions and support", *Journal of Positive Behavior Interventions*, 2012, 14 (2): 118 – 128.

[283] Seashore, K. R., "Leadership and change in school: Personalreflections over the last 30 years", *Journal of Educational Change*, 2009, 10: 129 – 140.

[284] Seers, A., McGee, G. W., Serey, T. T. & Graen, G. B., "The interaction of job stress andsocial support: A strong inference investigation", *Academy of Management Journal*, 1983, 26: 273 – 284.

[285] Seligman, M. E. P. & Csikszentmihalyi, M., "Positive psychology: An introduction", *American Psychologist*, 2000, 35: 5 – 14.

[286] Sepp, P., Mauno, S., Feldt, T., Hakanen, J., Kinnunen, U. & Tolvanen, A., "The construct validity of the Utrecht Work Engagement Scale: Multisample and longitudinal evidence", *Journal of Happiness Studies*, 2009, 10: 459 – 481.

[287] She, H. C. & Fisher, D., "The development of a questionnaire to describe science teacher communication behavior in Taiwan and Australia", *Science Education*, 2000, 84: 706 – 726.

[288] Shimazu, A., Schaufeli, W. B. & Kosugi, S. et al., "Work engagement in Japan: validation of the Japanese version of the Utrecht Work Engagement Scale", *Applied Psychology*, 2008, 57 (3): 510 – 523.

[289] Shirom, A., "Job-related burnout", In J. C. Quick & L. E. Tetrick (Eds.), *Handbook of occupational health psychology*, Washington, DC: American Psychological Association, 2003, pp. 245 – 265.

[290] Shirom, A. & Melamed, S., "A comparison of the construct validity of two burnout measures among two groups of professionals", *International Journal of Stress Management*, 2006, 13: 176 – 200.

[291] Siegrist, J., "Adverse health effects of high-effort/low-reward condi-

tions", *Journal of Occupational Health Psychology*, 1996, 1: 27 –41.

[292] Siegrist, J., Starke, D., Chandola, T., Godin, I., Marmot, M., Niedhammer, I., et al., "The measurement of effort-reward imbalance at work: European comparisons", *Social Science and Medicine*, 2004, 58: 1483 –1499.

[293] Simbula, S., "Daily fluctuations in teachers' well-being: a diary study using the Job Demands——Resources model", *Anxiety, Stress & Coping*, 2010, 23 (5): 563 –584.

[294] Simbula, S., Guglielmi, D. & Schaufeli, W. B., "A three-wave study of job resources, self-efficacy, and work engagement among Italian school teachers", *European journal of work and organizational psychology*, 2011, 20 (3): 285 –304.

[295] Sitzmann, T. & Ely, K., "A meta-analysis of self-regulated learning in workrelated training and educational attainment: what we know and where we need to go", *Psychological Bulletin*, 2011, 1 –22. http://dx.doi.org/10.1016/j.cedpsych.2005.02.002.

[296] Skaalvik E. M. & Skaalvik S., "Does school context matter? Relations with teacher burnout and job satisfaction", *Teaching and Teacher Education*, 2009, 25 (3): 518 –524.

[297] Skaalvik, E. M. & Skaalvik, S., "Dimensions of teacher self-efficacy and relations with strain factors, perceived collective teacher efficacy, and teacher burnout", *Journal of Educational Psychology*, 2007, 99 (3): 611 –625.

[298] Skaalvik, E. M. & Skaalvik, S., "Teacher self-efficacy and teacher burnout: a study of relations", *Teaching and Teacher Education*, 2010, 26: 1059 –1069.

[299] Sleegers, P., "Professional identity, school reform, and burnout: some reflections on teacher burnout", In Vandenberghe, R. and Huberman, A. M., *Understanding and preventing teacher burnout*, Cambridge University Press, 1999.

[300] Smylie, M. A., "Teacher stress in a time of reform", In Vanden-

berghe, R. and Huberman, A. M., *Understanding and preventing teacher burnout*, Cambridge, University Press, 1999.

[301] Soini, T., K. Pyhylt, and J. Pietarinen, "Pedagogical well-being: reflecting learning and well-being in teachers' work", *Teachers and Teaching: Theory and Practice*, 2010, 16 (6): 735 – 751.

[302] Sonnentag, S., "Recovery, work engagement, and proactive behavior: a new look at the interface between non-work and work", *Journal of Applied Psychology*, 2003, 88: 518 – 28.

[303] Sparks, K., Faragher, B., Cooper, C. L., "Well-being and occupational health in the 21st century workplace", *Journal of Occupational and Organizational Psychology*, 2001, 74: 489 – 509.

[304] Spreitzer, G., Sutcliffe, K., Dutton, J., Soneshein, S. & Grant, A. M., "Thriving at work", *Organizational Science*, 2005, 16: 537 – 549.

[305] Sprott, J. B., "The Development of Early Delinquency: Can Classroom and School Climate Make a Difference?", *Canadian Journal of Criminology and Criminal Justice*, 2004, (10): 553 – 573.

[306] Stern, G. G., *People in Context: Measuring Person-Environment Congruence in Education and Industry*, Wiley, New York, 1970.

[307] Stoeber, J. & Rennert, D., "Perfectionism in school teachers: relations withstress appraisals, coping styles, and burnout", *Anxiety, Stress & Coping*, 2008: 21: 37 – 53.

[308] Storm, K. and Rothmann, I., "A psychometric analysis of the Utrecht Work Engagement Scale in the South African police service", *South African Journal of Industrial Psychology*, 2003, 29: 62 – 70.

[309] Soodmand Afshar, H. and M. Doosti, "An investigation into factors contributing to Iranian secondary school English teachers' job satisfaction and dissatisfaction", 2016, 31 (3): 274 – 298.

[310] Su, R., Rounds, J. & Armstrong, P. I., "Men and things, women and people: A meta-analysis of gender differences in interests", *Psychological Bulletin*, 2009, 135: 859 – 884.

[311] Tan, S. J., Tambyah, S. K. & Kau, A. K., "The influence of value orientations and demographics on quality of life perceptions: Evidence from a national survey of Singaporeans", *Social Indicators Research*, 2006, 78: 33 – 59.

[312] Taris, T. W., Schreurs, P. J. G. & Van Iersel-Silfhout, I. J., "Job stress, job strain, and psychological withdrawal among Dutch university staff: Towards a dual-process model for the effects of occupational stress", *Work and Stress*, 2001, 15: 283 – 296.

[313] Taris, T. W., Le Blanc, P., Schaufeli, W. B. & Schreurs, P. J. G., "Are there relationships between the dimensions of the Maslach Burnout Inventory? A review and two longitudinal tests", *Work & Stress*, 2005, 19: 256 – 262.

[314] Taylor, D. L. & Tashakkori, A., "Decision participation and school climate as predictors of job satisfaction and teachers' sense of efficacy", *The Journal of experimental education*, 1995, 63 (3): 217 – 230.

[315] ter Doest, L., Maes, S., Gebhardt, W. A. & Koelewijn, H., "Personal goal facilitation through work: Implications for employee satisfaction and wellbeing", *Applied Psychology: An International Review*, 2006, 55: 192 – 219.

[316] Tetrick, L. E. & LaRocco, J. M., "Understanding, prediction, and control as moderators of the relationships between perceived stress, satisfaction, and psychological well-being", *Journal of Applied Psychology*, 1987, 72: 538 – 543.

[317] Travers, C. J. & Cooper, C. L. *Teachers under stress: Stress in the teaching profession*, London: Routledge, 1996.

[318] Tschannen-Moran, M. & Woolfolk Hoy, A., "Teacher efficacy: Capturing an elusive construct", *Teaching and TeacherEducation*, 2001, 17: 783 – 805.

[319] Uusiautti, S., et al., "Novice Teachers' Well-Being at Work", *Journal of Educational and Social Research MCSER Publishing, Rome-Italy*, 2014, 3 (4): 177 – 186.

[320] Van der Doef, M. Maes, S. and Diekstra, R. , "An examination of the Job Demand-Control-Support model with various occupational strain indicators", *Anxiety, Stress and Coping*, 2000, 13: 165 – 185.

[321] Vander Doep S. Maes, M. , "Teacher-specific quality of work versus general quality of work assessment a comparison of their validity regarding burnout, psychosomatic wellbeing and job satisfaction", *Anxiety, Stress and Coping*, 2002, 15 (4): 327 – 344.

[322] Van der Hulst, M. , "Long workhours and health", *Scandinavian Journal of Work Environment and Health*, 2003, 29: 171 – 188.

[323] Van Horn, J. E. , Schaufeli, W. B. & Taris, T. W. , "Lack of reciprocity among Dutch teachers: Validation of reciprocity indices and their relation to stress and well-being", *Work & Stress*, 2001, 15 (3): 191 – 213.

[324] Van Horn, J. E. , Taris, T. W. , Schaufeli, W. B. & Schreurs, P. J. G. , "The structure of occupational well-being: A study among Dutch teachers", *Journal of Occupational and Organizational Psychology*, 2004, 77: 365 – 375.

[325] Van Houtte, M. , "Exploring teacher trust in technical/vocational secondary schools: Male teachers' preference for girls", *Teaching and Teacher Education*, 2007, 23: 826 – 839.

[326] Van Merode, G. G. , Groothuis, S. & Hasman, A. , "Enterprise resource planning for hospitals", *International Journal of Biomedical Computing*, 2004, 76: 493 – 501.

[327] Vera Perea M, Salanova Soria M, Martín del Río B. , "University faculty and work-related well-being: the importance of the triple work profile", *Electronic Journal of Researchin Educational Psychology*, 2010, 8 (2): 581 – 602.

[328] Viswesvaran, C. , Sanchez, J. I. & Fisher, J. , "The role of social support in the process of work stress: A meta-analysis", *Journal of Vocational Behavior*, 1999, 54: 314 – 334.

[329] Vos, D. W. & A. Von Flotow, "Dynamics and nonlinear adaptive con-

trol of an autonomous unicycle: Theory and experiment", in *Decision and Control*, 1990. , Proceedings of the 29th IEEE Conference on. 1990: IEEE.

[330] Wahyudi & Fisher, D. , "School climate in Indonesian junior secondary schools", In: D. Fisher & M. S. Khine (Eds.), *Contemporary approaches to research on learning environments*, Worldviews, Singapore: World Scientific, 2006, pp. 497 –516.

[331] Walberg, H. J. , "A Psychological Theory of Educational Productivity", in F. Farley & N. J. Gordon (eds.), *Psychology and Education: The State of the Union*, McCutchan, Berkeley, CA. 1981, pp. 81 – 108.

[332] Walberg, H. J. , Fraser, B. J. & Welch, W. W. , "A Test of a Model of Educational Productivity Among Senior High School Students", *Journal of Educational Research*, 1986, 79: 133 –139.

[333] Walker, C. J. & Hale, N. M. , "Faculty Vitality and Well-Being", In R. Menges, *Professors in New Jobs: Mastering Academic Work*, San Francisco: Jossey-Bass, 1999.

[334] Wang Q & Lei, W. , "The English curricular development for schools in China", Paper presented at the international language in Education Conference 2000, HongKong.

[335] Warr, P. B. , "A conceptual framework for the study of work and mental health", *Work and Stress*, 1994, 14: 299 –330.

[336] Warr, P. B. , *Work, unemployment, and mental health*, Oxford: Oxford University Press, 1987.

[337] Warr, P. , "The study of well-being, behaviour and attitudes", In P. Warr (Ed.). *Psychology at work*, London: Penguin Books, 2002, pp. 1 –25.

[338] Warr, P. , "The measurement of well-being and other aspects of mental health", *Journal of occupational Psychology*, 1990. 63 (3): 193 –210.

[339] Waterman A S. , "Two conceptions of happiness: contrasts of personal expressiveness (eudaimonia) and hedonic enjoyment", *Journal of Per-*

sonality and Social Psychology, 1993, 64 (4): 678 - 691.

[340] Webster, B. J. & Fisher, D. L., "School level environment and student outcomes in mathematics", Learning Environments Research, 2003, 6: 309 - 326.

[341] Weiss, D. J., Dawis, R. V., England, G. W. & Lofquist, L. H., Manual for the Minnesota Satisfaction Questionnaire, Minneapolis: University of Minnesota, 1967.

[342] Weiss, H. M, & Cropanzano, R., "An affective events approach to job satisfaction", In B. M. Staw & L. L. Cummings (Eds.), Research in organizational behavior, Greenwich, CT: JAI Press, 1996, 18: 1 - 74).

[343] Weiss, H. M., "Deconstructing job satisfaction: Separating evaluations, beliefs and affective experiences", Human Resource ManagementReview, 2002, 22: 173 - 194.

[344] Whetton, D. & Cameron, K., Developing Management Skills, Englewood Cliffs, NJ: Prentice Hall, 1995.

[345] White, R. W., "Motivation reconsidered: The concept of competence", Psychological Review, 1959, 66: 297 - 333.

[346] Wilkins, R., "Schools as organisations: some contemporary issues", The International Journal of Educational Management, 2002, 16 (3): 120 - 5.

[347] William J., The Varieties of Religious Experience, New York: Modern Library, 1929: 77.

[348] Winefield, A. H., Gillespie, N., Dua, J., Hapuarachchi, J. & Boyd, C., "Occupational Stress in Australian University Staff: Results from a National Survey", Human Sciences Press, 2003, 10: 51 - 63.

[349] Wissing, M. P. & Van Eeden, C., "Empirical clarification of the nature of psychological well-being", South-African Journal of Psychology, 2002, 32: 32 - 44.

[350] Wollard, K. K. & Shuck, B., "Antecedents to employee engagement: A structured review of theliterature", Advances in Developing Human

Resources, 2011, 13: 429-446.

[351] Wolpin, J., Burke, R. J. & Greenglass, E. R., "Is job satisfaction an antecedent or a consequence of psychological burnout?", *Human Relations*, 1991, 44: 193-209.

[352] Wortzel, R., *Multivariate Analysis*, New Jersey: Prentice Hall, 1979.

[353] Wright, T. A., Cropanzano, R., "Psychological well-being and job satisfaction as predictors of job performance", *Journal of Occupational Health Psychology*, 2000, 5: 84-94.

[354] Wright, T. A., Cropanzano, R., Denney, P. J. & Moline, G. L., "When a Happy Worker is a Productive Worker: A Preliminary Examination of Three Models", *Canadian Journal of Behavioural Science*, 2002, 34 (3): 146-150.

[355] Xanthopoulou, D., Bakker, A., Dollard, M., Demerouti, E., Schaufeli, W. B., Taris, T. & Schreurs, P., "When do job demands particularly predict burnout? The moderating role of jobresources", *Journal of Managerial Psychology*, 2007, 22: 766-786.

[356] Xanthopoulou, D., Bakker, A. B., Demerouti, E. and Kantas, A., "The measurement of burnout and engagement: a cross-cultural study comparing Greece and The Netherlands", *New Review of Social Psychology*, 2007, pp. 41-52.

[357] Yee, S. A., "Enhancing positive work relationships and the school environment: an exploratory case study of teachers' emotions", a thesis presented in partial fulfilment of the requirements for the degree of Master of Arts in Psychology at Massey University, Palmerston North, New Zealand, 2010.

[358] Yi-Wen, Z. and Yi-Qun, C., "The Chinese version of the Utrecht work engagement scale: an examination of reliability and validity", *Chinese Journal of Clinical Psychology*, 2005, 13: 268-270.

[359] Zhu, C., Devos, G. & Li, Y., "Teacher perceptions of school culture and their organizational commitment and well-being in a Chinese school", *Asia Pacific Education Review*, 2011, 12 (2): 319-328.

[360] 陈根法、吴仁杰:《幸福论》,上海:上海人民出版社1988,206。
[361] 陈向明:《质的研究方法与社会科学研究》,北京:教育科学出版社2000。
[362] 陈瑛:《人生幸福论》,北京:中国青年出版社1996,2。
[363] 褚远辉、陈时见:《从教学工作的性质与特点看教师的"职业倦怠"》,《课程·教材·教法》2010,30,103-107。
[364] 方方:《教师心理健康研究》,北京:人民教育出版社2003,8。
[365] 高兆明:《存在与自由:伦理学引论》,南京:南京师范大学出版社2004,255。
[366] 侯杰泰、温忠麟、成子娟:《结构方程模型及其应用》,北京:教育科学出版社2004。
[367] 江畅:《幸福与和谐》,北京:人民出版社2005,1。
[368] 刘芳:《幸福感研究综述》,《甘肃高师学报》,2009,1。
[369] 罗素:《罗素的智慧:罗素道德哲学解读》,刘烨编译,北京:中国电影出版社2005,157。
[370] 彭怡、陈红:《基于整合视角的幸福感内涵研析与重构》,《心理科学进展》,2010,7。
[371] 秦晓晴:《外语教学研究中的定量数据分析》,武汉:华中科技大学出版社2003。
[372] 秦秀白:《有好的外语教师,才有好的外语教育》,《中国外语》,2010,7(6):31-32。
[373] 任俊:《积极心理学》,上海:上海教育出版社2006。
[374] 王传金:《教师职业幸福研究——以C市的小学教师为例》,博士学位论文,上海师范大学,2008。
[375] 吴亮、张迪、伍新春:《工作特征对工作者的影响——要求——控制模型与工作要求——资源模型的比较》,《心理科学进展》,2010,18(2):348-355。
[376] 吴明隆:《结构方程模型:AMOS的操作与应用》,重庆:重庆大学出版社2009。
[377] 伍麟、胡小丽、邢小莉等:《中学教师职业幸福感结构及其问卷编制》,《心理研究》,2008,1(2):47-51。

[378] 刑占军、黄立清：《西方哲学史上两种主要幸福观与当代主观幸福感研究》，《理论探讨》，2004，（1）：32-35。

[379] 徐长江、时勘：《工作倦怠：一个不断扩展的研究领域》，《心理科学进展》，2003，11（6）：680-685。

[380] 亚里士多德：《尼各马科伦理学》，苗力田译，北京：中国人民大学出版社2003，16。

[381] 杨国荣：《伦理与存在——道德哲学研究》，上海：上海人民出版社2002，256。

[382] 张爱卿：《动机论：迈向21世纪的动机心理学研究》，武汉：华中师范大学出版社2002。

[383] 张大均、江琦：《教师心理素质与专业性发展》，北京：人民教育出版社2005，57。

[384] 张琳琳：《国有企业员工工作倦怠与职业投入研究——以"长春一汽"为个案》，博士学位论文，吉林大学，2008。

[385] 张庆宗：《高校外语教师职业倦怠的成因分析及对策思考》，《中国外语》，2011，8（4）：66-70，75。

[386] 朱翠英、凌宇、银小兰：《幸福与幸福感——积极心理学之维》，北京：人民出版社2011，37。

附录一

预测前访谈提纲

一 教师基本信息：
请简单介绍您的年龄、职称、工作年限和行政职务。

二 访谈问题：
1. 请您谈谈对教师职业幸福感的理解。
2. 您目前的职业生活幸福吗？
3. 您感到幸福或不幸福的原因是什么？请举一些典型事例。
4. 职业生活中，什么情况下您感到幸福？什么情况下感到不幸福？请举一些典型事例。
5. 工作环境中，您觉得影响您职业幸福感的因素有哪些？请详细说明。
6. 您理想的工作环境是什么样的？请您描述。
7. 为了使职业幸福，您认为教师自身应该具备哪些素质或者条件？
8. 除了上述原因外，您觉得还有些什么因素会影响到您的职业幸福感？

附 录 二

后续访谈大纲

1. 您如何看待男女教师职业幸福感差异?
2. 您觉得年龄会对职业幸福感产生影响吗?
3. 我们发现教师职业幸福感的基本趋势为年轻教师职业幸福感比年长教师职业幸福感要高,但是41—45岁教师会在活力和奉献维度上具有较好表现,您认为这是什么原因?
4. 您认为职称会对教师职业幸福感产生影响吗?为什么?我们发现总体幸福感最高的是教授,最低的却是副教授?讲师与助教相差不大。您如何看待这一结果?
5. 您觉得教师的自主性应该包含哪些方面?自主性对教师职业幸福感有影响吗?为什么?
6. 您认为专业发展对您的职业幸福感有影响吗?为什么?
7. 您认为学校提供的资源设备对您的职业幸福感有影响吗?为什么?
8. 您认为学校给予的认可反馈对您有哪些方面的影响?您如何看待你们学院的工资考核制度?教师评价体系合理吗?评优体系合理吗?为什么?您是否觉得自己的付出,在薪酬上得到了相应的回报?为什么?
9. 您认为同事支持对您有哪些方面的影响?
10. 您认为学生支持对您有哪些方面的影响?

附录三

正式调查问卷

高校英语教师职业环境与职业幸福感调查问卷

尊敬的老师：

您好！我们是华中科技大学外国语学院"教师职业幸福感研究课题组"的成员，非常欢迎您参加本次调查。此次调查的目的在于了解"高校英语教师的职业幸福感现状以及对您的幸福感产生影响的因素"，以期待社会了解、关注高校英语教师群体职业幸福感真实情况，为教师职业幸福感的调适策略提供有价值的参考依据。问卷采取无记名方式，并会对您的回答严格保密，数据仅用于学术研究，请客观真实的表达您的想法。您的这份宝贵问卷对我们的研究意义重大！如您对问卷题目、调查结果或研究参与程度等方面有交流的需要，请通过右下方联系方式与我们联系。

非常感谢您的合作！

教师职业幸福感研究课题组
联系人：李××

一　职业幸福感调查

请使用以下标准评价您的工作状态，请在符合您的数字上画圈。

	1=从不 2=很少 3=有时候 4=经常 5=总是
1. 工作时，我觉得干劲十足。	1 2 3 4 5
2. 早上起床时，我很向往投入到工作中去。	1 2 3 4 5
3. 工作时，我感到精力充沛。	1 2 3 4 5
4. 即使工作进展不顺利，我也会坚持努力。	1 2 3 4 5
5. 我觉得我所从事的高校英语教师工作非常有意义。	1 2 3 4 5
6. 我对自己从事的高校英语教师工作感到骄傲。	1 2 3 4 5
7. 工作让我感觉身心疲惫。	1 2 3 4 5
8. 一天工作结束时我感觉精疲力竭。	1 2 3 4 5
9. 早晨起床不得不去面对一天的工作，我感觉非常累。	1 2 3 4 5
10. 整天工作对我来说确实压力很大。	1 2 3 4 5
11. 我怀疑我所做工作的意义。	1 2 3 4 5
12. 我对自己所做的工作是否有贡献越来越不关心。	1 2 3 4 5
13. 我对工作不像以前那样热心了。	1 2 3 4 5
14. 自从开始干这份工作，我对工作越来越不感兴趣了。	1 2 3 4 5

二 教师职业环境调查

下面我们将询问关于您的职业环境有关情况，请在符合您情况的数字上画圈。

	1=不同意 2=不太同意 3=不确定 4=有些同意 5=同意
15. 没有人对我的教学内容、教学方法、教学过程做强制要求。	1 2 3 4 5
16. 我在教学、科研及社会服务中时间和精力分配由我自己决定。	1 2 3 4 5
17. 我的工作量多少通常都取决于我自己。当我工作负荷很大时，那也仅仅是因为我自己的选择造成的。	1 2 3 4 5
18. 同事之间相互合作和支持很多。	1 2 3 4 5
19. 教研组氛围很和谐，像是一个大家庭。	1 2 3 4 5
20. 在我需要帮助的时候，我的同事会帮助我。	1 2 3 4 5
21. 有几个同事是我最好的朋友。	1 2 3 4 5
22. 工作中遇到问题，我可以向我的几个同事请教处理方式。	1 2 3 4 5
23. 我所在教学团队或教研室成员会经常聚在一起分享课堂教学经验。	1 2 3 4 5

续表

	1 = 不同意 2 = 不太同意 3 = 不确定 4 = 有些同意 5 = 同意
24. 学生英语学习非常努力。	1 2 3 4 5
25. 大多数学生都非常愿意配合英语教师。	1 2 3 4 5
26. 除课堂交流外,学生课后还会跟英语教师探讨学习问题。	1 2 3 4 5
27. 学校职称评定制度能体现教师专业发展水平。	1 2 3 4 5
28. 学校教学评价制度能体现教师教学能力和水平。	1 2 3 4 5
29. 学校的教务管理制度完善、合理。	1 2 3 4 5
30. 我的付出能得到学院和学校认可。	1 2 3 4 5
31. 学校评优体系公正合理。	1 2 3 4 5
32. 我对工作的付出,在薪酬上得到了相应的回报。	1 2 3 4 5
33. 工资考核制度公平合理。	1 2 3 4 5
34. 大学英语教学能得到各院系的重视和支持。	1 2 3 4 5
35. 学校提供了丰富的图书、电子期刊等资料。	1 2 3 4 5
36. 学校为工作提供了完善的设备和网络支持。	1 2 3 4 5
37. 教学科研工作能得到学校行政人员的有效支持。	1 2 3 4 5
38. 开展教学、科研等活动能得到足够的经费支持。	1 2 3 4 5
39. 我参加在职进修或者其他专业发展课程。	1 2 3 4 5
40. 我与同课程组教师一起备课和讨论教学问题。	1 2 3 4 5
41. 我积极参加国内外学术会议。	1 2 3 4 5
42. 我积极参与各种学术讲座。	1 2 3 4 5
43. 我会热切的向同事讨教学术问题。	1 2 3 4 5
44. 我有许多与其他学科开展合作研究的机会。	1 2 3 4 5

三 基本情况调查

最后我们需要了解一下您的基本情况,请在符合您的情况的数字上画圈:

1. 性别:

(1) 男   (2) 女

2. 教龄: _____

3. 年龄：

（1）30 岁以下　　　（2）31—35 岁　　　（3）36—40 岁

（4）41—45 岁　　　（5）46—50 岁　　　（6）50 岁以上

4. 婚姻状况：

（1）单身　　　（2）已婚　　　（3）分居　　　（4）离异

（5）丧偶

5. 您目前的专业技术职务：

（1）助教　　　（2）讲师　　　（3）副教授　　　（4）教授

6. 您的专业背景：外语类专业最高学位：

（1）博士研究生　　（2）硕士研究生　　（3）本科

其他专业最高学位：

（1）博士研究生　　（2）硕士研究生　　（3）本科

7. 您所教授的学生类别：

（1）英语专业　　　（2）非英语专业　　　（3）英专、大英兼教

8. 当前的聘任形式是：

1. 永久聘任　　　　　　　　　2. 中期聘任（3 年及以上）

3. 短期聘任（3 年以内）　　　4. 没有签订聘任合同

5. 其他情况（请注明）：_____

9. 行政职务：

1. 无　　　　　　　　　　2. （副）院长

3. （副）系主任　　　　　4. （副）教研室主任

5. 教研组组长　　　　　　6. 研究所所长

7. 其他（请注明）：_____

10. 从以下来源中，您的税前年收入（含补贴）总计是多少（以去

年为例)

1. 所在高校_____ w 2. 其他雇主_____ w

3. 其他来源（含自主经营）_____ w

11. 您的主要兴趣（单选）：

1. 教学

2. 科研

3. 教学与科研，但倾向于教学

4. 教学与科研，但倾向于科研

12. 您对自己工作量的评价是（单选）：

1. 严重超负荷　　2. 超负荷　　3. 合适

4. 比较轻松　　5. 非常轻松

13. 与同龄人相比，您觉得您的健康状况如何？（单选）：

1. 差很多　　2. 差一些　　3. 一样　　4. 好一些

5. 好很多

14. 您对目前工作的整体满意度（单选）：

1. 非常不满意　　2. 不太满意　　3. 一般

4. 比较满意　　5. 非常满意

15. 您是否考虑过离开教师职业？（单选）：

1. 总是　　　　2. 经常　　　　3. 偶尔有　　　　4. 很少有

5. 从来没有

16. 您平均每周花在工作上的时间大概是多少小时？

教学（含备课、改作业）：_____ h　科研：_____ h　其他（如行政、会议）：_____ h

17. 请您评价在整个生活中您的幸福/痛苦体验。

1. 非常痛苦　　　2. 痛苦　　　　　3. 有些痛苦
4. 居于中间　　　5. 有些幸福　　　6. 幸福
7. 非常幸福

如果您愿意参加我们后续的访谈或者对我们的最终研究结论感兴趣，请留下您的联系方式。

您的联系方式：_____

再次感谢您的合作！谢谢！